Kendini İyileştirme İşi Nasıl Yapılır?

Kendini İyileştirme İşi Nasıl Yapılır?

Kalıplarını Öğren,
Geçmişini İyileştir
ve Kendini Dönüştür

Dr. Nicole LePera

Eserin Orijinal İsmi
"How to Do the Work"
olup, eser bire bir olarak çevrilmiştir.

Yayıncı Sertifika No: 45507

Editörler: Figen Demir - Birol Gündoğdu
İngilizce aslından Türkçe'ye Çeviren: Pınar Savaş
Düzelti: Fulya Tükel

Dizgi, Mizanpaj:
Mineral Görsel İletişim Hizmetleri
Tel: 0212 289 30 10
www.mineraltasarim.com
ER_BU_0041 - 020323

Baskı, Cilt:
Ezgi Matbaacılık San. Tic. Ltd. Şti.
Çobançeşme Mah. Sanayi Cad. Altay Sok. No:10
Yenibosna - Bahçelievler / İstanbul
Tel: (0212) 652 62 62
Sertifika No: 45029

butik

BUTİK YAYINCILIK VE KİŞİSEL GELİŞİM HİZ. TİC. A.Ş.
Mithatpaşa Mah. Abdülhamithan Cad. No: 37
Kemerburgaz-Eyüpsultan-İstanbul
Tel: 0212 612 05 00 Faks: 0212 612 05 80
www.butikyayincilik.com • info@butikyayincilik.com

Beni kendimden daha iyi tanıyan Lolly için...
Her birinize, sizi görüyorum...

Yukarıda ve aşağıda, içeride ve dışarıda; sadece bir şeyin mucizelerini gerçekleştirmek.

— Hermes Trismegistus, *Büyük Çalışma*

İnsanın evrimi bilincinin evrimidir. Her şeyde nesnel bilinçle mevcut olmayı görmek ve hissetmek mümkündür. Bu olayı bilimsel ve felsefi yoldan bir tür sisteme oturtma girişimleri bir yere varmaz çünkü insan ayrı olgulardan yola çıkarak bütünün ideasını yeniden kuramaz.

— George Gurdjieff, *Dördüncü Yol*

Karşılaştığımız her şey değiştirilemez; ama bir şeyi onunla karşılaşmadan değiştiremeyiz.

— James Baldwin, *Bu Evi Hatırla*
(*Senin Zencin Değilim* adlı filmin esin kaynağı)

Size doğrusunu söyleyeyim ki kimse... sevgiyle ışık içinde yaşarken... kim olduğu ve nereye gittiği Hakikati'yle aydınlanarak Tanrı'nın krallığına giremez.

— Hz. İsa

İçindekiler

Kendini iyileştirme işi hakkında bir not

İnsanlık deneyimimizi aşma çalışmasının zengin ve uzun geleneği asırlar boyunca farklı haberciler tarafından bize iletilmiştir. Kadim Hermetik gelenekler gizemli simyadan söz ederken George Gurdjieff gibi modern mistikler, arayış içinde olanları, daha yüksek bilinç seviyelerine erişerek dünyaya daha derinden dahil olmaya yöneltmişlerdir. Irklar arası eğitim ve sistemik baskının ortadan kalkması (ki bu son derece gereklidir) için gerekli bilgide de aynı dilin kullanıldığını görüyoruz. Buna madde kullanımı tedavisi modellerini, On İki Adım programlarını da ekleyebiliriz. *Çalışmanın* tüm bu tekrarları –ve bu kitabın besleyip devam ettireceği şey– benliğe ve toplumdaki yerimize doğru bir içgörü arayışıdır. Benim çalışmamın amacı bedeninizin, ruhunuzun ve zihninizin karmaşık iç bağlantılarını anlamanıza ve onlara hâkim olmanıza yardım edecek araçlar sunmaktır. Bu, kendinizle, başkalarıyla ve daha geniş toplum içinde daha derin, özgün ve anlamlı ilişkileri besleyecektir. Bu benim yolculuğumdur ve umarım *çalışmanın* kendi versiyonunu bulmanızda size yardımcı olur.

Önsöz
Ruhun Karanlık Gecesi

Şairler ve mistikler çoğunlukla kutsal bir yerde, bir dağın tepesinde, engin denize bakarken, şelaleyi izlerken, yanan bir çalının yanında aşkın aydınlanmalarını yaşarlar. Benimki ormanın ortasında ahşap bir kulübede, bir çanak yulafın üzerinde kontrolsüzce ağlarken meydana geldi.

Partnerim Lolly ile Yukarı New York'taydık. Philadelphia'daki şehir yaşamının stresinden bir kaçamak yapıyorduk sözde.

Kahvaltımı yaparken bir başka psikoloji kitabının sayfalarını çeviriyordum; benim "plaj okumam" budur. Konu mu? Duygusal olarak namevcut anneler. Mesleki yönden zenginleşmek için –ya da ben öyle sanıyordum– okuduğum sözcükler beklenmedik ve akıl karıştırıcı bir duygusal tepkiyi tetiklediler.

Lolly, "Yorgun düştün, biraz geri adım at. Rahatlamaya çalış," dedi.

Onu tersledim. Genel duygularımda ve deneyimlerimde hiçbir şekilde eşsiz olduğuma inanmazdım. Benzer şikâyetleri danışanlarımın ve arkadaşlarımın çoğundan duymuştum. *Önündeki günden bunalarak yatakta kalan yok mudur? Kimin işyerinde kafası dağılmaz? Kim sevdiği insanlardan uzaklaşmaz? Dünyada dürüstçe her günü tatili için yaşamadığını söyleyecek biri bulu-*

nur mu? Yaşlanınca böyle olmaz mı?

Otuzuncu doğumgünümü yeni kutlamıştım ve "Bu kadar mı?" diye düşündüm. Çocukluğumdan beri gerçekleştirmek istediklerimin çoğunu gerçekleştirmiş olmama karşın –seçtiğim bir kentte yaşamak; kendi işimi kurmak; sevgi dolu bir partner bulmak– varlığımda kayıp ya da eksik, belki de hiç var olmamış olan çok önemli bir şey olduğunu hissediyordum. Yıllarca ilişkilere girip çıkmış, ama duygusal olarak yalnız hissetmiştim; sonunda kendimi *doğru* hissettiren insanı bulmuştum çünkü benden çok farklıydı. Ben tereddür eden ve ilgisiz biriyimdir; Lolly tutkulu ve inatçıdır. Sıklıkla bana heyecan verici bulduğum şekillerde meydan okur. Çok mutlu ya da en azından memnun olmam gerekirdi. Ama kendimi kendimin dışında, kopuk, duygusuz hissediyordum. *Hiçbir şey* hissetmiyordum.

Yetmezmiş gibi akut hale geldikleri için artık yok sayamayacağım fiziksel sorunlarım vardı. Beynimde bir sis vardı ve aklımı öyle bulandırıyordu ki bazen sadece sözcükleri ve cümleleri unutmakla kalmıyordum, aklım tamamen boşalıyordu. Bu, özellikle danışanlarımla seanslarımda çok rahatsız ediciydi; yıllardır mide sorunlarım vardı, kendimi ağır ve aşağı çekilir gibi hissediyordum. Bir gün bir arkadaşımın evinde durup dururken bayıldım ve herkesi korkuttum.

Sallanan iskemlede kucağımda bir çanak yulafla o dingin manzarayı izlerken aniden hayatımın ne kadar boşaldığını hissettim. Enerjim tükenmişti; varoluşsal bir umutsuzluğa kapılmak üzereydim; danışanlarımın ilerleme kaydedememesine üzülüyordum; kendime ve onlara bakmaktaki sınırlarıma sinirleniyordum; sürekli tatminsizlik ve uyuşukluk hissediyordum ve her şeyin anlamını sorguluyordum. Kentin karmaşasına geri dönünce bu rahatsız edici duyguları, tüm bu enerjileri eyleme dökerek maskeliyordum: mutfağı temizlemek; köpeği yürütmek; sürekli plan yapmak; devam, devam, aynen devam. Çok yakından bakmazsanız bu A tipi enerjimi takdir ederdiniz. Ama biraz yaklaşınca bedenimi bazı çok derine kök salmış ve çözülmemiş duygulardan uzaklaşmak için hareket ettirdiğimi anlardınız. Ormanın ortasında, çocukluk travmasının kalıcı etkileri üzerine bir kitap okumaktan başka yapacak iş yokken kendimden kaçamadım. Kitap annem ve ailem hakkında uzun süredir bastırdığım duygularımı ortaya çıkarmıştı. Bir aynaya bakmak gibiydi. Orada çıplaktım; oyalanacak bir şey yoktu ve gördüğüm şey beni rahatsız ediyordu.

Kendime tamamen dürüstçe bakarsam annemin kendi mücadelesinden, özellikle de bedeni ve duygularıyla olan ilişkisinden yakinen aynaladığım sorunlarım olduğunu görmek zor değildi. Sürekli bacaklarında ve dizlerinde ağrısı vardı; sık sık keder ve kaygıya kapılırdı. Büyüdükçe birçok yönden annemden farklılaştım. Fiziksel olarak aktiftim; sağlıklı yemek ve egzersiz yapmak önceliğimdi. Hatta bir hayvan barınağında bir inekle dost olduktan sonra bir daha hayvan eti yemeyi hayal edemeyerek vejetaryen olmuştum. Elbette ki diyetim aşırı işlenmiş sahte et ve vegan atıştırmalıkları çevresinde dönüyordu, ama en azından bedenime ne soktuğuma dikkat ediyordum. İçki dışında; hâlâ bu konuda fazla hoşgörülüyüm; bazen de abartır, kendime alkolü yasaklarım ve keyifsiz yemekler yerim.

Daima anneme hiç *benzemediğimi* düşündüm, ama bu duygular ve fiziksel sorunlar ortaya çıkınca hayatımın her alanına yayıldılar ve her şeyi sorgulama zamanının geldiğini anladım. Bu farkındalık beni bir çanak yulafın üzerinde ağlattı. Bu hüzünlü resim bir mesajdı. Duygularımın bu şekilde patlaması kişiliğime o kadar aykırıydı ki ruhumdan gelen bu işareti yok sayamazdım. Bir şey içimde ona dikkat etmem için bağırıyordu ve ormanın ortasında ardına saklanacağım bir şey yoktu. Istırabımla, acımla, travmamla ve sonunda nihai benliğimle yüzleşmemin zamanıydı.

Bugün bu olayı ruhumun karanlık gecesi, dip noktam olarak adlandırıyorum. Dibe vurmak ölüm gibi bir şeydir ve bazılarımızı gerçekten ölümle burun buruna getirir. Ölüm elbette, yeniden doğumu mümkün kılar ve insan neyin yanlış gittiğini anlamak ister. Bu ıstırap dolu an içimde sakladığım birçok şeyi aydınlattı. Birdenbire *değişmeye* ihtiyacım olduğunu anladım. Bunun fiziksel, psikolojik ve spiritüel bir aydınlanmaya varacağı ve zamanla uluslararası bir hareket olacağı hakkında bir fikrim yoktu.

Başlangıçta en acil olana odaklandım: bedenim. Kendimi fiziksel olarak değerlendirdim. Nasıl hastaydım ve bu hastalık kendini nerede gösteriyordu? Sezgisel olarak bunun beslenme ve harekete dayandığını biliyordum. Lolly'yi benim kendini geliştirme enerji tavşanım olarak işe aldım; kabıma nasıl davrandığımı dürüst olarak bana söyleyerek raydan çıkmamı engelleyecekti. Beni sabahları yataktan kaldıracak, elime ağırlıkları tutuşturacak ve bizi günde birkaç kez bilinçli olarak bedenlerimizi hareket ettirmeye zorlayacaktı. Beslenme araştırmalarına daldık ve sağlıklı olarak nitelediğimiz birçok şeyin tartışılır olduğunu gördük. Sabahları her gün bir nefes ve meditasyon ritüeline başladık. Ben başta uyku sersemi oluyordum; kaçırdığımız günler, gözyaşları, ağrıyan kaslar ve vazgeçme tehditlerinin ardından aylar sonra bir rutin oturdu. Bu yeni rutinin açlığını duymaya başladım; kendimi fiziksel ve zihinsel olarak hayatımda olmadığım kadar iyi hissediyordum.

Bedenim iyileşmeye başladıkça açıkça ortada olduklarını düşündüğüm başka gerçekleri de sorgulamaya başladım. Zihin sağlığı konusunda yeni şekillerde düşünmeye başladım; zihin, beden ve ruh arasındaki kopukluk kendini hastalık ve düzensizlik olarak gösteriyordu. Genlerimizin kader olmadığını ve değişmek için bilinçli olarak en sevdiğimiz kişilerin şekillendirdiği alışkanlıklarımızın ve düşünce modellerimizin farkında olmamız gerektiğini keşfettim. Travmanın yeni ve daha geniş bir tanımını keşfettim: Çocuklukta ters giden olayların ve yaşanan streslerin derin spiritüel etkilerini de göz önüne aldım. Beni her gün etkileyen, çocukluğumdan kalmış çözülmemiş travmalarım olduğunu gördüm.

Öğrendikçe öğrendiklerimi daha çok gündelik seçimlerime dahil etmeye başladım. Zamanla onları benimsedim ve dönüşmeye başladım. Fizyolojim iyileşmeye başladıkça psikolojim de iyileşmeye başladı; daha derine indim, geniş klinik deneyimlerimden öğrendiklerimi bütünlüklü bireyin entegrasyonu hakkında –fiziksel, psikolojik ve spiritüel benlikler– öğrendiklerime uyguladım. İçimdeki çocukla buluştum, ona yeniden ebeveynlik yapmayı öğrendim; beni tutsak eden travma bağlantılarını gördüm; sınırlar koymayı öğrendim ve dünyayla daha önce mümkün olduğunu bilmediğim bir şekilde bağlantı kurdum; benim için tamamen yeni bir alandı. Bu yeni iç çalışmanın benimle kalmadığını, her ilişkimi ve geniş anlamda daha büyük bir topluluğu etkilediğini fark ettim. Holistik Psikoloji'nin temel adımlarını oluşturan zihin-beden-ruh zindeliğini bu şekilde nasıl anladığım kitabın ilerleyen sayfaları arasında yer alıyor.

Size bugün yazdığım yerde iyileşme sürecim devam etmekte. Semptomlarım, kaygım ve paniğim büyük ölçüde ortadan kalktı. Dünyayla tepkisel bir yerden ilişki kurmuyorum; daha fazla farkındalığa ve şefkate sahibim. Sevdiklerime bağlı ve yanlarında kendimi mevcut hissediyorum ve yolculuğumun aktif katılımcıları olmayanlara sınırlar çekebiliyorum. Yetişkin hayatımda ilk defa bilinçliyim. Dibe vurduğumda bunu göremiyordum. Bir yıl sonrasında da göremiyordum. Bugün biliyorum ki umutsuzluğumun derinliklerine varmasaydım bu kitabı yazıyor olmayacaktım.

Holistik Psikolog'u (@the.holistic.psychologist) 2018 yılında, öğrendiğim araçları başkalarıyla paylaşmaya karar verdikten sonra açtım. Paylaşmak zorundaydım. Hikâyemi Instagram'da paylaşmaya başladıktan sonra gelen kutuma travma, şifa bulma mektupları ve duygusal dayanıklılık öyküleri yağmaya başladı. Holistik iyileşme mesajım kolektif zihinde karşılığını bulmuş, yaşların ve kültürlerin ötesine ulaşmıştı. Bugün üç milyondan fazla kişi zihinsel, fiziksel ve spiritüel sağlıkları için hesabımı takip ediyor ve #SelfHealers #Kendiniİyileştirenler kimliğini alıyor. Bu topluluğu desteklemek hayatımın işi oldu.

Holistik Psikolog (@the.holistic.psychologist hesabı) birinci yıldönümünde topluluk üyelerime teşekkür için Batı Yakası'nda içsel çocuk meditasyonu düzenleme ve onlarla gerçek hayatta temas kurup ortak yolculuklarımızı kutlayabilme şerefine nail oldum. Günler önce Venice Beach'in yerini Google'dan baktım ve gelişigüzel bir buluşma noktası seçtim. Instagram'dan bedava biletler yayınladım ve insanların ilgilenmesi için dua ettim. Birkaç saat içinde üç bin kişi yazılmıştı. İnanamadım.

Venice Beach'in enginliğinde, sıcak güneş altında oturmuş Güney California'nın koşucularını ve farklı karakterlerini izliyordum. Gözlerimi kıyıyı döven dalgalara diktim. Tabanlarımın altındaki kaba kum ve okyanus havasının saçımdaki serin nemi uzay ve zamanda bedenimin kesinlikle farkında olmamı sağlıyordu. Kendimi o kadar mevcut ve canlı hissediyordum ki ellerimi dua pozisyonunda kaldırdım; o sabah sahilde, çevremde toplanan her bir çarpıcı insanın farklı yaşam yollarını hayal ettim. Topluluğa baktım, kısa bir an üzerime dikilmiş gözlerden tedirgin oldum; ben dikkat odağı olmaktan hoşlanmam. Sonra başladım:

> Bir şey sizi buraya getirdi. İçinizdeki bir şey buraya iyileşmek için derin bir özlemle geldi: kendinizin daha üst versiyonu olma özlemi. Bu kutlanacak bir şeydir. Hepimiz şimdiki gerçekliğimizi yaratan bir çocukluğa sahibiz ve bugün yeni bir gelecek yaratmak için geçmişimizden iyileşmeyi seçiyoruz. Bunun doğru olduğunu bilen parçanız sezginizdir. O her zaman oradadır. Biz sadece söylediklerini dinlememe veya inanmama alışkanlığı edinmişiz. Bugün burada olmak kendimize olan kırılmış güvenimizi iyileştirmeye atılan bir adımdır.

Bu sözcükleri söylerken gözlerim kalabalıktaki bir yabancıyla karşılaştı. Gülümsedi, elini kalbine götürdü ve "Teşekkürler," dedi. Birden gözlerime yaşlar doldu. Ağlıyordum ve bu, yıllar önce yulafımın üzerine döktüğüm gözyaşlarından farklıydı. Bunlar sevgi, kabul, sevinç gözyaşlarıydı. İyileşmenin gözyaşları.

Ben bu hakikatin canlı tanığıyım: Uyanışlar sadece keşişlere, mistiklere ve şairlere özgü, mistik deneyimler değildir. Sadece "spiritüel" insanlar için değildir. Uyanışlar gelişmek, parlamak için değişmek isteyen, iyileşme ağrıları çeken her birimiz içindir.

Farkındalığınız uyandığında her şey mümkündür.

Giriş
Holistik Psikoloji Hakkında Bir Okuma

Kendini İyileştirme İşi Nasıl Yapılır, zihinsel, fiziksel ve spiritüel zindelik için devrimsel bir yaklaşım olan Holistik Psikoloji'nin kutsal kitabıdır. Sağlığınıza kavuşmak için negatif modelleri yıkmak, geçmişinizden iyileşmek, bilinçli benliğinizi yaratmak konusunda gündelik pratiklere temellenen bir harekettir.

Holistik Psikoloji zihne, bedene ve ruha odaklanarak sinir sistemini yeniden dengelemeyi ve çözümlenmemiş duygusal yaraları iyileştirmeyi amaçlar. Bu çalışma, size, aslında içinizde daima olduğunuz kişiye dönüşme imkânı verir. Yeni ve heyecanlı bir hikâye anlatır; fiziksel ve psikolojik semptomlar mesajlardır, sadece idare edilebilecek ve yaşam boyu sürecek teşhisler değillerdir. Bu sizi kronik ağrının, stresin, yorgunluğun, kaygının, mide ve sinir sistemi dengesizliklerinin Batı tıbbı tarafından uzun süredir yok sayılan köklerine götüren bir hikâyedir. Neden çoğumuzun tıkanmış, kopuk ya da kayıp hissettiğimizi açıklar. Kendiniz için yeni alışkanlıklar geliştirebileceğiniz pratik araçlar sunar, başkalarının davranışlarını anlamanıza ve değerinizi dışınızdaki birinin ya da şeyin belirlediği fikrinden kurtulmanıza yardım eder.

Çalışmayı her gün yaparsanız bir gün gelecek, aynadan size bakan kişiye hayran olacaksınız.

Holistik yöntemler –(nefes ve beden çalışmasıyla yapılan) egzersizler, (düşünceleriniz ve geçmiş deneyimlerinizle ilişkinizi değiştiren) psikolojik ve (özgün benliğinizle daha büyük bir kolektif arasında bağ kuran) spiritüel çalışmalar– etkilidir çünkü beden, zihin ve ruh birbirine bağlıdır. Bu yöntemler işe yarar çünkü hem epigenetik bilimine hem de zihinsel zindeliğimizin düşündüğümüzden çok daha etkin olduğu gerçeğine dayanırlar. İyileşmek, alışkanlıklarımızı ve modellerimizi değiştirerek gündelik yaşanabilecek bilinçli bir süreçtir.

Çoğumuz bilinçsiz bir durumda var oluruz. Dünyada kör bir otopilotla yolculuk ederiz. Temelde kim olduğumuzu ve derinden ne arzuladığımızı yansıtmayan otomatik alışkanlık davranışları sergileriz. Holistik Psikoloji erken çocukluğumuzda öğretilmiş kalıpların bağlantımızı kopardığı iç rehberlik sistemimizle yeniden bağ kurmamıza yardım eder. Holistik Psikoloji sezgisel bir ses bulmamıza, ona güvenmemize ve ebeveyn figürleri, arkadaşlar, öğretmenler ve genelde tüm toplum tarafından şekillendirilen "kişiliğimizden" kurtulmamıza yardım ederken bilinçsiz benliklerimizi bilinçlendirme fırsatı sunar.

Bu sayfalarda beden, zihin ve ruhu birleştiren bir iyileşmeye bütüncül bir yaklaşım için yeni bir paradigma bulacaksınız. Lütfen eski modeli yerle bir etmekten söz etmediğimin farkında olun; geleneksel psikoterapinin ve başka terapötik modellerin araçları bir işe yaramıyor demiyorum. Tam tersine –psikoloji ve nörobilimden bilinçli farkındalık ve spiritüellik pratiklerine– farklı modellerin özelliklerini kucaklayan bir yaklaşımdan söz ediyorum; bunların iyileşmek ve zindelik için en bütünleyici ve etkili teknikler olduğuna inanıyorum. Davranışsal bilişsel terapi ve psikanaliz gibi geleneksel modellerden dersler ve içgörülerin yanı sıra, ana akım psikolojinin tam olarak kucaklamadığı holistik yaklaşımları da dikkate aldım. Holistik Psikoloji pratiğinin köklerinin özgürlük, seçim ve son olarak da güçlenme olduğunu anlamak gerek. Bazılarını yakın, bazılarını uzak bulacaksınız; önemli olan size en yakın gelen araçlarla çalışmanız. Sadece seçme eylemi bile sezgilerinizle ve özgün benliğinizle daha derinden bağlanmanıza yardım edecek.

Kendinizi iyileştirmeyi öğrenmek –kendi kendine iyileşme– bir kendini güçlendirme eylemi. Kendi kendine iyileşme sadece mümkün olmakla kalmaz, insan olarak gerçekliğimizdir de çünkü bizden başka kimse bizim için en iyisinin ne olduğunu bilemez. Ne yazık ki çoğumuz için kaliteli sağlık sistemi, özellikle de zihin sağlığı sistemi erişilmez durumda. Nerede yaşadığımıza, nasıl göründüğümüze, kim olduğumuza bağlı olarak büyük eşitsizliklerle dolu bir dünyada yaşıyoruz. Tüm hizmetlerin eşit olmadığı gerçeğiyle karşılaşmak, ihtiyacı olan sağlık hizmetine ulaşacak kadar ayrıcalıklı olanlarımız için genellikle ağızları açık bırakacak kadar şaşırtıcı. Ve gerçekten bize yardımcı bir sağlık çalışanı bulacak kadar şanslıysak da genellikle onunla yüz yüze görüşme süremiz çok kısıtlı. Bu kitap kendi başınıza uygulayabileceğiniz modelleri ve bilgiyi sunarak *kendinizi* iyileştirme işini *kendi kendinize* yapabilmenizi amaçlıyor. Geçmişinizi gerçekten anlamak, dinlemek, ona tanık olmak ve ondan öğrenmek, derin bir değişimi mümkün kılan bir süreçtir. Değişim sürer. Gerçek dönüşümü mümkün kılar.

Kendini İyileştirme İşi Nasıl Yapılır üç bölüm içeriyor. Birinci Bölüm bilinçli benliğimizin, düşüncelerimizin gücünün, stresin ve çocukluk travmalarının tüm bu sistemlerin üzerindeki etkisinin farkına varmamız için bir temel sağlar. Beden sistemlerimizdeki fiziksel düzensizliklerin duygusal ve zihinsel olarak ilerlememizi engelleyişini anlamamızı sağlar. İkinci Bölüm'de bir katmanı daha soyarak "zihne" gireceğiz. Bilincin ve bilinçdışının çalışmasını keşfedeceğiz ve ebeveyn figürlerinin bugüne kadar süren düşünce ve davranış modelleriyle bizi nasıl koşulladığını göreceğiz. Sonra zihnimizde biraz daha derine dalarak içimizdeki çocukla tanışacağız. Bizi koruyan ve çocukluğumuzda deneyimlediğimiz ilişki modellerini tekrarlamamızı sağlayan ego hikâyelerini öğreneceğiz. Benim "çalışmanın özü" olarak tanımladığım son bölümde, başkalarıyla daha özgün bağlar kurmayı sağlayan duygusal olgunluğa ulaşmak için edindiğimiz bilgileri nasıl uygulayacağımızı göreceğiz. Hiç kimse bir ada değil (insanların tamamen kendi başına var olamayacağı, gelişmek için başkalarının eşliğine ihtiyacı olduğunu anlatan bir deyim). Sosyal yaratıklarız ve ancak gerçekten özgün benliğimize kavuşursak sevdiğimiz insanlarla derin bir bağ kurabiliriz. Bu, üzerine kolektif "biz" ya da kendimizden daha engin bir şeyle birlik kurabileceğimiz temeli yaratır. Yol boyunca, kendi yolculuğunuzun neresindeyseniz sizi karşılayacak kılavuzlar ve araçlar oluşturdum.

Bu dönüşüm yolculuğuna başlamak için tüm ihtiyacınız bilinçli benliğiniz, derine inme arzunuz ve değişimin kolay olmadığını, yolun da bazen engebeli olduğunu anlamak. Burada kolay çözümler yok ve çoğumuz sihirli değneklere inandığımız için bunu kabul etmemiz zor. Çalışmak adı üstünde: *çalışmak*. Kestirme yolu yok ve kimsenin sizin için yapabileceği bir şey değil. Kendi iyileşmenizin aktif bir katılımcısı olmak rahatsız edici ve hatta korkutucu olabilir. Ve son olarak kim olduğunuzu ve ne yapabileceğinizi öğrenmek sadece güç kazandırmakla ve dönüştürücü olmakla kalmaz, en derin deneyimlerinizden biri olur.

Çalışmamı izleyen bazı kişiler hakikatleri güzel, rahat battaniyelere sararak sunduğumu söylerler. Bunu bir iltifat olarak alıyorum ve buraya bir gerçek bırakıyorum: *Çok* rahat diye bir şey yok. Zorlanma olmaksızın iyileşme nadiren gelir. Bazen acı verici, korkutucu da olabilir. Size zarar veren ve sizi geride bırakan hikayeleri koyvermeniz anlamına gelir. Bir parçanızın bir başka parçanın doğabilmesi için ölmesi anlamına gelir. Herkes daha iyi olmak istemiyor ve bunda sorun yok. Bazı insanların hastalığa bağlı bir kimliği olur. Diğerleri gerçek iyilik halinden korkar çünkü o bilinmeyendir ve bilinmeyen öngörülemez. Hayatınızın tam olarak nasıl görüneceğini bilmek rahattır, bu gerçeklik sizi hasta etse bile. Zihinlerimiz aşinalık arama makineleridir. Aşina olan kendini güvende hissettirir; ta ki kendimize rahatsızlığın dönüşümün geçici ve gerekli bir parçası olduğunu öğretene kadar.

Bunu yolculuğa hazır olduğunuzda bileceksiniz. Sonra kendinizi gözden geçirip bırakmak isteyeceksiniz. İşte o anda şevkinizi kaybetmemek ve uygulamayı bir disiplin olana dek istikrarlı biçimde sürdürmek en önemlisidir. Zamanla bu disiplin güven, güven değişim, değişim dönüşüm olur. Gerçek çalışmanın "orada bir yerde" olan bir şeyle hiç ilgisi yoktur. Sizin içinizdeki her şeyle ilgisi vardır. *İçinizden gelir.*

Şaşırtıcı derecede zor olan ilk adım şimdiden farklı bir gelecek hayal etmekle başlar. Gözlerinizi yumun. İçinde yaşadığınızın yerini alabilecek bir gerçeklik hayal edebildiğiniz zaman ilerlemeye hazırsınız. Bunu yapamazsanız kendinizi yalnız hissetmeyin. Bu zihinsel engelin bir nedeni vardır. Benimle kalın; bu kitap sizin için yazıldı çünkü ben o insandım.

Başlayalım.

Kendini İyileştirme İşi Nasıl Yapılır?

1

Kendinizi En İyi İyileştirecek Kişi Sizsiniz

Bu senaryo tanıdık gelecek: Bugünün, hayatınızı değiştireceğiniz gün olduğuna karar verirsiniz. Spora başlayacak, daha az işlenmiş gıda tüketecek, sosyal medyadan uzaklaşacak, eski ilişkinizle olan sorunlu bağı keseceksiniz. Bu defa değişimin sürekli olmasında kararlısınız. Sonra, belki birkaç saat, gün ya da haftanın ardından zihinsel direnç işe koyulur. Fiziksel olarak şekerli gazozlardan kaçınamaz olursunuz. Spor yapacak enerji bulamazsınız ve o eski sevgiliyi yoklamak için bir mesaj gönderiverirsiniz. Beyniniz sizi aşina olduğunuz hayatta tutmak için, "Bir molayı hak ediyorsun," gibi inandırıcı hikâyeler uydurur. Beden, yorgunluk ve ağırlıkla zihne katılır. Bunaltıcı mesaj gelir: "Sen bunu yapamazsın."

Bir araştırmacı ve klinik psikolog olarak on yıllık deneyimimde, danışanlarımın hislerini tanımlamak için en çok kullandıkları sözcük "tıkanmak" oldu. Her danışanın terapiye gelme nedeni değişmek istemesidir. Bazıları alışkanlıklar yaratarak, yeni davranışlar öğrenerek ve kendilerini sevmenin bir yolunu bularak değişmek isterler. Bazıları bir ebeveyn figürü, aile bireyi veya iş arkadaşı ile olan problemli ilişki dinamiği gibi kendileri dışında, diğerleriyle olan ilişkilerinde değişim isterler. Çoğu hem iç hem dış değişimleri yapmak isterler (ve buna ihtiyaçları da vardır). Hem zenginlerle hem yoksullarla çalıştım; aşırı yüksek viteste tipleri, geleneksel toplumun hapsettiklerini ve öne çıkardıklarını tedavi ettim. Arka planları ne olursa olsun her danışan –alışkanlıklara, zararlı davranışlara, öngörülebilir ve sorunlu kalıplara– kendini sıkışmış hissediyordu; bu onlara kendilerini yalnız, izole ve çaresiz hissettiriyordu. Hemen hepsi bu tıkanıklığı başkalarının nasıl gördüğü konusunda kaygılı ve sık sık da hayatlarındaki herkesin onları nasıl algıladığına takıntılıydılar. Birçoğu "değersizlik" terimini kullanmıştı ve değişimi sürdürebilme becerilerinin olmayışını daha derin ve içsel bir zarara veya bu değersizliğe bağlayarak buna dair derin bir inanç besliyorlardı.

Kendilerinin biraz daha farkında olan danışanlarım genellikle sorunlu davranışlarını görebiliyor ve hatta değişmek için kafalarında açık bir yol canlandırabiliyorlardı. Ama çok azı *bilmekten yapabilmeye* doğru o ilk adımı atabiliyordu. Bir çıkış yolu görenler içgüdüsel olarak istemedikleri davranışların modellerine geri döndükleri için utanıyorlardı. Daha iyisini bildikleri, ama yapamadıkları için utanıyor ve böylelikle kendilerini benim muayenehanemde buluyorlardı.

Benim desteğim ve yardımım bile genellikle sınırlı değere sahipti. Danışanlarımın çoğunda haftada bir elli dakika terapi anlamlı bir değişiklik yapmaya yeterli görünmüyordu. Bazıları bu bir yere varmayan dönme dolaptan o kadar sıkılıyorlardı ki terapiyi bıraktılar. Başka pek çoğu bundan fayda sağlasa da gelişmeler acı verici derecede yavaş geliyordu. Bir seans işe yarar gibi görünüyordu; sonra aynı danışan, ertesi hafta, aynı öngörülebilir sorunlar kümesini yansıtan hikâyelerle gelebiliyordu. Bazı danışanlar terapide inanılmaz bir içgörü sergilerler, kendilerini geri bırakan tüm modellerin parçalarını bir araya getirirler, ama terapi ofisimin dışında, yani gerçek hayatta onları aşina olduklarına doğru çeken içgüdüsel çekime karşı koyamazlardı. Geriye bakıp sorunları görebilseler de bunu şimdiki gerçek zamana uygulayacak kapasiteyi henüz geliştirmemişlerdi. Derin dönüştürücü deneyimler yaşayan –yoğun inzivaya çekilen, zihin değiştirici Ayahuasca seremonilerine katılan– insanlarda da bunu gördüm; onları bir yanıt aramaya yönelten eski, istenmeyen davranışlar kısa sürede geri döndüler. Görünüşte bu kadar dönüştürücü bir şey yaşadıktan sonra ilerleyememek birçok danışanımı krize soktu. *Bende ne yanlış var? Neden değişemiyorum?*

Terapilerin ve tekil dönüştürücü deneyimlerin (Ayahuasca seremonileri gibi) bizi iyileşme yolunda bir yere kadar götürebildiğini fark ettim. Gerçekten değişmek için her gün yeni seçimler yaparak çalışmaya dahil olmalısınız. Zihinsel sağlık için kendi iyileşmenizin aktif ve *gündelik* parçası olmalısınız.

Bakındıkça aynı sorunların işimin dışında arkadaş ortamımda da yaşandığını gördüm. Çoğu, uyku, depresyon ve anksiyete (endişe) ilaçları alıyorlardı. Bazılarına bir bozukluk tanısı konmamıştı, ama aşırı bir başarı peşinde koşma, sürekli seyahat, takıntılı sosyal medya kullanımı gibi semptomlar gösteriyorlardı. Bunlar notları en iyi olan, ödevlerini teslim tarihinden bir hafta önce bitiren, stresli işleri seçen ve çevrelerinde düdüklü tencere işlevinde (editör notu: yüksek baskı altında bulunmayı vurgulamak üzere kullanılmış bir benzetme) başarılı olan insanlardı. Birçok açıdan ben de onlardan biriydim.

Geleneksel zihin sağlığı modelinin sınırlarını ilk elden biliyordum. Annemin ciddi kalp hastalığıyla uğraşırken neredeyse panik ataklar geçirmeye başlayınca yirmilerimde terapiye adım attım. Kaygı giderici ilaçların yardımı oldu, ama kendimi amaçsız, kopuk, yorgun, yaşıtlarımdan yaşlı hissediyordum. Psikologdum, başkalarına yardım edip iç dünyalarını anlamam gerekiyordu, ama kendime bile yabancıydım ve gerçekten yardım etmekten acizdim.

BENİM YOLUM

Philadelphia'da tipik bir orta sınıf ailede doğdum. Babamın sabit bir dokuz-beş işi vardı ve annem ev hanımıydı. Her sabah yedide kahvaltı eder ve her akşam beş buçukta yemek yerdik. Aile mottosu "aile her şeydir" idi ve kulağa doğru geliyordu. Orta sınıf normalliğinin ve mutluluğunun resmi gibiydik; gerçekliği gölgeleyen tam bir Amerikan yansıtması.

Aslında hasta bir aileydik. Ablam çocukken hayatını tehdit eden ciddi sağlık sorunları geçirmişti ve annemi günlerce yatağa bağlayan hayali ağrıları vardı. Ailemde annemin hastalığından açıkça söz edilmese de ıstırap çektiğini biliyordum. Hasta olduğunu, ağrı çektiği için anda olamadığını biliyordum. Aklı karışıktı ve sürekli kaygı içindeydi. Tüm bu stres içinde benim duygusal dünyam, anlaşılabileceği gibi unutuluyordu.

Ben üçüncü ve son çocuktum, "mutlu bir kaza" derlerdi. Kardeşlerim benden epeyce büyüklerdi ve benim deneyimimi paylaşmadılar. Aynı evde yaşasak da aynı çocukluğu yaşamadık. Ebeveynlerim "melek gibi çocuk" olduğumu söyleyerek şaka yaparlardı; iyi uyuyordum, sorun çıkarmıyordum ve genellikle beladan uzak duruyordum. Enerjik, aktif, sürekli ileri gitmesi gereken bir çocuktum. Çok erken yaşta varlığımın verdiği herhangi bir rahatsızlığı hafifletmenin yolunun, bildiğim her yolda olabildiğimce kusursuz olmak olduğunu öğrendim.

Annem duygularını pek belli etmezdi. Pek "dokunan" bir aile değildik ve fiziksel temas minimumdu. Hatırladığım kadarıyla pek "seni seviyorum" denmezdi. Bunun açıkça ifade edildiğini ilk duyduğumda annem kalp ameliyatına giriyordu ve ben yirmili yaşlarımın başındaydım. Yanlış anlamayın, ebeveynlerimin beni çok sevdiklerini biliyorum. Daha sonra onların ebeveynlerinin de sevgilerini pek göstermediklerini öğrenecektim. Annemin kendisi yaralı bir çocuktu ve çok istediği sevgiyi bir türlü görememişti. Bunun sonucu olarak çok sevdiği çocuklarına da gösteremiyordu.

Genelde tüm aile duygusal bir kaçınma içinde yaşıyor ve hoş olmayan her şey yok sayılıyordu. Dışadönük bir yaşama geçtiğimde (özetle, melek çocuk pozunu bıraktığımda) ergen bile değilken partilere gittiğimde, eve sendeleyerek, dilim dolaşarak, kırmızı gözlerle geldiğimde, kimse davranışlarım hakkında tek kelime etmedi. Bu kaçınma, birinin bastırdığı duyguları yüzeye çıkıp patlayana kadar sürer. Bunu, annem kişisel bir notumu okuyup da içki içtiğime dair kanıt bularak histerikleştiğinde ve bir şeyler fırlatmaya, ağlamaya, "Sen beni öldüreceksin! Senin yüzünden kalp krizi geçireceğim, şuracıkta düşüp öleceğim!" diye bağırmaya başladığında yaşadık.

Kendimi sürekli başkalarından farklı hissettiğim için insanların neden "davrandıkları şekilde davrandıklarıyla" ilgilendiğimi gördüm. Çok geçmeden kendimi psikolog olmak isterken buldum. Sadece insanlara yardım etmek için değil, onları anlamak istiyordum. Araştırmaları göstererek, "Gördün mü, işte bu nedenle öylesin; ben de bu nedenle böyleyim!" demek istiyordum. Bu ilgi beni psikoloji okuduğum Cornell Üniversitesi'ne yöneltti ve sonra New York New School for Social Research'de doktora eğitimi aldım. Program bilim insanı stajyer modelini izlediği için hem araştırma hem terapi yapmam isteniyordu. Terapiye farklı yaklaşımlar hakkındaki her şeyi bir sünger gibi emiyordum; insanların iyileşmelerine ve kendilerini anlamalarına gerçekten yardım edecek bir yolda hizmet vermek istediğimi biliyordum.

Orada çok sık uygulanan ve amaç yönelimli standart bir yaklaşım olan Bilişsel Davranışçı Terapi'yi (BDT) öğrendim. BDT seanslarında danışan bir konuya odaklanır; bu, depresyon, kalabalıkta kaygı, evlilik sorunları... olabilir. Bu modalitenin amacı danışanın davranışının altında yatan kusurlu davranış modellerini fark etmesidir – bu süreç bazılarına ısrarcı sorunlu duygularından kurtulmalarında yardım eder.

BDT düşüncelerimizin duygularımızı ve ardından da davranışlarımızı etkilediği varsayımına dayanır. Düşüncelerimizle ilişkimizi değiştirdiğimiz zaman bedenimizi kaplayan ve bizi başka bir şekilde davranmaya sevk eden duygu selini de değiştirebiliriz ve bu kitabın anafikri de budur. BDT genellikle psikoterapinin altın standardıdır çünkü tekrarlanabilir ya da çoğaltılabilir, yapısı ve formatı laboratuvar çalışmasına çok uygundur. Eğitimini alırken bana düşüncelerimizin gücü hakkında değerli dersler öğretti; bunlar gerçek dünyaya uygulandığında biraz katı olabilir. Zamanla, danışanlarımla çalışırken bazen kısıtlayıcı olduğunu ve önümdeki eşsiz bireye pek de uyarlanabilir olmadığını fark ettim.

Doktora çalışmalarım sırasında özellikle kişiler arası terapiye ilgi duydum; danışan ve danışman arasındaki bağı danışanın yaşamındaki diğer ilişkilerin iyileştirilmesinde bir katalizör gibi kullanan çok daha açık uçlu bir terapi modelidir. Hayatımızın bir döneminde pek çoğumuz ailemizle, partnerlerimizle, iş arkadaşlarımızla ve arkadaşlarımızla problemli ilişki dinamikleri yaşayabiliriz ve bir terapistle yeni ve daha sağlıklı bir dinamiğe girmek derinden iyileştirici olabilir. İlişkilerimizde kendimizi nasıl gösterdiğimiz genel sağlığımız için gerçekten simgeseldir. Yürekten katıldığım *ilişkilerimizde kendimizi nasıl gösterirsek hayatta da öyle gösteririz* görüşünü bu kitapla keşfedeceğiz. Holistik Psikoloji çerçevesinde, ilişkilerimizin, ebeveyn figürleriyle, koşullama adında bir davranış belirleme modeliyle kurduğumuz erken dönem bağlara göre modellendiğini kitabın ikinci bölümünde detaylıca öğreneceğiz.

Eğitimim sırasında psikodinamik yaklaşımları, insanları içlerindeki güçlerin yönettiğini öneren zihin teorilerini çalıştım. Hem New York Psikoanalitik Derneği & Enstitüsü hem de Philadelphia Psikanaliz Okulu'nda genellikle divan ve pipo içen analist klişesiyle ilişkilendirilen bu modelleri inceledim. Orada bilinçaltının çekimini öğrendim; hatıralarımızı barındıran ve dürtülerimizin, otomatik güdü ya da motivasyonlarımızın kaynağı olan ruhumuzun derinindeki yer. Terapiye başlayınca bilinçaltının rolü konusunda öğrendiklerim oldukça derindi. Danışanlarımın hepsinin, hayatlarının değiştirmeleri gereken yönlerini fark etseler de –dikkat dağıtıcı olarak madde kullanmak, romantik ilişkilerde öfkeye kapılmak, aile ilişkilerinde çocukluk rollerine dönmek– yine de terapiye her seferinde tekrarlayan bilinçaltı döngülerini yansıtan bir hikâyeyle geldiklerinin farkındaydım. Bunu kendimde de görüyordum. Bu farkındalık, Holistik Psikoloji'nin yaratımında ve evriminde çok önemlidir.

Yeni modaliteler öğrendikçe araştırmaya başladım ve madde bağımlılığından kurtulma alanında çalıştım. Yatılı ya da ayakta tedavi gören madde bağımlısı tedavi gruplarını yönetiyordum ve madde bağımlılığı sorunu olanların tedavi süreçlerini desteklemek amacıyla insanlar arası ilişkiler geliştirebilecekleri bir program başlattım. Bu, madde bağımlılığını kontrol etmeye çalışan insanların yaşanmış deneyimlerine dair perspektif kazanmama yardım etti. Bu deneyimler sayesinde bağımlılığın sadece belli maddelerle ve alkol, uyuşturucular, kumar, seks... gibi deneyimlerle kalmadığını, insan duygularının da bağımlılık yaratabildiğini gördüm. Duygusal bağımlılık, travmayla başa çıkma mekanizması olarak belirli duygusal durumları alışkanlık olarak aradığımızda veya bunlardan kaçındığımızda özellikle daha güçlüdür. Bağımlılık üzerinde çalışmak bana, bedenimizle zihnimiz arasındaki ayrılamaz bağı, kitabı ilerleyen kısımlarında üzerinde detaylıca duracağımız bir konu olan sinir sisteminin zihinsel zindelikteki merkezi rolünü gösterdi.

Doktora sonrası çalışmalarımın farklı noktalarında psikoloji pratiğime dış öğeler katmayı denedim. Bilinçli farkındalığın (mindfulness) kendine dönüş ve özfarkındalık konularında bize büyük fırsatlar sunduğunu hissettim. Bu konuda kendi araştırmamı yapıp yayınladıktan sonra doktora danışmanımı meditasyon ve tez konum olan bağımlılık davranışları üzerinde çalışmaya ikna etmeyi denedim. Kabul etmedi. Bilinçli farkındalığın iyileştirici değeri olduğuna inanmıyor, uydurma, üzerinde çalışmaya değmez olduğunu düşünüyordu.

Şimdi geriye bakınca önümde açılan bir yol görüyorum. İçsel rehberim bana iyileşmenin holistik bir modelini yaratmak için ihtiyacım olan her şeyi gösteriyordu. Çalıştığım tüm modalitelerin bir sürü özelliğini kattığım kendi muayenehanemi açtım. Terapiye yıllardır bütüncül bir yaklaşım göstermeme karşın hayal kırıklığına uğramaya başlamıştım. Danışanlarım belli bir farkındalık kazanıyorlardı ama gelişimleri yavaştı. Güven kaybettiklerini görüyor ve onlarla birlikte ben de kendi güvenimi kaybediyordum.

Çevreme sanki ilk kez bakıyormuşum gibi baktım. Bana psikolojik tedavi için gelen danışanlarımın her birinde altta yatan bir fiziksel semptom da vardı desem abartmış olmam. Okulu bitireli çok olmuştu. Yeni sorular sormaya başladım: Danışanlarımın çoğu neden İrritabl (huzursuz) Bağırsak Sendromu'ndan (İBS) kabızlığa kadar sıralanan sindirim sorunları yaşıyordu? Neden bağışıklık sistemi hastalıkları bu kadar fazlaydı? Neden hemen hepimiz kendimizi panik halinde ve güvensiz hissediyorduk?

Okulda aldığım ana akım eğitim olmasaydı yolumu bulamayacağımı kesinlikle söyleyebilirim. Akademik çevrelerde öğrendiklerimin çoğunu Holistik Psikoloji'yi yaratırken kullandım, ama kendi kendime zihin-beden-ruh bağlantısını keşfettikçe geleneksel eğitimimin sınırlarını da net biçimde gördüm.

ZİHİN-BEDEN-RUH BAĞLANTISI

Gözlerinizi yumun. Bir limon hayal edin. Parlak sarı kabuğunu görün. Ellerinizle tutun. Kıvrımlarını hissedin. Burnunuza götürün; kokusu burun deliklerinize dolsun. Şimdi bir dilim kesin. Meyveyi keserken suyunun akmasını izleyin; şimdi bu dilimi ağzınıza götürün. Dudaklarınız temasla kamaşabilir. Ekşiliğini, soğuk suyunu, tazeliğini hissedin. Ağzınız sulandı ya da tükürük doldu mu? Sadece bir limonu düşünmek tüm duyusal tepkilerimizi harekete geçirir. Bu kitabı elinizden bırakmadan zihin-beden bağlantısını deneyimlediniz.

Bu görselleştirme egzersizi zihin ve bedenin nasıl bağlı olduğunu gösteren basit ama etkili bir yoldur. Ne yazık ki Batı tıbbı bedeni ve zihni ayrı olarak ele alıyor ve ya sadece zihni (psikiyatri ya da psikoloji) ya da sadece bedeni (tüm diğer tıp dalları) tedavi ediyor. Bu iki tedavi çok nadiren birlikte yürütülüyor. Bedenin ve zihnin bu keyfi ayrımı iyileştirme potansiyelinde tıbbı geri bırakıyor ve hatta süreç içinde bizi bazen daha fazla hasta ediyor. Diğer yandan yerli ve Doğu kültürlerinde, zihin, beden ve kendimizden daha engin bir şey anlamındaki ruh arasındaki bağlantılar binlerce yıldır tam olarak anlaşılmakta ve onurlandırılmaktadır. Rehberlik ve açıklık için atalarla bağlantı kurmak amacıyla insanın içine dönmesini, "öz"üne dokunmasını ve birbirine bağlı parçalardan oluştuğuna dair içsel "bilişle" hareket etmesini sağlayan ritüelleri ve törenleri vardır.

Ana akım Batı tıbbı bu bağlantıyı "bilimsel değil" şeklinde lanetledi. On yedinci yüzyılda, Fransız felsefeci René Descartes, "zihin-beden ikiliği" kavramıyla zihin ve beden arasında gerçek bir kopukluk yarattı. Bu ikilik dört yüz yıl sonra da devam ediyor. Hâlâ zihne bedenden ayrıymış gibi davranıyoruz. Psikolojik hastaysanız bir tür doktor görürsünüz, belli bir tıbbi kayıt tutulur ve kendinizi bir tür hastanede bulursunuz; semptomlarınız "fizikselse" süreç çok farklı gelişir. On dokuzuncu yüzyılda teknoloji ilerleyince insan biyolojisi hakkında çevremizdeki şeylerin de (virüs, bakteri...) bize zarar verebileceğini öğrendik. Tıp bir müdahale alanı oldu. Semptomlar kendini gösterince doktorlar ya onları yok ederek (örneğin ameliyat) ya da bilinen ve bilinmeyen yan etkileriyle reçetelenmiş ilaç tedavisiyle müdahale ediyorlar. Bedeni dinlemek yerine –neticede semptomlar onun bizimle iletişim kurma yolu– onu susturmak istiyoruz. Semptomları bastırma sürecinde çoğunlukla başka zararlar veriyoruz. Bu semptom yönetim yaklaşımı uğruna insana bir bütün olarak yaklaşmak bir kenara bırakıldı ve bu da bağımlılığın kısırdöngüsünü yarattı. Ben buna yara bandı modeli diyorum; bireysel semptomları ortaya çıktıkça tedavi ederiz, ama asla altta yatan sebeplere bakmayız.

Psikiyatri bir zamanlar kendisine ruh ve ruhun bilimi (ya da çalışması) derdi, şimdi alanı fazlasıyla biyolojik olmaya başladı. Genellikle ailevi bir zihinsel hastalık olup olmadığı sorulur, bir antidepresan yazılır; kimse çocukluk travmasına bakmaz, beslenme ve yaşam tarzı konularında rehberlik etmez. Bu alan, Amerikan Psikiyatrik Birliği tarafından oluşturulan ve semptomları bir tanı aracı olarak kategorize eden –tipik olarak bir "bozukluk" kökeninde genetik ya da "organiktir"; öğrenilmiş ya da çevresel olamaz diyen– *Zihinsel Bozuklukların Teşhisi ve İstatistikleri Elkitabı* protokolünü tam olarak benimsemiştir. Bir genetik neden ekleyince hastalığımızı kimliğimizin bir parçası sayarız. Bir teşhise indirgenince kök nedeni bulmak konusundaki şevkimiz kırılır. Bir etiketimiz olur: *Ben buyum.*

Yirminci yüzyılın başından beri adı genetik determinizm olan bir teori altında, teşhislerin genetik nedenlerine inanıyoruz. Bu modele göre genlerimiz (ve ona bağlı sağlığımız) doğumda belirlenir. DNA'mızın şansı ya da şanssızlığına bağlı olarak bazı hastalıklara yatkın ya da onlardan muaf oluruz. Genetik determinizm aile geçmişini, travmaları, alışkanlıkları ya da çevreyle ilgili herhangi bir şeyi dikkate almaz. Onun dinamiğine göre sağlığımızın aktif bir katılanı değiliz. Neden olalım ki? Bir şey önceden belliyse DNA'nın ötesine bakmaya gerek yoktur. Ama bilim beden ve çevreyle etkileşimi hakkında daha fazlasını öğrendikçe (beslenmemizden ilişkilerimize ve ırksal baskıcı sistemlere kadar) hikâye karmaşıklaşır. Sadece belli bir kodlamanın ifadesi değil, kontrolümüzde olan ve olmayan çarpıcı ilişkilerin de ürünüyüz. Genetiğimiz kadar olduğumuz hikayesinin ötesine geçerek sağlığımızı elimize alabiliriz. Bu bize, bir zamanlar ne kadar "seçimsiz" olduğumuzu gösterir; bizi gerçek ve kalıcı değişim yapma becerisiyle güçlendirir.

Bu "seçimsizliği" eğitimimde ilk elden gördüm. Bana da psikiyatrik bozuklukların genetik olduğu öğretilmişti; hepimiz

DNA'mızın elindeydik ve yapabileceğimiz bir şey varsa bile bu çok azdı. Benim işim semptomları –uykusuzluk, kilo alımı, kilo kaybı, öfke, sinirlilik, hüzün– kategorilere ayırmak ve bir tanı sunmaktı. Sonrasında bunu terapi aracılığıyla destekleyici bir ilişkiyle iyi etmeye çalışıyordum. Bu yeterli olmazsa hastayı bir psikiyatra gönderiyordum, o da psikotropik ilaç yazıyordu. Seçenekler bunlardı. Zihinsel hastalık diye bildiğimiz şeyde bedenin rolü tartışılmıyordu ve "iyileşme", "zindelik, esenlik" gibi kelimeleri kullanmamız önerilmemişti. Zihne yardım etmek için bedeni güçlendirmek fikri bilime ters bulunuyordu. Daha kötüsü, yeni çağ saçmalığı olarak görülüyordu.

Kendi sağlığımıza nasıl katkıda bulunacağımız sorusunu sormazsak çaresiz ve bağımlı oluruz. Mesaj şudur: Kesinlikle bedenimizin elindeyiz; kendimizi iyi hissetmemizin tek yolu kendimizi doktorların eline bırakmak; onların sihirli değnekleri var ve bizi iyileştirebilirler; tüm yanıtları biliyorlar; bizi kurtarabilirler. Ama gerçeklik, giderek daha fazla hastalandığımızdır. Mevcut durumu sorgulamaya başlayınca şunu fark ettim: Değişemiyoruz çünkü bize insan varoluşu hakkında bütün hakikat söylenmiyor.

DÖNÜŞÜMÜN GÜCÜ

Şu anda yaşanmakta olan bir uyanış var. Artık "kusurlu genlerimizi" kader olarak kabullenmek zorunda değiliz. Yeni bilim miras aldığımız genlerimizin sabit olmadığını, ana rahminden başlayarak tüm hayatımız boyunca çevreden etkilendiğini ortaya koyuyor. Epigenetiğin sarsıcı keşfi genlerimiz hakkında farklı bir hikâye anlatıyor.

Elbette verili bir gen kümesiyiz, ama bir iskambil destesi gibi bir dereceye kadar hangi eli oynayacağımızı seçebiliriz. Uykumuzu, beslenmemizi, ilişkilerimizi ve bedenimizi nasıl hareket ettirerek gen ifadesini değiştireceğimizi seçebiliriz.

Biyolog Bruce Lipton yıllardır epigenetiğin rolünü anlatıyor ve etkisine "yeni biyoloji" adını veriyor. Bu yolda biyolojinin hakikatinin kaba bir çarpıtması olarak gördüğü genetik determinizmi şiddetle eleştiriyor. Aslında rahimde bizi sarmalayan amniyotik sıvıdan çocukken ebeveyn figürlerinden duyduğumuz cümlelere, soluduğumuz havaya, sindirdiğimiz kimyasallara kadar her şey genlerimizi etkiliyor ve bazıları kapanırken bazıları da açılıyor. Doğumdan gelen bir genetik kodumuz var. Ama gen ifadesi ve bastırılması çevremizden etkilenir. Diğer bir deyişle: Yaşam deneyimimiz bizi hücresel seviyede değiştirir.

Epigenetik bilimi bizi hastalık yönetimi modelinden gündelik çevremizin sağlığımız üzerindeki etkisini tanıyan yeni bir paradigmaya yönlendirdi. Sonuç oldukça radikal yeni bir perspektif: Kendi *iyilik-halimizin* aktif katılımcıları olabiliriz. Bu, "fiziksel" sağlığımız ve kanser, diyabet gibi hastalık risklerinin yanı sıra duygusal ve zihinsel sağlığımızı da kapsar. Epigenetik etkenler psikiyatrik hastalıkların oluşmasında önemli bir rol oynar. Bu, tek yumurta ikizi çalışmalarında görülmüştür; ikizlerden biri şizofreni ya da bipolar bozukluk gibi ciddi bir zihinsel hastalığa sahipken diğeri değildir. Rahme kadar inen stres çalışmaları ve stresin daha sonra hayatta zihinsel rahatsızlık gelişmesiyle ilişkisi, yine çevrenin, bedenin her parçasını, en güçlü organ olan zihni de içerecek şekilde nasıl etkilediğini göstermektedir. Bağımlılık ve travma uzmanı Dr. Gabor Maté, örneğin, duygusal stresin beyin yapısı üzerindeki derin etkisi ve bilinen birçok fiziksel ve psikolojik hastalığa sebep olduğu üzerine pek çok makale kaleme almıştır.

Genetiğin kader olmadığını fark etmek benim için çok önemliydi. Ailem hasta olduğu için benim de hastalanacağıma inanıyordum. Epigenetik perspektifi bana bedenimi algılayışımı değiştirecek araçlar verdi. Ailemden bazı yatkınlıklar miras almış olabilirdim ama bu, onlara dönüşeceğim demek değildi.

Araştırmalar epigenetiğin etkisinin nesilleri aştığını gösterir. Atalarımızın deneyimleri DNA'larını ve onlarınki de bizimkini şekillendirdi. Bu demek oluyor ki yaşamlarımız bizimle bitmiyor; iyisi kötüsü, travması neşesiyle gelecek nesillere aktarılıyor. Laboratuvar ortamında gerçekleşen fare deneylerinde aşırı diyet ya da strese maruz kalanların kalplerinde ve metabolizmalarında gerçekleşen değişiklikler yavrularında ve onların yavrularında da görülmekte. Bunun insanlarda da olduğunu gösteren kanıtlar var. Araştırmalara göre sistemik ırkçılığa maruz kalanlar da dahil olmak üzere travma mağdurlarının çocukları, ebeveynlerinin sağlık sorunlarına çok benzer sağlık sorunlarına sahip oluyor ve daha fazla hastalanıyorlar.

Genlerimiz nesillerin deneyiminden olumsuz etkileniyorsa bu döngüyü nasıl kıracağız? Bazı çevresel faktörler kontrolümüz dışındadır – bırakın büyük büyük dede ninelerimizin çocukluk koşullarını, kendi çocukluk koşullarımızı bile seçemeyiz, ama yine de birçok faktörü kontrol edebiliriz. Kendimizi çocukken beslenmediğimiz şekilde besleyebiliriz. Kendimize güvenli bağlar ve bir güvenlik duygusu yaratacak beceriyi kazandırabiliriz. Ne yediğimizi, ne sıklıkla egzersiz yaptığımızı, bilinç durumumuzu ve ifade ettiğimiz duygu ve düşünceleri değiştirebiliriz. Dr. Lipton'un söylediği gibi: "Yeni biyoloji tamamen bununla ilgilidir. Bizi 'hayatın kurbanısınız' düşüncesinden alarak 'hayatın yaratıcısı' olduğumuz fikriyle tanıştırır."

Sadece genetik donanımımızdan ibaret değiliz. Bunu bir kez kavrayınca geleneksel deterministik kusurlu donanımı tıp ve ameliyatla "düzeltmek" görüşü giderek yetersiz görünmeye başlar. Kendi iyilik halimize, esenliğimize kavuşmak için bedenimizin ve zihnimizin iyileşmesine yardım edebiliriz ve etmek *zorundayız*.

PLASEBO ETKİSİ

Epigenetik hakkında daha fazlasını öğrendikçe iyileşmek ve dönüşüm üzerine yazılanları daha fazla okumaya başladım. İnancın gücünü ve plasebo etkisini öğrendim. Bu, etkisiz bir maddenin (örneğin hap şeklindeki şeker) bir hastalığın semptomlarını iyileştirmedeki gücünü tanımlayan bir terimdir. Hayatım boyunca bir hastalığın aniden gerilemesi konusuna ve tıbbi müdahale olmaksızın imkânsız görünen en ciddi hastalıkları yenmiş insanların öykülerine takıntılıydım. Yine de bunlar hep uçlarda görünüyordu. Bilimsel olarak geçerli bir şeyden çok birer mucize gibi geliyorlardı.

Zihin bedende gerçek, ölçülebilir değişimler yaratabilir ve plasebo etkisi ana akım bilimin bu gerçeği kabullenişidir. Parkinson hastalığından İrritabl (huzursuz) Bağırsak Sendromu'na kadar rahatsızlıklarda önemli bir plasebo etkisi gözlenmiştir. En güçlü tepkiler depresyon araştırmalarında görülmüştür; antidepresan aldığını zanneden, ama aslında şeker hapı alan hastalar iyileşme gördüklerini rapor etmişlerdir. Plasebo etkisini deneyimlemek için hasta olmaya bile gerek yoktur. Glasgow Üniversitesi'nin bir araştırmasında, sadece serum verilen, ama doping ilacı aldıkları söylenen atletlerin yarış zamanları çarpıcı derecede iyileşmiştir.

Bedenimiz iyileşmeyi umduğu zaman iyileşme sürecini başlatan mesajlar gönderir. Hormonlar, bağışıklık sistemi hücreleri ve nörokimyasallar işe koyulur. Plasebo etkisi iyileşeceğimize ya da kendimizi daha iyi hissedeceğimize inandığımız zaman genellikle bunun olduğunun kanıtıdır. Sadece bir öneriyle bile zihnin bedeni nasıl etkilediğini gösterir.

Ama bunun olumsuz bir tarafı da vardır. Buna nosebo etkisi denir ve plasebo etkisinin "kötü ikizidir". Bu, düşüncelerimiz bizi daha iyi değil, daha kötü yaptığı zaman olan şeydir. Bu etkiyi çalışmak için araştırmacılar katılımcılara aldıkları ilacın korkunç yan etkileri olduğunu söylerler ve şeker hapı verirler. Aktif bir ilaç aldıklarını sanan bu kişiler bu yan etkilerden bazılarını görürler.

Bunu ilgi çekici ve aşırı bir örneği 1970'lerde laboratuvar ortamı dışında görülmüştür. Bir doktor yanlışlıkla gırtlak kanseri teşhisi konan hastaya üç ay ömrü kaldığını söyler. Bu hasta birkaç hafta sonra ölünce otopsisinde teşhisin yanlışlığı ve yemek borusunda kansere dair bir kanıt olmadığı görülür. Kesin söylenemese de öleceğini düşündüğü için ölmüş olma ihtimali vardır. Doktoru daha sonra yapılan bir görüşmede, "Ben kanser olduğunu düşündüm, o kanser olduğunu düşündü ve çevresindeki herkes kanser olduğunu düşündü. Bir şekilde umudunu mu yok ettim?" demiştir.

Nosebo etkisinin başka bir belgelenişi de 2007 yılındadır. Antidepresanlar üzerine klinik deneylere katılan 26 yaşındaki bir erkek sevgilisiyle kavga edince doz aşımı nedeniyle hastaneye kaldırılmıştır. Araştırma için verilen ilaçlardan yirmi dokuz tane almıştır. Hastaneye geldiğinde tansiyonu tehlikeli derecede düşüktür, terler ve kesik kesik nefes alır. Doktorlar onu stabilize edince testler yaparlar ve sisteminde ilaç olmadığını görürler. Deneye katılan bir doktor hastaneye gelince genç adamın plasebo grubundan olduğunu fark eder, yani aldığı ilaç etkisiz, aktif olmayan bir ilaçtır. Kendi negatif düşünceleri ve arzuları bir doz aşımı etkisi yaşamasına neden olmuştur.

HOLİSTİK PSİKOLOJİ

Zihinsel ve fiziksel sağlık arasındaki bu bağlantıyı öğrenmek benim açımdan oyunun kurallarını değiştirdi. Her seçimimizle aktif olarak zihin zindeliğimize katılmamız (ya da katılmamamız) bana bedenin tümünün iyileşme potansiyeli konusunda daha fazla şey araştırma ve öğrenme şevki verdi.

Psikonöroimmünoloji adı verilen yeni bir bilim dalı kronik enflamasyonun beyin üzerindeki yaygın etkisini öğrenmemi sağlamıştı. Birçok büyük düşünür gözlerimi beslenmenin rolüne, doğrudan beyinle temasta olan bağırsak florası üzerindeki etkisine açtı. Polivagal teori, fiziksel ve zihinsel iyilik-halimizde sinir sisteminin rolü üzerine çalıştım (bunların hepsini kitabın ilerleyen bölümlerinde göreceğiz). Öğrenmekte olduklarımız inanılmaz; bizi neyin hasta, neyin sağlıklı yaptığı konusunda anlayışımızda yaşanan büyük değişimin tam ortasındayız.

Başımı kitaplardan ve araştırmalardan kaldırınca bu bilginin kendi sağlığım üzerinde oynadığım rol hakkındaki perspektifimi şekillendirdiğini fark ettim. Ana akım psikolojiden öğrendiklerimi beden-zihin sağlığı üzerindeki yeni araştırmalarla entegre etmek istiyordum. Bir insanın zihnine, bedenine ve beynine hep birlikte hitap etmek anlamına gelen Holistik Psikoloji'nin temellerini böyle attım. Holistik Psikoloji'nin temel ilkeleri şunlardır:

1. İyileşmek gündelik bir olaydır. İyileşmek için "bir yere" gidemezsin, içine dönmen gerekir. Bu, *çalışmayı* her gün yapmana bağlıdır. Kendi iyileşmenden sorumlu olan sensin ve bu sürecin aktif bir katılımcısı olacaksın. Aktivite seviyen iyileşme seviyene doğrudan bağlı. Derin dönüşümün yolu küçük ve istikrarlı seçimlerdir.
2. Pek çok şey kontrolümüz dışında olsa da kontrolümüz altında olanlar da var. Holistik Psikoloji, seçimin gücünden yararlanır, çünkü seçim iyileşmeyi mümkün kılar.
3. Holistik araçlar pratik ve ulaşılabilirdir. Değişim sıklıkla ağır, bunaltıcı hissettirir. Çünkü bilinçaltının ana işlevi kişiyi güvende tutmaktır ve değişim bunu tehdit eder. Bu "tanıdık olana doğru çekilme" halini, genellikle değiştiğimizi hissettiğimiz farklı rahatsızlık anlarında deneyimleriz. İstikrarlı, küçük, gündelik seçimlerle bu itme-çekme direncini aşmak, değişimi sürdürmek konusunda bizi güçlendirir.
4. Zihinsel iyilik halinin sorumluluğunu almak göz korkutucu olmakla birlikte son derece güçlendiricidir de. Kolektifte bariz bir değişim yaşanmakta, giderek daha fazla sayıda insan sağlık sisteminin yetersizliklerinden ve eşitsizliklerinden yakınmakta. Sezgisel bir şekilde daha fazlasına ulaşabileceğini sen de biliyorsun, yoksa bu kitabı almazdın. Eski modelin artık işe yaramadığını pek çok nedenle açıklayan bu yakın zamanda ortaya çıkan bilimi, yeni zihinsel zindelik modelinin kavranabilmesi için bir yol haritasıyla birlikte sunacağım.

Holistik Psikoloji'nin felsefesini ve araçlarını giderek genişleyen bir insan çevresiyle paylaştıkça teşekkürlerini bildirenlerin, kendilerini toparlama ve iyileşme öykülerini paylaşanların sayısına şaşırdım. Dünyanın her yerinden insanların bu inanılmaz kuvvetlerini ve manevi güçlerini okurken sayısız kez gözyaşlarımı kuruladım.

Ama bir hikâye gerçek bir dönüşüm olarak aklımda ayrı bir yer etti ve onu sizinle paylaşmak istiyorum. Başlarda, Ally Bazely adında bir kadınla temas kurmuştum; konuşmalarının çoğunda kendini sabote etmekten, özellikle de değerini dışarıda bulma alışkanlığından ve yeni, verimli alışkanlıkları sürdürememekten yakınıyordu. En kötüsü de en derin yaralarının nedenlerinin başkalarının değil, kendi sezgisel benliğine ya da özgün varlığına ihanet etmesi olduğunu anlamasıydı ve bu, hayatını daha açıkça görmesini sağlıyordu. Sonradan "Sanki birisi ilk kez bana bu kadar ıstırap veren karanlığı aydınlattı," diye yazmıştı.

Onun ruhunun karanlık gecesi olarak nitelendirebileceğimiz, ekstra zorlu bir zamandı. MS hastalığını tedavi etmek için verilen ilacın korkunç yan etkisini görmüştü. Boğazı şişmişti. Annesinin kanepesinde bir film izlerken bir bilinçli, bir bilinçsiz oluyordu. Doktorlarından bir daha işe gidecek kadar düzelemeyeceğini duymuştu. "Kimse bana olanları anlatmıyor. Ne doktorum ne nöroloğum ne de ilaç şirketi. Kimse tedavimin neye benzeyeceğini, hatta bir tedavi olup olmadığını bile söylemiyor," diye yazmıştı. Kanepesine hapsolmuş bir hayat yaşamaktan bıkmıştı, derin bir depresyondaydı. Çaresizce değişmek istiyordu, ama kronik bir hastalıkla sağlıklı bir hayatın nasıl olabileceği, hatta böyle bir ihtimalin onun için mümkün olup olmadığı hakkında kendisine hiçbir yön verilmemişti. Bazıları, MS ile hastalığın karmaşıklaştırmadığı hayatlar yaşayabilirken bazıları yürüyemez olur ve nörolojik yetersizlikler çekerler. Hangi gruba dahil olduğunu, olacağını bilmiyordu. Ebeveynleri onu tekerlekli iskemle ulaşımı olan bir daireye yerleştirmek istiyorlardı çünkü hiç yürüyemeyecek gibi görünüyordu, tedavi seçenekleri sınırlı ve hastalık seyrindeki gelişimi "yetersizdi".

Sonuçların çokluğuna rağmen kimse ona semptomlarını nasıl yöneteceğinden, daha da iyisi hafifletmekten söz etmemişti; kimse çocukken deneyimlediği depresyon ve travma mücadelesi hakkında bir şey sormamıştı. Ana akım tıbbın sözcük dağarcığında olmadığı için kimse iyileşmesinde kendisinin nasıl rol alabileceğini sormamıştı. Ally'nin bunları kendi başına araştırması gerekmişti.

Bu bozuk moralle sosyal medyada gezinirken benim kendine-ihanet iletimi gördü. Kendine-ihanetin, kendinize olan güveni yeniden yapılandırarak nasıl iyileştirileceğini okudu ve bu ona ileri doğru adım atma ilhamı verdi. Sağlığını destekleyecek küçük bir gündelik söz verip tutmaya karar verdi; ne kadar küçükse ve sürdürülebilirse o kadar iyidir. Kendine her sabah kahvesinden önce bir bardak su içme sözü verdi. Başta bunu aptalca buldu. *Bir bardak su nasıl hayatımı değiştirebilir?* Yine de her sabah telefonunun saatini 6.45'e kurarak kalktı ve görev duygusuyla suyunu içti.

Bir hafta içinde başka değişiklikler yapma dürtüsüne direndi ve bunun yerine günlük su içme kazanımına odaklandı. Suyunu içtikten sonra durup kendini tebrik ediyor ve bunu sürdürdüğü için ne kadar gurur duyduğu hakkında düşünüyordu. "Bak," diyordu kendisine, "yapıyorsun işte!"

Otuz gün sonra Ally sabah ritüeline günlük tutmayı ekledi ve Gelecekteki Ben Günlüğü adını verdiğim kendi iyileşmem için yarattığım yazma egzersizlerini uygulamaya başladı (günlük formatı yourholisticpsychologist.com sitesi ve Türkçesi @holistik.psikolog.tr Instagram hesabı profilindeki linkten ücretsiz olarak indirilebilir). Bu uygulama beyinde bilinçli olarak yeni nöral yollar oluşturmanızı sağlar ve sizi arzu edilen düşüncelere, hislere, davranışlara yönlendirir. Gelecekteki Ben Defteri öncesinde de Ally hep günlük defter tutmak istemiş, ama hiç sürdürememiş. Günlük defter tutmayı bir bardak suyla birleştirince bu, çalışma hayatına kendine verdiği sözü tutabildiği bir ritüel olarak entegre olmuştu. Egzersize başlayınca gelecekteki kendine şefkat göstermenin, şimdiki haline kıyasla daha güvenli olduğunu fark etti ve yazıları daha yumuşak bir ton aldı. Kendisi hakkında daha şefkatli yazdıkça tüm gün boyunca kafasının içinde kendi kendisiyle negatif konuştuğunu fark etmesi kolaylaştı. Kendine daha fazla güvenmeye başladıkça bu gevezelik azalmaya başladı ve kendine-bakma, kendini-sevme gündelik eylemlerinin hayatının geri kalanına da yayılmaya başladığını gördü.

Ally bundan sonra olanlara "yeniden doğum" adını veriyor. Dr. Terry Wahls'ın MS semptomlarını tedavi etmeye yardımcı beslenme ve hayat tarzı programını uygulamaya başladı; sınırlar koydu; her gün meditasyon ve yoga yaparak defter tuttu; çevresiyle tamamen başka bir seviyede iletişim kurmaya başladı ve elbette bir bardak suyunu içmeyi hiç bırakmadı. Hâlâ, her gün devam ediyor. Bir blog yazısında "Kendimi, son on dört yılda olduğundan çok daha fazla evimde hissediyorum," diye yazdı. "Tüm hayatımı yaşayabileceğim hayali yeniden ateşlendi."

Bugün Ally'nin MS'i bir yıldan fazladır gerilemekte. Bir zamanlar kanepeden kalkamazken şimdi sadece üst kata çıkmakla kalmıyor, MS'in ondan çaldığını düşündüğü iki aktivite olan bisiklet ve hatta koşmaya başlayabiliyor.

Ally'nin hikâyesi bize seçimin gücünü gösterir. Kötü bir teşhisle karşı karşıya kalsa bile içinde yararlı değişimler yapacak gücün olduğunu gördü. Sağlığımız ve zindeliğimizle ilgili bu seçim kabulü, siz kendi yolculuğunuza devam ederken yanınıza kalmasını umduğum ilk çıkarımdır.

ÇALIŞMAYI YAP: TIKANMIŞ OLUP OLMADIĞINI GÖR

Tıkanmak hakkında aşağıdaki sorular üzerinde düşün ve neden bu alanlarda tıkanmış olabileceğini keşfetmeye çalış. Örneğin düşüncelerinde, duygularında ve davranışlarında sana bu yardımcı olmayan modelleri tekrarlatan kalıplar görebilirsin. Bunu bir günlük defter tutma egzersizi olarak değerlendirmek yardımcı olabilir.

Kendine verdiğin sözleri sıklıkla bozar mısın? Yeni seçimler yapmak ve yeni alışkanlıklar geliştirmek isterken her seferinde eskilerine geri mi dönüyorsun? __________

Kendini sık sık olaylara duygusal tepki verip kontrolsüz hissederken ve olaydan sonra davranışlarından utanç duyarken buluyor musun? __________

Sık sık kendinden ve başkalarından ve/veya şimdiki zamandan kopar mısın? Geçmiş ya da gelecekle ilgili bir düşünceye dalıp tamamen "başka yerde" hissettiğin oluyor mu? __________

İç eleştirel düşüncelerin sana sıklıkla ağır, boğucu, yıkıcı geliyor ve fiziksel, duygusal, ruhsal ihtiyaçlarınla aynı noktada olmanı engelliyor olabilir mi? __________

Kendini isteklerini, inançlarını, ihtiyaçlarını ve/veya bir ilişkideki duygularını ifade etmekte zorlanırken buluyor musun? __________

Kendini sıklıkla bunalmış halde ya da stresle veya duygularından biriyle (tümüyle de olabilir) başa çıkamaz halde buluyor musun? __________

Gündelik yaşantında sık sık geçmiş deneyimleri ve davranış kalıplarını tekrarlıyor musun? __________

Bu sorulardan birine ya da daha fazlasına evet yanıtını verdiysen geçmiş deneyimlerin ve koşullanmaların nedeniyle kendini tıkanmış hissediyor olabilirsin. Değişmek imkânsız gibi gelir, ama inan ki öyle değil. Değişimi yaratmanın ilk adımı, geçmiş ve şimdiki gerçekliklerden farklı bir gelecek hayal etmekle mümkün.

GELECEKTEKİ BEN GÜNLÜĞÜ

Gelecekteki benliğe defter tutmak, bilinçaltı otopilotundan ya da sana geçmişini tekrarlatan koşullanmış alışkanlıklarından kurtulmana yardım etmeyi amaçlayan gündelik bir pratiktir. İstikrarlı biçimde aşağıdaki aktiviteleri yapmaya başlayarak ilerleyebilirsin:

- Geçmiş koşullanmanda nasıl "tıkandığına" tanık olmak.
- Her gün bilinçli olarak değişmeye niyetli olmak.
- Gelecekteki farklı bir sonuçla aynı çizgide olan gündelik seçimleri destekleyen küçük, eyleme geçilebilir adımlar belirlemek.
- Evrensel deneyime ve zihinsel direncin varlığına rağmen bu gündelik seçimleri güçlendirmek.

Bu yeni gündelik pratik için bir defter edinmek isteyebilirsin. Belki bazılarınız defterini kişiselleştirmek ve süslemekle ya da bu seçimi yaptığı için kendini onurlandıracağı küçük bir törenle biraz eğlenmek isteyebilir. Bu gündelik sözü tutmakla ne kazanacağın üzerine odaklanarak bu yeni pratiği nasıl kullanacağına ilişkin bir niyet belirleyebilirsin.

Şimdi bu alanlarda değişim yaratmak için kendine verdiğin küçük gündelik sözü tutmaya ve pratiğini yapmaya hazırsın. Eğer sen de Ally, ben ya da geçmiş deneyimleri nedeniyle kendilerine ihanet ettikleri için acı çeken milyonlarca insan gibi biriysen bil ki *yalnız değilsin.* Şu anda sen de kendilerine verdikleri bu küçük gündelik sözlerin pratiğini yapan milyonlarca kişinin hareketine katılıyorsun.

2

Bilinçli Benlik: Farkına Varmak

Jessica ile ilk seansımda onunla çok iyi arkadaş olabileceğimi düşündüm. Benim yaşımdaydı, alışveriş etmeyi sevdiğim bir dükkânda çalışıyordu ve havalı hippi arkadaş gibi görünüyordu. Sıcak, içten, sosyal ortamlarda eğlenceli ve enerjik olacak birine benziyordu.

Terapiyi daha önce denemişti, ama işe yaramamıştı. Bir kez daha denemeye karar vermişti çünkü o da evrensel tıkanmışlık hissini yaşamaktaydı ve *Psychology Today*'in internet sayfasında panikle araştırma yaparken beni bulmuştu. Başlarda seanslarımızı haftanın gazını boşaltmak için kullanıyor, ben de başımı sallıyordum. Benden pek bir şey istemiyordu. İş meseleleri, gündelik stres, ev arkadaşları ve hep bir şeyleri kaçırdığı hissiyle ilgili konuşabileceği güvenli bir alan istiyordu.

Birlikte çalışırken rahat hippi tavrı ortadan kalktı ve kronik anksiyetesini (endişelerini) ve başkalarını memnun etme ihtiyacını fark ettim; hepsi kendini yüksek başarı mükemmeliyetçiliğinde gösteriyordu. Sonra tüm bu kaygıyı, "ya şöyle olursa..." sorularını uyuşturmak için partilere gidiyor, biraz şarap, biraz ot içiyor, uyuşturucu kullanıyordu. Hepsini biraz gevşeyip iç eleştirmenini susturmak için yapıyordu. Ama ne yaparsa yapsın ya da neyi başarırsa başarsın kendini asla tatmin olmuş hissetmiyordu.

Sonra biriyle tanıştı. Gündelik hayatında hissettiği tüm kaygısı ve tatminsizliği bu yeni partnerine sıçradı. *Onu gerçekten seviyor muydu, yoksa sadece ilişkinin rahatlığını mı seviyordu? Onunla aynı eve mi taşınmalı, yoksa ondan ayrılmalı mıydı?* İleri geri, ileri geri, bir aşırı uçtaki düşünceden ötekine. Zamanla, ilişkileri yeni dönemeçler alıp evlilik neredeyse kaçınılmaz görününce duygusal olarak aşırı tepkili oldu. Haftalarca ilişkisi hakkında aynı şeyleri anlatıyordu. Önemsiz tartışmalarından, nasıl tepki verdiğinden, sayıp sövmelerden ve kapı çarpışlardan, sonra da kendini yoksun ve utanmış hissetmesinden bahsediyordu. Bunlarla başa çıkmak için aşırı içkiyle kendini uyuşturuyordu. Sonrasındaysa içmek duygusal tepkiselliğini artırdığı için kendini yine aynı sayıp sövme ve kapı çarpma döngülerinde buluyordu. Bu böylece sürdü gitti; hem kendisine hem partnerine büyük üzüntü veren bir dışavurum modeli oturdu. Utanç sarmalları ve tepkisellik o kadar aşina ve öngörülebilir oldu ki adeta ilişkilerinin güvenilir bir parçasını oluşturdu.

Her hafta Jessica bana davranışını anlatırdı ve birlikte ertesi hafta daha iyi bir sonuca ulaşması için yapabileceği bir sürü şeyden söz ederdik. Alkolün davranış biçimindeki rolüne tanık olduktan sonra daha limitli kullanmaya karar verdi. Bu değişiklikleri yapamayınca bir sonraki seansta kendini hor görüp küçümser, "Her zamanki gibi yapacağım dediğim hiçbir şeyi yapamadım," derdi.

Haftalık terapilerimizin ikinci yılında hayal kırıklığı içinde, öfkeyle, "Belki terapiye bir ara vermeliyim, buraya kendimi tekrar etmeye geliyorum," diye patladı. Bu hüsranı daha önce de duymuşluğum vardı. Hayal kırıklığını yalnız başına deneyimlemek zordur; başarısızlık olarak algıladığınız şeylere birinin tanık olması daha da zordur. Danışanların beni (ya da bir başka terapisti) onaylamayan ebeveyn figürü olarak görmeye başlamaları anlaşılabilir.

Sorun ilerleyememesiydi. Kendi tepkiselliğinin tuzağına düşmüş, sıkışmıştı. Zihnine gelen her düşüncenin bir inanç olduğunu ve benliğinin merkezi tarafından ifade edildiğini düşünüyordu. Bir karar veremiyordu çünkü düşünceleri bir aşırı uçtan –onu seviyorum– öteki aşırı uca –ondan nefret ediyorum– gidiyor ve o da sorgulamadan ya da kısıtlamadan her birinin peşine takılıyordu.

Gerçek şudur: Çok azımız aslında olduğumuz kişiyle gerçek bir bağlantıya sahibiz, ama başkalarının tüm o kendine ihanet katmanlarının altındaki temel benliğimizi görmesini isteriz. Jessica gibi hepimiz kendimizin daha iyi versiyonu olmayı isteriz. Ama çabalarımız boşa gider çünkü zihnimizi ve bedenimizi anlamayız. Aradığımız değişimleri nasıl yaratacağımızı anlayacağımız pratik araçlarımız yoktur. Kendimiz için yapamadığımızı başkalarının bizim için yapmasını bekleyemeyiz.

SEN DÜŞÜNCELERİN DEĞİLSİN

İyileşme sürecindeki bütünsel insan yaklaşımımı duyanlar hemen dalıp içlerindeki çocukla buluşmayı, yeniden kendine ebeveynlik sürecine başlamayı, ego çalışmasını yapmayı, travmayı ortadan kaldırmayı isterler. Batı kültürünün simgesi niteliğindeki bu çabuk tamir arzusu, bu yaralarla yaşamanın zorluğu göz önüne alınınca gayet rahat anlaşılabilir. Daha derin katmanlara inmeden önce iç dünyamıza tanık olma becerisini kazanmamız gerekiyor. Kulağa hoş gelmeyebilir, ama temel budur. Bunun ardından gelen her şey bilinçli farkındalığımızı uyandırmaya temellenir.

Bilinç kavramını onu en az aradığım bir dönemde buldum. Zor bir zamandı. Yirmili yaşlarımda, New York'ta, ilk kez kendi başıma yaşıyordum. Kaygı için ağır ilaçlar alıyordum; beni her yerde izleyen fiziksel ve duygusal çalkantıyı yönetebilmek için her türlü tamamlayıcı maddeyi ve sihirli şurupları ısmarlıyordum. Doktora gelirimdeki eksikliğe katkıda bulunmak için Manhattan'da bir araştırma işinde çalışıyor ve öğle yemeklerinde yaklaşan endişe atağını savuşturmak için yürüyüşe çıkıyordum. Empire State binasının yakınındaki, tuğladan yapılma muhteşem Saint Michael the Archangel Kilisesi'ne giderdim. Bahçesinde oturur, derin nefesler alıp verirken "Tanrım, bunu aşmamda bana yardım et," diye yalvarırdım.

Bir gün, bu panik atak rutinlerinin birinden sonra kilisede durmadan yürümeye devam ettim ve daha önce fark etmediğim bir binanın önüne geldim. Rubin Sanat Müzesi'ydi; Doğu dinlerinden sanat ve dokuma eserleri sergiliyordu. Binanın üzerinde "Günleri hatırlamayız, anları hatırlarız" yazılı bir tabela vardı. Bu kısa cümle dikkatimi çekti.

Eve dönünce, bu alıntıyı Google'da araştırdım (yirminci yüzyılda yaşamış olan İtalyan şair Cesare Pavese'ye ait çıktı); bu beni şimdiki ânın gücü hakkında bir sürü okumaya yöneltti. İlgilenmiştim, tavşan deliğine dalar gibi kişisel bir araştırmaya giriştim, biri diğerini izledi ve sonunda bilinç kavramına vardım. Hepimizin bildiği bir kelime. Tıbbi olarak temel anlamı *uyanmak, aymak*. Ama bizim amacımız açısından çok daha genişleyen bir anlama sahip: sadece kendimize ve çevremizdeki hayata tanık olmamıza müsaade etmekle kalmayan, aynı zamanda seçimi güçlendiren açık bir farkındalık durumu.

Alnınıza dokunun. Parmaklarınızın hemen arkasında kafatasınızın en çıkık yeri prefrontal korteks bulunur; bilinçli zihnin oturağı. Geleceği burada planlar, sofistike akıl yürütmelerde bulunur ve kompleks bir şekilde farklı işleri eşzamanlı yaparız. Bilinçli zihnimiz geçmişin tasalarına sıkışmamıştır. İleri düşünceli ve yapıcıdır. Bizi eşsiz bir şekilde insan yapar; hayvanlar âleminin geri kalanı da kuşkusuz canlı ve mevcuttur, ama diğer hayvanlar bizim düşünce hakkında düşünebilme becerimizi paylaşmazlar; bunun adı üstbiliştir.

Bilinç bizi insan yapsa da çoğumuz o kadar iç dünyamıza dalmış durumda, o kadar bilinçsiz ve hatta uykudayız ki zihnimizde sürekli dönüp duran bir senaryo olduğunun farkında değiliz.

Bu senaryonun hakiki biz, Benlik olduğuna inanıyoruz. Ama bu gevezelik sadece bizim düşüncelerimiz. Bütün gün düşüncelerin pratiğini yapıyoruz.

Bu paragrafta durup şöyle düşünebilirsiniz: *Düşüncelerin "pratiği" yapılmaz.* Ama yaparız. Sabah gözümüzü açtığımız andan gece yumduğumuz âna kadar. O kadar uzun süre ve sürekli biçimde yaparsın ki pratik yapma eylemi bilincinin ötesine geçer. Rüya durumundan ve bilinçaltından düşüncelerin de pratiğini yaparsın. Bu düşünceleri "sen" olarak etiketleyebilirsin, ama onlar "sen" değiller. Sen düşüncelerini düşünensin, *düşüncelerin kendisi değilsin.*

Düşünceler beyinde nöronların ateşlenmesi sonucu oluşan elektrokimyasal tepkilerdir. Düşünceler bir amaca hizmet eder: Sorun çözmemizi, yeni şeyler ve bağlantılar oluşturmamızı sağlarlar. Ancak ortada düşüncelerimize çok fazla güvenmek gibi bir şey de var. İlk olarak Buda'nın tanımladığı gibi "maymun zihnimizde" olduğumuz zaman durmaksızın düşünürüz; düşüncelerimiz birbirine geçer, nefes alacak ve onları inceleyecek alan yoktur.

Jessica'ya dönelim. Kararsızlığı, bir gün negatif, ertesi gün pozitif hissetmesi maymun zihninin ürünüdür. Bazı günler hayatında bu kadar iyi bir erkek olduğu için çok şanslı olduğunu düşünür ve buna tamamen inanır. Buna inandığı zaman bu durum davranışlarında (aynı eve taşınmak, evlenmeye karar vermek) kendini gösterir. Fakat diğer yandan başka günler, onun cehennemin dibine gitmesini ister; bu düşüncelerine de inanır ve kavga çıkartır, kapıları çarpar, bir şeyleri fırlatır. Bu gelgitler kendine güvenini yitirmesine neden olur ve sonucunda kendini maddeler ve alkolle uyuşturur; bu, bilinçli benliğinden daha çok kopmasına neden olur.

Jessica ileri gidemiyordu çünkü düşünen zihni bir tepkisellik durumuna hapsolmuştu. Ne istediğini açıkça görebilmesi imkânsızdı çünkü sezgilerine güvenmiyordu. Hepimizin sezgileri var; bu, doğuştan gelen ve bilinçdışı bilgeliği tanımlayan psikolojik ve spiritüel bir kavram. Bu, bizi insanlık tarihi boyunca canlı tutmuş olan evrimin güdümündeki altıncı hissimizdir. Hâlâ bizimle konuşur; karanlık bir sokak arasında yalnız yürürken ensemizdeki tüylerimizi diken diken eden histir. Kuşkulanmak için hiçbir mantıklı neden yokken birini görünce midemizi bir güvensizlik hissiyle dolduran, bizim için özel olan birisiyle buluştuğumuzda içimizi heyecanla ısıtan histir. Bu, sezgisel benliğin fizyoloji aracılığıyla ruhumuzdan konuşmasıdır. Tipik olarak çocukken hepimiz bu spiritüel özbilişle bağlantı halinde ve güçlü içgüdülere sahibizdir. Büyüdükçe ve başkalarının etkisine girdikçe sezgilerimizden kopmaya başlarız. Altıncı duyumuz körelir. Kaybolmaz, sadece gömülür.

BİLİNÇLİ BENLİK VE BİLİNÇALTI BENLİK

Ancak bilinçli olduğunuzda kendinizi görebilirsiniz. Bu, daha önce sizi şekillendiren, manipüle eden ve geri bırakan birçok gizli gücü ortaya çıkartan bir özfarkındalık sürecidir. Kendinize tamamen şeffaf olana dek hiçbir şekilde beslenmenizi iyileştiremez, içkiyi bırakamaz, partnerinizi sevemez, kendinizi geliştiremezsiniz. Sezgisel olarak daha iyiye doğru gelişmek için neyin değişmesi gerektiğini bilirken bunu neden yapmazsınız? Bu ahlaki bir yetersizlikten değil, az ya da çok otomatik davranış modellerini tekrarlamaya sıkışıp kalmanızdandır.

Belki bu durum kulağınıza tanıdık gelir: Her gün aynı saatte işe gidersiniz; kapıdan dışarı çıkma rutini az çok ezberedir. Duş alırsınız, dişinizi fırçalarsınız, kahve yaparsınız, kahvaltı edersiniz, giyinirsiniz, işe kadar araba kullanırsınız... bunları o kadar çok yapmışsınızdır ki zihniniz otopilottadır, hiçbirini yapmayı bilinçli olarak düşünmeniz gerekmez. Kendinizi işinizde bulup da "Ben buraya nasıl geldim?" diye sorduğunuz oldu mu hiç?

Otopilotta olduğumuz zaman tepkilerimizi zihnimizin ilkel ya da bilinçaltı parçası yönetir. Bilinçaltımız şaşırtıcı biçimde her bir deneyimimizi depolar. Ama burası sadece kesin verileri barındıran tarafsız bir depo değil, duygusal, tepkisel ve mantıksızdır da. Her günün her ânında bu bilinçaltı zihin dünyayı nasıl gördüğümüzü şekillendirir; (genellikle otomatik) davranışlarımızın ilk yönlendiricisidir. Ne zaman tam anlamıyla bilinçli değilsek bilinçaltı zihnimiz "biz" olmak için zorlu bir çaba içindedir. Nasıl düşündüğümüz, konuştuğumuz ve karşılık verdiğimiz – hepsi, koşullanma adı verilen süreçle çocukluğumuzda yerleşmiş olan düşünceler, davranış kalıpları ve inançlarla şartlanmış bilinçaltı kısmımızdan gelir.

Otopilotta gitmek koşullanmamızın bir işlevidir. Çoğumuz bu bilinçaltı programlanmaya sıkışığız; bazı beyin taramaları günümüzün sadece yüzde beşinde bilinçli bir durumda işlev gösterdiğimizi ortaya koyar. Bilinçaltı bir otopilota bağlıyız. Bunun anlamı, günümüzün sadece çok küçük bir bölümünde bilinçli seçimler yaptığımız ve geri kalanında gösteriyi bilinçaltımızın yönettiğidir.

HOMEOSTATİK DENGE

Bilinçaltı zihnin bunaltıcı çekimi, bizim için değişmeyi zorlaştırır. Evrimsel olarak değişmeye donanımlı değiliz. Kendimizi otopilottan kurtarmaya çalıştığımızda zihnimizin ve bedenimizin direnciyle karşılaşıyoruz. Bu tepkinin bir adı var: homeostatik denge. Nefes almaktan beden sıcaklığına ve kalp atışına kadar fizyolojik işlevlerimizi düzenler. Hepsi bilinçaltı seviyede gerçekleşir, yani hiçbirini aktif olarak başlatmıyoruz; otomatikler. Homeostatik dengenin amacı zihinde ve bedende denge yaratmaktır. Bir düzensizlik olduğu zaman dengesizlikler sorun çıkartabilir ve hatta kendine ihanet edebilir.

Bilinçaltı zihin bir konfor alanında olmayı sever. En güvenli yer daha önce bulunduğumuz yerdir çünkü tanıdık sonucu tahmin edebiliriz. Alışkanlıklar ve sürekli tekrarladığımız davranışlar bilinçaltının varsayılan modu haline gelir. Beynimiz zamanının çoğunu otopilotta geçirmek ister çünkü ne beklediğini bilirse enerji tasarrufu yapabilir. Bu nedenle alışkanlıklarımız ve rutinlerimiz son derece rahat gelir ve rutinlerimizin bozulması sarsıcı ve hatta yorucudur. Buradaki sorun, koşullandığımız rutinimizi izlemenin bizi o rutine sıkıştırmasıdır.

Tanıdık olana doğru bu çekim atalarımızı vahşi hayvanlar, kıtlıklar ve düşmanlar gibi birçok tehditten korumuştur. Bizi hayatta –karnı tok, başının üzerinde bir çatı ile– tutan herhangi bir davranış tekrarlanacak, homeostatik dengenin favorisi olacaktır ve bizim bu konuda aktif bir seçimimiz olmayacaktır. Bugünün daha konforlu dünyasında, zihinlerimiz ve bedenlerimiz, alışılmadık veya biraz rahatsız edici olan her şeyin bir tehdit olarak görüldüğü tepkisel durumun ötesine geçemedi. Ayrıca siyahiler, yerliler ve diğer ırklardan olanların gelişmiş dünyada bile baskıcı sistemlerimizin günlük tehditleriyle karşı karşıya olduğu gerçeği de var. Bu içgüdüsel yönelimli tepkiler, alışkanlıklarımızı değiştirmek istediğimiz zaman çoğumuzu güçsüz kılan döngüler içine hapsederler. Bunun evrimsel bir beden tepkisi olduğunu anlamak yerine utanırız. Bu utanç fizyolojimizin yanlış okunmasıdır.

Varsayılan program ayarlarımızın dışında yaptığımız her seçimde, bilinçaltı zihnimiz zihinsel bir direnç göstererek bizi tanıdık olana çekmeye çalışır. Zihinsel direnç kendini hem zihinsel hem de fiziksel rahatsızlık olarak gösterebilir. *Bunu daha sonra yapabilirim* ya da *bunu yapmama hiç gerek yok* gibi döngüsel düşünceler formunu alabilir. Huzursuzluk, kaygı ya da "kendi" gibi hissetmemek şeklinde fiziksel semptomlara dönüşebilir. Bu, bilinçaltınızın size önerilen bu değişimlerin yeni bölgesinden rahatsız olduğunu iletme şeklidir.

ÖZGÜR KALMAK

Jessica'nın düğün günü yaklaştıkça endişesi arttı ve düğün hakkında çeşitli detayları planlamaya dönüştü. Belalı, zor bir gelin hallerinin yakınında bile değildi ama benimle kontrolden çıkmış hissettiğini ve büyük günün kendisi için büyük bir yüke dönüştüğünü paylaşmıştı. Birlikte çalışmaya devam ettik; bilincini uyandırmasına ve ona tanık olmasına imkân verecek güçlerini kazanmasına uğraştık. Bu sıralarda, seanslarımızın başlamasının üzerinden dört-beş yıl geçtikten sonra ıstırabını çektiği yıkıcı kaybı sonunda öğrendim – yapamayacağı baba-kız dansından söz ederken çok üzüldüğünü söylemişti.

Jessica yirmilerinin başındayken hayatında bir kaya gibi olan, içinde yaşadığı çevre tarafından çok sevilen babası aniden ölmüştü. Bu tür bir trajedi herkesi mahveder, ama Jessica'nın ilişkimizin beşinci yılına kadar ölümünden bile söz etmemiş olması bu kaybını ne kadar derine bastırdığının bir göstergesiydi. Bu gündelik tepkisellik döngülerine, belki partnerine olan öfkesine ve hayatındaki ısrarcı stresine çözülmemiş hislerinin mi neden olduğu araştırılmaya değerdi. Jessica hiçbir zaman kederini göğüslememişti; duyguları başa çıkamayacağı kadar yoğun ve ürkütücüydü, o da hayatına devam edebilmek için onları bir kenara itmişti – bir döngüye sıkışmıştı. Bedeni bu döngüye alışmış, derin duygularıyla yüzleşmektense onlardan kaçınarak daha rahat etmeye başlamıştı. Babasından daha önce söz etmediğini söyleyerek bana hayatındaki bu denli önemli ve travmatik olayı anlatmayışı hakkında ne düşündüğünü sordum. Daha önce söz etmemiş olmasına ve kaybının etkileri hakkındaki belirsizliğe şaşırdı; kederini bu kadar derine gömmüştü.

Düğününü planlamaya başladığı zaman babasının konusu daha çok geçmeye başlamıştı. Babasının bariz yokluğu, onun hayatındaki yerini inkâr etmeye çalışmasını olanaksız kılıyordu. Yine de yokluğuyla ilişkili olarak nadiren herhangi bir duygu gösteriyordu. Ondan bahsederken sakin, neredeyse uyuşmuş, hissiz gibiydi. Düğün yaklaştıkça babasından daha çok söz etmeye başladık ve geçmiş yasının şimdiye bakışını nasıl etkilediğinin farkına varması üzerinde çalıştık. Babasının ölümünü kabullenemeyişinin acısını düşünmemek için yüzeysel streslerini nasıl ikiye katladığına tanık olabildi.

Birlikte dikkat kasını, diğer bir deyişle bilinçli farkındalığın bu otomatik tepkileri kırma gücünü geliştirmenin önemini araştırdık. Düğün pastası ya da oturma düzenlemeleri konusunda refleks aşırı tepki vermeden önce farkındalığını yeniden şimdiki âna geri getirmek üzerinde çalıştık. Nefes çalışması ve meditasyon tekniklerinden nasıl daha fazla fayda sağlayacağı üzerinde durduk. Jessica için en etkili olan, fiziksel hareketler ve özellikle de yogaydı. Birçok insan için fiziksel hareket, bilincin anahtarı niteliğindeki dikkat kasını bilemekte çok işe yarar. "Yukarıdan aşağı" (beyin niyetleri belirler, beden izler anlamına gelir) bir pratik olan yoga, nefesimizi ve bedenimizi yönlendirme egzersizleri yaparken dikkatimizi odaklayarak zihnin anda kalmasına yardım eden çok güçlü bir araç olabilir. Yoga egzersizlerinde geliştirdiği dikkat kontrolü Jessica'nın tepki vermeden önce bir anlığına durmaya başlamasını sağladı. Bu, kendisinin o an neler yaşamakta olduğuna daha iyi bakmasını sağlayacak bir alan yaratmasına yardım etti. Gelecekteki değişimleri bu bilinç temelinden yapacaktı.

Yoga Jessica için o kadar dönüştürücü oldu ki bir eğitmen olmaya karar verdi. Bunu yaparken zorlu bir programın altına girdi ve bu onu içinde yaşamakta olduğu tepkisellik durumlarıyla yüzleşmeye zorladı. Kendine alan bıraktığında ve zorlayıcı fiziksel pozlarda aktifleşen, bazen de hayli ağır olabilen duyguların rahatsızlığıyla kalabildiğinde terapimiz de tıkır tıkır işlemeye başladı. Yoga pratiğiyle daha fazla meşgul oldukça şimdiki zamanda daha fazla yaşayabilir oldu. Otopilottan çıkmaya, bir duygudan diğerine atlamak yerine kendi parıltısını görebilmeye başladı. Daha fazla ortaya çıktıkça durup düşüncelerinin ve davranışlarının ne olduğuna tanıklık edebiliyordu: yönetilebilecek geçici durumlar. Dikkat kası düşüncelerinin daha fazla farkında olmasını sağladı; ardından rahatsız durumlara tanık olarak onlarla nasıl kalabileceğini, esnek ve dayanıklı olabilmeyi ve güçlendirmeyi öğrendi. Bu, onun içsel dönüşümünün hızlandırıcısı oldu.

Jessica yogada ilerledikçe daha bilinçli oldu. Olanların bir kısmı, sözcüğün tam anlamıyla beynini fiziksel bir seviyede değiştirmesinden kaynaklanıyordu. Dikkat kasımızı geliştirdiğimiz zaman nöroplastisite adı verilen bir süreç yaşanır. Bu, son elli yılda tanıtılmış bir kavramdır. Araştırmacılar beynimizin (daha önceki değişimin yirmili yaşlarda bittiği inancının tersine) hayat boyunca yapısal ve fizyolojik olarak değiştiğini ortaya çıkarmışlardır. Beyin kendini yeniden düzenleyebilir ve nöronlar arasında yeni bağlantılar inşa edebilir. Araştırmalara göre dikkatimizi şimdiki zamana odaklamamıza yardım eden yoga ve meditasyon gibi pratikler beyni yeniden yapılandırmakta özellikle güçlüdürler. Yeni nöral yollar kurulduğu zaman varsayılan kalıplarımızdan kurtulabilir ve bilinçli bir durumda daha aktif yaşarız. Tutarlı bilinçlilik pratiklerinin bilinçli farkındalığımızın yaşadığı alan olan prefrontal lobları kalınlaştırdığını gösteren fonksiyonel beyin taramaları (MRI) bu durumu doğrulayan elle tutulur kanıtlar sunar. Şefkat temelli meditasyonlar (ya da sadece gözlerinizi yumup sevdiğiniz birini düşünmek) beynin duygusal merkezi olan limbik sistem adlı bir alanı güçlendirir. Tüm bu çalışmalar beynimize yeni hatlar döşer, varsayılan düşünce kalıplarımızı ortadan kaldırır ve bizi bilinçaltı yönetimindeki otopilottan çıkarır. Bu bilinç temelinden düşüncelerimizdeki, inançlarımızdaki ve ilişkilerimizdeki koşullanmış kalıplara tanık olmaya başlayabiliriz. Bu dürüst özfarkındalık bize değişime ve nihai olarak iyileşmeye giden yolumuzu gösterir.

İNANCIN GÜCÜ

1979 yılında, Harvardlı psikolog Ellen Langer, iki grup yaşlı erkeği bakımevlerinden alarak inancın yaşlılık üzerindeki etkisi üzerinde önemli bir çalışmada yer almaları için bir haftalığına New Hampshire'daki bir manastıra götürdü. İlk gruptaki adamlardan, zaman sanki bir gecede yirmi yıl geri dönmüş gibi yaşamaları istendi. Kendilerinin daha genç bir versiyonunu yaşamayı deneyeceklerdi. İkinci grup şimdiki zamanda kalacaktı, ama geçmişi hatırlayacaktı.

Manastırın ilk grup için ayrılan bölümü, araştırma amacıyla katılımcıların daha genç hallerine dönüşümlerini destekleyecek şekilde dekore edilmişti. Yüz yıl öncesinin modern mobilyaları. *Life* dergisinin ve *Saturday Evening Post*'un nüshaları. Katılımcılar siyah-beyaz televizyonda *Ed Sullivan* izliyor, vintage radyo dinliyor, *Bir Cinayetin Anatomisi* gibi 1950'lerin filmlerini izliyorlardı. Geçmişin olaylarından sohbet etmeleri istendi: İlk ABD uydusu, Küba'da Fidel Castro'nun ayaklanışı ve Soğuk Savaş geriliminin artacağından korkmaları. Tüm aynalar kaldırıldı ve yerlerine bu adamların yirmi yaş genç resimleri kondu.

Araştırma sadece bir hafta sürdü, ama deneyimledikleri değişim şaşırtıcıydı. Her iki grup da fiziksel, bilişsel ve duygusal her ölçütte büyük iyileşme gösterdi. Daha esnektiler, daha az kamburdular ve romatizmanın bozduğu parmakları daha becerikli ve hatta daha sağlıklıydı. Çalışmayı bilmeyen kişilerden "öncesi" fotoğraflarıyla bir hafta sonra çekilen "sonrası" fotoğraflarını kıyaslamaları istendi. Çoğu "sonrası" fotoğraflarının "öncesi" fotoğraflarından en az iki yıl önce çekildiği varsayımında bulundu.

Bu değişimler fiziksel olandan daha derine indi ve en çok genç hallerini somutlaştıranlarda ortaya çıktı. Bir hafta sonunda yüzde 63'ü, diğer gruptaki yüzde kırk dörtlük orana kıyasla, ölçülebilir şekilde daha yüksek zekâ puanı yaptı. İlk gruptaki erkeklerin hepsinin yiyeceklerden daha fazla tat alma becerisinden daha iyi görmeye ve duymaya kadar beş duyunun hepsinde iyileşmeler gösterdiği rapor edildi.

Bu çalışmayı bizi çeşitli yollardan etkileyebilecek düşüncelerimizin müthiş gücünü göstermek için paylaşıyorum. Dikkate değer bu değişikliklerin, tipik olarak değişime daha dirençli olan yaşlı nüfusta meydana gelmesi, sizin kendi yaşamınızda gerçekleşebilecek benzer bir dönüşüm potansiyelinin kanıtıdır.

Negatif düşüncelere saplanmak yerine –çalışmalar bunu zamanımızın yüzde yetmişinde yaptığımızı gösterir– kendinizi tehdit edilmiş hissettiğinizde beden duyularınıza odaklanmanızı istiyorum. Yani *bilinçli olmanızı* istiyorum. Annenizle FaceTime yaparken çenenizin ve omuzlarınızın gerildiğini ve giderek savunmacı pozisyon aldığınızı görebiliyor musunuz? Aşina olmadığınız bir çevreye girince içinize kapanıyor, kopuyor ya da beden duyularınızın aşırı farkında mı oluyorsunuz? *Yargılamadan* tanık olun, sadece görün. İleriye giden yol kendinizi öğrenmektir. Yalnız zaman geçirmeyi, hareketsiz oturmayı, gerçekten sezgilerinizi duymayı ve kendinize tanık olmayı öğrenin – özellikle de saklamak istediğiniz karanlık bölgelere.

Her düşüncemize inanmamakta ve düşüncelerimizin kendisi değil düşüneni olduğumuzu anlamakta büyük bir özgürlük var. Zihinlerimiz güçlü araçlar ve özgün benliğimizle düşüncelerimiz arasındaki kopukluğun farkına varmazsak gündelik yaşamlarımızda düşüncelerimize çok fazla kontrol veririz.

Bu çalışmaya başlamak için güvenli ve destekleyici olduğunu düşündüğümüz bir ortama ihtiyacımız var. Düşmanca bir ortamda bilinçli hale gelemeyiz, özellikle ilk başta. Bazı savunmalarımızı indirmenin, şansımızı denemenin ve kendimizi bırakmanın sorun olmayacağı bir yerde olmalıyız. Aramızda, güvenli olmayan fiziksel ortamlarda, özellikle mevcut baskıcı sistemler altında yaşayanlar için en güvenli yer, kısa, sessiz anlarda kendi içimizde bulunabilir.

Bu bilince ulaşmana yardım edecek birkaç egzersiz denemenin zamanı geldi. Bu yönlendirme cümlelerini her gün birkaç dakika kullanman yardımcı olacaktır. Neden? Çünkü değişimi etkilemek için iyileşme yolculuğun boyunca kendi sözünü tutmayı uygulayabileceğin küçük, günlük bir vaade bağlı kaldığın bir rutin yaratman gerekecek. Bu uygulamaya başladığında rahatsız olacaksın çünkü zihnin "Hey, bekle! Bu rahatsız edici! Alışıldık programlamamız üzerinde çalışmak istiyoruz!" diyecek. Bu, bir çeşit ajitasyon şeklinde ortaya çıkabilir. Bu arada nefes egzersizleri yapmak ve *deneyimi yargılamamaya çalışmak yardımcı olabilir.* Rahatsızlığın şiddetlenirse durmak için kendini güçlendir ve en önemlisi sınırını belirlediğin için kendini onayla. Dinlen ve ertesi gün pratiğe dönebileceğini bil.

Unutma, bu başta tuhaf ve aptalca görünebilir. Sürdür. Bu bilinç oluşturma alıştırması, bir sonraki çalışmanın temelini oluşturur.

ÇALIŞMAYI YAP: BİLİNÇ OLUŞTURMAK

1. Günün içinde birkaç dakikanı, yapmakta olduğun şeye odaklanmaya ve tüm varlığınla gerçekten onda olabilmeye ayır. Bu, bulaşıkları yıkarken, çamaşırları katlarken ya da banyo yaparken olabilir. Yürüyüş yaparken bulutlara bakmak için durmak veya gün boyunca çalışma alanından gelen kokuları bir anlığına gerçekten koklamak anlamına gelebilir. O andaki deneyiminin tamamına tanık olacağın konusunda bilinçli bir seçim yap. Kendine "şimdi bu andayım" de. Zihnin, koşullanmasından çıkarıldığı için şaşkın ve izleniyor olduğundan sürekli bir direnç ile karşılık verebilir. Aklına her türlü düşünce dolabilir. Onlara sadece tanık olmaya çalış.
2. Kendini şu ânın içine toprakla. Duyularımız maymun zihninden çıkıp şimdiki anla daha derin bir bağlantı bulmamıza olanak sağlar. Diyelim ki bulaşıkları yıkarken bu egzersizi yapmayı seçtin. Sabunu ellerinde hisset. Sabunun ellerinin üzerinde nasıl köpürdüğünü gör; lavabodaki tabakların kayganlığını hisset; havanın kokusunu fark et. Bu, zihnin sana dışına çıkmanı emretmeden şimdiki anda kalmana olanak sağlar. Bunu yapmak, egzersizi pratiğe döktükçe daha rahat hale gelecek.
3. Bunu bir-iki dakika kadar yaptıktan sonra kendine bu zamanı verişini takdir et. Çalışmayı yapmaya ayırdığın vakit için kendine teşekkür edebildiğin bu an, zihninin ve bedeninin nasıl hissettiğini anlamasına olanak sağlayacak.
4. Bu egzersizi günde en az bir kez tekrarla. Daha rahat hale geldikçe egzersizi tekrarlayabileceğin farklı anları daha fazla fark etmeye başlayacaksın.

GBG: BİLİNÇ OLUŞTURULMASI

Şimdi bu yolculukta size katılıyor ve her birinizle, günlük hayatımda yeni alışkanlıklar yaratmaya başlamak için her gün kullandığım Gelecekteki Ben Günlüğü formatı ve yönlendirme cümlelerini aynen paylaşıyorum. Günüme yeni bir deneyim yaratmak için kendime verdiğim küçük gündelik sözleri tutma pratiğiyle başladım. Defterime her gün aşağıdaki ifadelerin benzer versiyonlarını yazarak kendime değişim niyetimi hatırlattım. Bu, gün boyunca tutarlı olarak yeni seçimler yapmama ve zamanla yeni alışkanlıklar geliştirmeme yardım etti. Bu süreçte yardımcı olması için aşağıdaki örneği kullanmak isteyebilir veya kendiniz için bir benzerini yaratabilirsiniz:

Bugün ben, kendime ve gündelik alışkanlık kalıplarıma karşı bilinçliyim.

Hayatımda değişim yaratma fırsatım olduğu **için şükran duyuyorum.**

Bugün ben, seçim yaptığım her an bilinçli ve farkındayım.

Bu alandaki değişim kendimin ve kalıplarımın daha farkında hissetmemi sağlıyor.

Bugün ben, dikkatimi şimdiki âna geri getirme pratiği yapıyorum.

Buradaki amaç, bu yeni seçimi yapma pratiğini her gün uygulamak. Bilinçli olarak belirlediğim niyetlerimi hatırlamama yardımcı olması için telefonuma gün içinde rastgele zamanlara alarmlar kurdum. (Evet, teknoloji bazen dostumuz olabiliyor.) Ne zaman çalsa kendimi, dikkatimin nerede olduğuna dair yokluyordum. Hiç anda olmadığımı çabuk keşfettim. Geçmiş stresli deneyimleri zihnimde yeniden canlandırmaya bayıldığımı gördüm. Geçmişi yeniden yaşamıyorsam, gelecekte bana stres yaşatabilecek pek çok olası felaket için endişeleniyordum. Değişim yaratacak bilinçli gücüm ortalarda değildi.

3

Yeni Bir Travma Teorisi

Christine ile iyileşme yolculuğumu sosyal medyada paylaştığım ilk günlerde tanıştım. O da Ally gibi kendine-ihanet kavramı veya özgün istek ve ihtiyaçlarımızın istikrarlı biçimde reddedilmesinin kişiye zarar veren yıkıcı davranışlarla sonuçlanacağıyla ilgili bir iletimi okumuş ve benimle bağlantıya geçmişti.

Christine hemen kendisinin bir "kişisel gelişim bağımlısı" olduğunu itiraf etti. Denemediği yöntem yoktu. Kitaplar alıyor, seminerlere ve hatta dünyanın başka yerlerindeki haftalık etkinliklere katılıyordu, ama sonuç aynıydı: hayal kırıklığı. Ne yaparsa yapsın başladığı yere geri dönüyordu. Başta kendini tam anlamıyla alıştırmaya veriyor, sonra kaytarıyordu. Sıkılıyordu. Rahatsızdı. Bıkıyordu.

Bana söylediği bir numaralı sorunu yüzeysel görünüyordu ama onu esir alıyordu: Göbeğinden nefret ediyordu. Şişko göbeği, bunu kendisi diyordu, ergenlik döneminin başından beri onu rahatsız etmişti. Hiç kilolu olmamıştı, ama göbeğinin çirkin olduğunu, bedenine ait olmayan yabancı bir parçaymış gibi hissettiğini söyledi. Beslenmesini araştırmaya başladığında bir günde yediklerini çoğu kez hatırlayamadığını keşfetti. Bazen lokması ağzındayken bile yediğini unuttuğu oluyordu. Bir tepsi dolusu *brownie* yemeye ayrılmış gecelerini anlattı. Ancak hava almak için çıkıp geri döndüğünde ne yediği konusunda oldukça bilinçsiz olduğunu fark etmişti, tadını, aromasını kaydetmiyordu.

Bu tür bir deneyim dissosiyasyon (kopma) yaşayan biri için tipiktir – sürekli strese maruz kalma ve bunalma nedeniyle çevremizden fiziksel ve zihinsel olarak kopmamızı sağlayan bir başa çıkma mekanizması. Kişi fiziksel olarak orada olsa da zihinsel olarak gitmiştir. Bilinçli zihnin uğraşamayacağı kadar büyük veya tehditkâr bir olay veya durum karşısında verdiği koruyucu tepkidir. Kopma, yaşamlarını çocukluk travmasıyla sürdürenler için oldukça yaygın bir stres tepkisidir. Bu terimi ilk kullanan kişi psikiyatrist Pierre Janet bunu benlikten "ayrılma" olarak tanımlar. Ben danışanlarıma bunu sanki bir "uzay gemisiyle" gider gibi, benliğin bedenden ayrılması, bir tür metafiziksel kopuş hali olarak açıklıyorum. Christine'in yiyeceklerden kopukluğu bana yemek yemeyle hiçbir ilgisi olmayan bir şeyden kaçmaya çalıştığını gösterdi.

Zamanla Christine geçmişinden söz etmeye başladı. Ailesinin güvenli veya destekleyici bir ortam sunmadığını, annesinin ona sık sık zorbalık edip kardeşlerini de ona aynısını yapmaları için dolduruşa getirdiğini fark etmişti. Güvenli ilişkilerin yokluğunda, ona işkence eden korkunç bir sır saklıyordu: Yakın bir aile dostu, kırklarında bir adam, dokuz yaşındayken ona cinsel tacizde bulunmaya başlamıştı.

Adam Christine'i bunun bir sır olduğuna ve birine söylerse başının derde gireceğine –cinsel tacizcilerin ortak stratejisi– ikna etmişti. Taciz yıllarca devam etmişti. Hatta ailesi adamın Christine'i açıkça tercih etmesiyle dalga bile geçmiş ve annesi Christine'e "onun favorisi" olduğunu söylemişti. Adam ona hediyeler getirdiği ya da gezmeye götürdüğü zaman kardeşleri bozuluyor, "tam bir yalaka" olduğunu söylüyorlardı.

Christine olanların yanlışlığını sezgisel olarak biliyordu, ama bunu bir kenara atmayı ve failine inanmayı öğrenmişti. Bağlantısını keserek başa çıktı – bedeni tacize uğrarken zihinsel olarak bedenini terk ediyordu. Sezgilerinden böyle defalarca kopunca kendine güvenemeyeceğini öğrenmiş, başkalarının düşüncelerine, fikirlerine ve inançlarına bakmaya başlamıştı.

Dissosiyatif davranışları varsayılan başa çıkma stratejisi haline geldi ki bu durum yetişkinliğinde rahatsız duygular yaşadığı ânı terk etmesi anlamına geliyordu. Bu kalıba yetişkinliğinde tanık olmak, bununla duygusal olarak başa çıkabilmek için o andan ayrılması, çocukluğunda öğrenilmiş bir davranış olduğunu daha iyi anlamasını sağladı.

TRAVMA: YANLIŞ ANLAŞILMIŞ BİR KAVRAM

Ruh sağlığı uzmanlarının çoğunun anladığı şekliyle travma, şiddetli taciz veya büyük bir ihmal gibi feci bir olayın sonucudur. Bu tür olaylar hayatı köklerinden sarsar, insanın dünyasını öncesi ve sonrası olarak ikiye böler, tıpkı Christine'nin uğradığı cinsel tacizde olduğu gibi. Hastalık Kontrol ve Önleme Merkezleri, akıl sağlığı uzmanlarının danışanların yaşamlarındaki travma seviyesini değerlendirmek için kullandıkları Çocukluk Çağı Olumsuz Yaşantılar Ölçeği (ÇÇOYÖ) adında bir ölçüt sunar. Bu ankette fiziksel, sözel ve cinsel taciz dahil çeşitli çocukluk travma türleri ve bu tür bir istismara tanık olma veya hapse atılmış bir aile üyesine sahip olma gibi deneyimleri içeren on soru bulunur. On soruya her evet cevabı bir puandır. Yapılan araştırmalarda, puan ne kadar yüksekse madde kullanımı, intihar oranı ve kronik hastalıklara yatkınlık gibi olumsuz yaşam sonuçları olasılığının o kadar yüksek olduğu görülmüştür.

ÇÇOYÖ çerçevesi önemlidir çünkü çocukluktaki travmanın bedenimizde ve zihnimizde nasıl kalıcı izler bıraktığını açıkça ortaya koyar. ÇÇOYÖ'ler, çocuklukta olanların, özellikle de son derece olumsuz deneyimlerin bir ömür boyu bizimle kaldığını gösteriyor.

ÇÇOYÖ test puanım 1'di (dünya genelinde insanların yaklaşık %70'i en az 1 puan alır). Bu sonuç eğitimim boyunca aldığım mesajın aynısını yansıtıyordu – travma kelimesi sadece Christine gibi aşırı istismara uğrayan birine uygundu. Zaten çocukluğumun travmatik olduğunu da hiç düşünmüyordum. "Normal" bir ailem vardı. Babam çok çalışır ve eve her gün aynı saatte gelirdi. Hiç aç kalmadık. Ebeveynlerim içki içmezlerdi. Hâlâ evliler. Ne aşırı bir sözel taciz ne de fiziksel taciz hiç olmadı.

Bununla beraber çocukluğuma ait neredeyse hiçbir anım yoktu. Bir insanın varlığını tipik olarak belirleyen mihenk taşlarının –ilk öpücük, mezuniyet balosu, tatiller– hepsi benim için boştu. Yüzleri tanıma konusunda da pek iyi değilimdir. Aile fertleri arasındaki benzerlikleri zar zor bulurum. (Bebekler benim için hık demiş ebeveynlerinin burnundan düşmüş değil, sadece bebektirler.) Bir belgesel-drama izlerken röportaj yapılan kişiyle canlandırma sahnelerindeki oyuncu arasındaki farkı söyleyemem.

Bu boşlukları başkalarıyla paylaşana kadar, ortak bir anımızı hatırlamadığımda sinirlenmelerine ya da geçmişimden kolayca hatırlamam beklenirken oldukça zorlandığım için benimle eğlenmelerine kadar bu durumun tuhaflığını fark etmemiştim. Bazı kişiler bana inanamaz, "Yalan söylüyorsun! Nasıl unutabilirsin?" derlerdi. Kötü hafızam okulda şaka konusuydu. "En kötü hafıza Nicole'de!"

Duyguları hatırladığımı eklemeliyim, "his anılarım" ya da geçmişe dair izlenimlerim vardı, sadece bu hisleri somut deneyimlere bağlayamıyordum. Altı yaşında yatakta uzanmış yatarken hayatımın nasıl paramparça dağılabileceğini düşünüp durmanın nasıl bir şey olduğunu hissedebiliyorum: Ebeveynlerim ölebilir, biri eve girebilir, hepimiz bir yangında ölebiliriz... bu liste uzar giderdi. Bu endişe durumu bir his hafızası ve ailemin korku kaynaklı gerginliğinin bir ifadesiydi; sürekli "bir şey" vardı. Bu "bir şey" tepesi atmış bir komşu, gecikmiş bir fatura, kar fırtınası, bir başka aile bireyiyle kavga olabilirdi. Birimizin başına gelen hepimizin başına geldi demekti. Bir öfke ve kaygı sarmalında birleşmiştik.

Bu kadar korku dolu bir durumda yaşamakla başa çıkmakta zorlanan ailemin geri kalanının aksine ben hiç bunalmış *görünmezdim.* Bana kendi halinde, rahat, sakin çocuk derlerdi, kolay ve uyumlu. Hiçbir şey beni rahatsız etmezmiş gibi görünürdü. Bu soğukluk bir başa çıkma stratejisiydi, zihnimin stresten korunmasıydı: Ortamdan kopar, kendimden uzaklaşır, "uzay gemime" binerdim. O uzay gemisinde kendimle ilişkim öylesine kopmuş ki çocukluğuma dair çok az anı depolayabilmiş ve yirmili yaşlarımdan neredeyse hiç hatıra kaydetmemişim. Zihnimin etrafımda olanlar için orada olmaması bedenimin hatırlamadığı anlamına gelmiyor.

Bir travma uzmanı ve sarsıcı bir kitap olan *Beden Kayıt Tutar: Travmanın İyileşmesinde Beyin, Zihin ve Beden* adlı kitabın yazarı olan Dr. Bessel van der Kolk, dissosiyasyonu "aynı anda bilmek ve bilmemek" süreci olarak tanımlar ve ortamdan kopan travmatize kişilerin "eşzamanlı olarak çok az ve çok fazla hatırladıklarını" söyler. Travma bedende dağınık şekilde yerleşir, bunu bir sonraki bölümde göreceğiz, ama en derin etkisi sinir sisteminin savaş ya da kaç stres tepkisini etkileme şeklidir.

Hayatımın daha sonraki döneminde, Christine gibi kişilerle terapi yaptıktan sonra çocukluk travması olan bireyler arasında ortaklıklar bulmaya başladım: Çoğu başa çıkmak için onları bir ömür boyu kopmalar yaşamaya, ayrışmaya ve çok az sayıda hatıraya sahip olmaya götürecek bireysel "uzay gemilerine" sığınıyordu. Bu keşif şu soruları sordurdu: Benim yaşadığım hiçbir şey "travmatik" değilse neden çocukluğumun çoğunu hatırlamıyordum? Neden duygusal olarak kendimle ilişki kurmam ve kendime bakmam bu kadar zordu? Neden sürekli kendime ihanet ediyordum? Çocukluk deneyimlerimiz bu kadar farklıyken neden Christine ile aynı travma etkilerini gösteriyorduk?

O zamanlar, ıstırabını çektiğim şeyin bir tür ruhsal travma olduğunu ve tıpkı Christine gibi gündelik hayatımda bu travmanın sonuçlarını yaşadığımı bilmiyordum.

TRAVMANIN TANIMINI GENİŞLETMEK

ÇÇOYÖ yelpazesinin her alanından kişilere –travma skoru 0 olan "kusursuz" ailelerden gelenler ve ÇÇOYÖ skorları 10'a yakın olanlar; hayatta kalmak bir yana çoğumuzun hayal bile edemeyeceği travmatik deneyimleri olanlar– danışmanlık verdim.

Geçmişleri büyük ölçüde farklılık gösterse de dinamikler benzer bir senaryo izliyordu. Çoğu işlevsel mükemmeliyetçi, aşırı başarılı ya da farklı maddelere veya davranışlara bağımlıydı. Çok fazla kaygı, depresyon, güven eksikliği, düşük özdeğer ve belli bir şekilde görünme takıntısı vardı. Sorunlu ilişki kalıpları içindeydiler. Ve elbette içlerine işlemiş gibi görünen davranış kalıplarını bırakıp ilerleyemiyorlardı; yani "tıkanmışlardı". Bu kalıplar bir hikâye anlatıyordu – çocukluktaki travmanın gerçekte ne denli yaygın olduğuna ve kişinin hayatına nasıl nüfuz edebildiğine ışık tutacak bir hikâye.

Gerçek şu ki hayatlarını paramparça eden anları (hatta bir tanesini bile) gösteremeyen birçok insan var. Birçoğu, çocukluklarının herhangi bir parçasının onlara zarar verdiğini kabul edemeyebilir. Ama bu, travmanın olmadığı anlamına gelmez; henüz hayatının bir aşamasında travma yaşamamış olan biriyle karşılaşmadım. Travma anlayışımızın, çok çeşitli bunaltıcı, ağır deneyimleri veya nörolog Robert Scaer'in tanımladığı gibi "göreceli bir çaresizlik durumunda meydana gelen herhangi bir olumsuz yaşam deneyimini" içerecek şekilde genişletilmesi gerektiğine inanıyorum.

ÇÇOYÖ çerçevesi yararlı olsa da travmanın tüm hikâyesini anlatmaz. Çoğumuzun deneyimlediği özgün benliğin ihtiyaçlarını istikrarlı biçimde inkâr etme veya bastırmanın bir sonucu olan duygusal ve ruhsal travmaları hesaba katmaz. Aslında, ÇÇOYÖ değerlendirmesinin, dış çevrenin –genel olarak toplumun– bizi travmatize edebileceği sayısız yolu hesaba bile katmaması şaşırtıcı olandır. ÇÇOYÖ testinde ırkçılık –ayrımcılık ve taciz, ırksal travmanın formlarıdır– hakkında bir soru bile yoktur; toplumun iç yapısında bulunan fanatiklik ve önyargının daha incelikli, her tarafa yayılan, habis formlarına ait tek bir referans bulunmaz. Sizi desteklemeyen ve açıkça tehditkâr bir dünyada yaşadığınız zaman –eğitim sisteminde, hapishane sisteminde, poliste, işyerinde, hastanelerde– neredeyse sürekli bir travma durumunu deneyimlersiniz. Marjinal gruplar sistemik baskı, ayrımcı yasalar ve onları doğrudan Scaer'in travma tanımının özü olan "göreceli çaresizlik" içinde yerleştirebilecek önyargılı bir çerçevede hareket etmektedirler.

Diğer bir deyişle, travmatik deneyimler her zaman aşikâr değildir. Travmaya ilişkin algımız travmanın kendisi kadar geçerlidir. Bu, özellikle en çaresiz ve bağımlı olduğumuz çocukluk için doğrudur. Sevgi için sürekli kendimize ihanet ettiğimizde, özgün benliğimizle bağlantımızı yaralayacak şekilde değersiz ve kabul edilemez hissettirildiğimizde travma oluşur. Travma hayatta kalabilmek için olduğumuz kişiye ihanet etmemiz gerektiği temel inancını yaratır.

ÇOCUKLUK KOŞULLANMASI

Bir ebeveyn figürünün rolü rehber olmaktır. Sevgi dolu bir ebeveyn ilişkisi, çocuğun tüm iniş-çıkışlarıyla birlikte hayata atılma süreci esnasında geri dönebileceği güvenli bir temel teşkil eder. Bir rehber büyük ölçüde yargılayıcılıktan uzak, çocuğun olduğu gibi var olmasına izin verendir. Bir rehber farkındalık ve bilgelikle gözlem ve hareket halindedir. Bu, çocuklara müdahale olmaksızın kendi eylemlerinin doğal sonuçlarını deneyimleyebilmeleri ve özgüvenlerini inşa edebilmeleri için bir temel sağlar. Rehberi bilge bir öğretmen, sağladığı temele inanan ve öğrencinin hayatın getirdikleriyle başa çıkabileceğine güvenen biri gibi düşünün. O zaman çocuk da bu inancı içselleştirir. Bu, çocuğun acı, kayıp, öfke, keder gibi geniş çaptaki insani hislerden kaçındığı anlamına gelmez; rehber ya da ebeveyn figürü, çocuk için zor zamanlarında geri dönebileceği bir güvenlik ve dayanıklılık temeli sağlamış demektir.

Ebeveyn figürleri kendi çözülmemiş travmalarını iyileştirmemişlerse ve hatta farkına bile varmamışlarsa bırakın bir başkası için güvenilir rehberler olmayı, kendi hayat yollarında bilinçli ilerleyemezler. Ebeveyn figürlerinin kendi çözülmemiş travmalarını çocuklarına yansıtmaları çok yaygındır. İyi niyetli ebeveyn figürleri bile kendi bilinçsiz yaralarının etkisi altında tepki verdiklerinde, rehberlik sunacakları yerde kontrol etmeye, en ufak ayrıntısına kadar incelemeye veya çocuğu kendi iradeleri yönünde zorlamaya yeltenirler. Ebeveyn figürleri bilinçli ya da bilinçsiz olarak çocuğu güvende tutmak ve dünyadan korumak isterler ki çocuk ebeveyn figürünün yaşadığı acıyı deneyimlemesin. Bu süreçte çocuğun istek ve ihtiyaçlarını reddedebilirler. Kasıtlı yapmış gibi görünseler bile bu tepkiler genellikle yüzeyde görünmeyen, kökleri derin acılarından kaynaklanır. Çoğumuz, çözülmemiş çocukluk yaraları nedeniyle kendi duygularını yönetmekte güçlük çeken ebeveynlerce yetiştirildik. Bizi ağlatmamaya çalışırken doğrudan veya duygu gösterilerimize kendilerini geri çekerek yanıt verdiklerinde dolaylı olarak acılarını bize yansıtmış olabilirler. *Olgunlaşmamış Ebeveynlerin Yetişkin Çocukları: Mesafeli, Reddeden, Bencil Ebeveynlerin Negatif Etkilerinden Kurtulmanın Yolları* adlı kitabın yazarı psikoterapist Lindsay Gibson, çocukluktaki duygusal bağ eksikliğinin "gerçek güvenin olması gereken yerde bir boşluk bıraktığını, başkaları tarafından görülmemiş hissetmenin yalnızlığının, fiziksel bir yaralanma kadar temel bir acı olduğunu" söyler. Bu duygusal yalnızlık, kaçınma, kapanma, utanç gibi aynı duygusal kalıpları tekrarladığımız yetişkinlikte de devam eder.

Sanıyorum ki travmanın nesiller arası aktarımını, bir ebeveyn figüründen diğerine, sonrakine, ardından bize kadar nasıl ulaştığını görmek biraz daha kolaylaşmıştır. Bu sürecin merkezinde, inançların ve davranışların bilinçsizce üzerimize kazındığı koşullanma kavramı bulunur. Küçük bir çocukla zaman geçiren herkes, çocukların başkalarının davranışlarını taklit ettiğini bilir: Etkilendiği sınıfından bir arkadaş veya izlediği çizgi filmden bir karakter olabilir; çocuklar gördüklerini yaparlar. Koşullanma bu şekilde çalışır. Başkalarının, özellikle de ebeveyn figürlerimizin bize modellediklerini öğreniriz. İlk yıllarımızdaki bağlanmalarımız bilinçaltı inançlarımızın temelini oluşturur. Bir ilişkinin nasıl olması gerektiğini yakınlarımızın ilişkilerine bakarak öğreniriz. Ebeveynlerimizin bedenleri hakkında nasıl hissettiğini gözlemleyerek kendi bedenlerimiz hakkında nasıl hissedeceğimizi öğreniriz. Özbakımın öncelik olup olmadığını öğreniriz. Harcama alışkanlıklarını, dünya görüşünü, kendimiz, başkaları ve dünya hakkındaki inançlarımızı onlardan öğreniriz. Bu inançları ve sayısız başka mesajı bilinçaltımızda saklarız.

Rehberlik için sürekli ebeveyn figürlerimize bakarız; onların kendi gerçeklikleriyle ilişkileri muhtemelen bizim kendi gerçekliğimizle nasıl ilişki kuracağımıza yansıyacaktır. Onların görme biçimlerini ve etkileşimde bulunma yollarını miras alırız. İnançlarını, alışkanlıklarını ve hatta başa çıkma stratejilerini bile miras alırız.

Kendinize bilinçli olarak nasıl tanık olacağınızı öğrenirken yapacağınız *çalışma,* bilinçli olarak sevdiklerinizi ve onlarla olan bağlarınızı bilinçli olarak gözlemektir. Çocukluğumdan kalan çözülmemiş travmam olduğu sonucuna varmam uzun bir zamanımı aldı. Çok uzun süre kendime bunu itiraf etmek istemedim. Çocukluğumun kusursuz olmadığını söyleseniz sizinle saç saça baş başa kavga edebilirdim. Bu, sadece geçmişimi idealize etmekten değil, kültürel olarak aile birliğini koruma arzusundan da kaynaklanıyordu. Her şeyin güllük gülistanlık olmadığını herkesin önününde itiraf etmek derinden saygısızlık gibi geliyordu. Biz kocaman, mutlu bir İtalyan aileydik! Nasıl olur da aksi düşünülebilirdi?

Yıllarca direndim. Kendi gerçekliğimi o kadar uzun süre inkâr ettim ki perspektifimi değiştirerek geçmişime çocukluk yaralarımın merceğinden bakmaya başlamak benim için çok ve yoğun çaba gerektirdi. Çok uzun süredir reddetmekte olduğum ihtiyaçlarımın farkında bile değildim. Çoğumuz gibi ben de çocukluğumda kazandığım birçok alışkanlığımı yanımda taşımış, yetişkin hayatımda da tekrarlıyordum. Pek çoğumuz şunu düşünmeden edemeyiz: Bu gerçekten *ben miyim?* Kaçımız bayramları daha farklı şekilde yapmayı aklımıza bile getirmeden tıpkı çocukluğumuzda olduğu gibi kutluyor? Hayatınızın hangi yönleri gerçekten sizin seçiminiz ve ne kadarını miras aldınız?

Yaranızı tanımlamak iyileşme yolculuğunda temel ve nadiren kolay bir adımdır. Bu kabullenme genellikle yüzeysel olarak iyi görünüp devam edebilmek için uzun zamandır derinlere bastırdığınız acı, üzüntü, hatta öfkenin depolandığı yerleri açığa çıkartır. Bu çalışmaya daldıkça bazen eski yaraların açılacağını ve çocukluktan gelen bu yaraların iyileşme süreciyle birlikte duygu boşalmaları yaşayabileceğinizi hatırlamak önemlidir. Unutmayın: Bu da bir tanıklık ânı olabilir. Ortaya çıkan ne olursa olsun, kendinize ve sevdiklerinize nazik davranmaya başlayın. Bir ebeveyn figürünün çocukluğunuzda size nasıl davrandığı, kim olduğunuzun bir yansıması değildir. Hatta onların kim olduğunu da yansıtmaz. Ebeveynlerinizin çözümlenmemiş travmalarının bir yansıması olmanıza gerek yok.

Aşağıda, Kendini İyileştirenler topluluğunun yanı sıra geniş klinik çalışmalarımda gözlemlediğim ortak dinamiklere dayanarak geliştirdiğim arketiplerle çocukluk travmasını anlamak için yeni bir çerçeve bulacaksınız. Bunlar kesinlikle değişmez, kati kurallı kategoriler değiller. Bir dinamikle güçlü bir şekilde özdeşleşirken bazıları belki sadece birazcık tanıdık gelebilir. Bir kutuya girmeniz gerekmiyor; sadece birincil ilişkileriniz ve deneyimlediğiniz koşullanmalar hakkında düşünmenize yardımcı olmak istiyorum. İyileşmeye doğru ilk adım farkındalıktır.

ÇOCUKLUK TRAVMASININ ARKETİPLERİ

Gerçekliğinizi İnkâr Eden Bir Ebeveyne Sahip Olmak

Bunun tipik bir örneği, bir akrabasının yanında kendini rahat hissetmeyen bir çocuğun bunu annesine söylediğinde aldığı, "O sadece sana iyi davranmaya çalışıyor. Kibar olsan iyi olur," yanıtıdır. (Bunun uç bir örneğini Christine hikâyesinde ailesinin onu taciz eden adama bakışlarında gördük.)

Bir ebeveyn figürü çocuğun gerçekliğini inkâr ettiği zaman bilinçsizce çocuğa sezgilerini, içinden gelen sesleri reddetmesini öğretir. Kendimize güvenmemeyi öğrendikçe o sezgisel ses geri çekilir ve duyması zorlaşır. Bu, sezgilerimizi kaybetmemizle ve iç çatışmayla sonuçlanır. Yargılarımıza güvenilemeyeceğini öğrenir ve gerçekliğimizi şekillendirmek için başkalarına bakarız.

Bir çocuğun gerçekliğini inkâr etmek daha incelikli formlarda da olabilir. Bir çocuk ebeveyn figürüne okulda öğle yemeğinde arkadaşlarının onunla oturmak istemediğini söyler. Akran onayının çocuk gelişiminin önemli bir parçası olduğu bir dönemde yaşanan bu reddedilme hissi çocuk için son derece üzücüdür. İyi niyetli ebeveyn biraz umursamazlıkla, "Üzülme, başka arkadaşlar bulursun, önemli değil. Zamanla düzelir. Neticede ilk günün!" diyebilir. Kendi çözülmemiş travmaları olan herkes, bir çocuğun duygularını ifade etmesinden rahatsız olur ve bu duyguları yok sayarak başa çıkmaya çalışır. Çocuğun deneyimleri ebeveyn figürü için de (genelde bilinçdışı) benzer acı veren anıları aktive edebilir ve bu onu, çocuğun ortaya çıkan duygularını bastırmaya ya da yok saymaya itebilir. Sorun, meşru bir duygusu olan, rahatlatılmak ve desteklenmek isteyen çocuğa, acısının önemsiz olduğu söylenmesidir. Böyle deneyimler tekrarlandıkça çocuğa gerçeklik algısının ve buna bağlı duygusal deneyimlerin değersiz olduğu öğretilmiş olur.

Çocukluk gerçekliklerimizin inkârı, ebeveyn figürlerimiz ve ailelerimiz nesnel konuları göz ardı ettiğinde de oluşur. Bir danışanımın babası alkolikti. Adamın işi vardı ve ailesine bakıyor, evi geçindiriyordu ama kapıdan girer girmez bir bira açıyor, gece boyu düşmanca davranıp bağırmaya başlayana veya sızıp bayılana kadar içmeye devam ediyordu. Danışanım bu konuyu anlayıp yorum yapacak kadar büyüdüğünde, annesi onun korkusunu yok sayarak kocasının davranışını, "İşyerinde zor bir gün" diye mazur görmüştü. Bu inkâr, kendisi de aileden birinin madde bağımlısı olmasının asla kabul edilemeyeceği bir evde yetişmiş olan annenin kendi annesinden öğrendiği bir davranıştı. Zamanla danışanım da babasının bu davranışını, onun ne kadar sıkı çalıştığından bahseden annesi gibi mazur görmeye başladı. Ne zaman ki perdeyi biraz araladı ve sıralarca dizilmiş boş şişelerle babasının akşamcılığını gördü, o zaman babasının davranışının aslını kavramaya başladı.

Sizi Görmeyen veya Duymayan Bir Ebeveyne Sahip Olmak

Hepimiz "çocukların görülmeleri gerekir, duyulmaları değil" deyimini biliriz. *(Çocukların yetişkinlerin yanında sessiz olması, konuşmaması gerektiğini ifade eden, kadınların ve çocukların söz sahibi olmadığı eski çağlara ait dini bir deyim: Children should be seen and not heard.)* Bu, eski nesillerin çocuk yetiştirme zihniyetlerini özetleyen bir tür slogan gibi. Bu zihniyet, çocukların sadece yiyecek ve barınma gibi temel ihtiyaçlarının olduğu anlayışının bir ürünü. Bu neslin birçok üyesi kaynakların kıtlığı nedeniyle hayatta kalma moduna kilitlenmiş vaziyetteydi. Bu yetişkinler iyi ebeveynliği çocukların hayatta kalmalarını sağlayacak temel ihtiyaçların karşılanması olarak tanımlar ve duygusal ihtiyaçlarıyla ilgilenmeye pek önem vermezlerdi. Bu hayatta kalma temelli ebeveynlik tarzının etkileri, kalıtsal travma yoluyla bize aktarıldı ve uzun vadeli sonuçlarıyla yaşamaktayız.

Çocuklukta duyulmamak ve görülmemek ebeveyn figüründen duygusal olarak kopuk hissetme deneyimidir. Bazen bu ciddi ihmali de kapsar, ama genellikle daha belirsiz deneyimler formundadır. Kendi duygularından bunalmış, kronik stresten dağılmış bir ebeveyn figürü olabileceği gibi tam tersi duygusal olarak tamamen kapanmış ve çocuğunun duygusal ifadesini dinleyip desteklemekten aciz bir ebeveyn figürü de olabilir. Bunun bir başka versiyonu da otopilotta, bir görevden ötekine koşan, zihni dağınık, önündeki çocuğu tam olarak göremeyen ebeveyn figürüdür. Bu durum çocukla derin bir duygusal bağı engeller çünkü ebeveyn figürü zihinsel olarak "orada değildir".

Duyulmamak acı verir. Yok sayılmak üzer. Sevilmek için gerçek benliklerimizi saklamak gerektiğini öğrenmek kafa karıştırır. Kabul edilmek en derin insani ihtiyaçlardan biridir. Çocukluk düşünceleriniz ya da fikirleriniz "duyulmazsa" zihniniz kendini gözden çıkarılmış hisseder. Çocukluktaki benlik ifadeniz "görülmezse" ruhunuz küçülür. Bu kabul eksikliği, tutkularınız ve hayat yolunuz tam olarak bilinmeden önceden geleceğiniz hakkında konuşulması veya önemli bir karar alınması şeklinde de olabilir. Bu gibi deneyimler bizim için eğilimlerimize güvenmeyi ve sezgisel ihtiyaçlarımızı izlemeyi zorlaştırır.

Bunu okuyan ebeveyn figürleri açısından çocukların sezgilerine ve özbenliklerine bağlanma konusunda bizden çok daha iyi olduklarını hatırlamak önemli. Biz yetişkinler, kendi bitmeyen düşünce akışlarımızda kolayca kayboluruz. Çocuklar son derece sezgiseller, dünyaları akış halinde, hâlâ şekillenmekte. Çocuklarınıza keşfetmeleri için güvenli ve açık da olabilen bir alan sağlarken aynı zamanda kendimizi ve özgün benliklerimizi ifade etmekte özgür olursak her birimizin barındırdığı olasılıklar hakkında daha fazla şey öğrenebiliriz.

Dolaylı Olarak İçinizde Yaşayan ya da Sizi Kalıba Döken ve Şekillendiren Ebeveyn

Bu tür ebeveyn figürleri tipik olarak "sahne ebeveyni" olarak bilinirler – çok hırslıdırlar ve kendi ün, başarı ve ilgi ihtiyaçlarını karşılamak için çocuklarını oyuncu ya da şarkıcı olmaya iterler. Bu arketip genellikle performansla (ve haksız bir şekilde annelerle) ilişkilendirilmiş olsa da bu tür davranış sahneyle sınırlı değildir.

Popüler kültürde genellikle basbayağı istismarcı olarak tasvir edildikleri için sahne ebeveynlerini alenen kötülemek kolaydır. Bir çocuğu başarıya zorlamak genellikle çok doğal bir ebeveyn içgüdüsünden kaynaklanır: gurur. Çocuğu başarıya itme motivasyonu çözülmemiş bir travmadan kaynaklandığı zamansa ne yazık ki gurur acılaşır. Hayatlarını çocukları aracılığıyla yaşayan ebeveyn figürlerinin derinlere yerleşmiş, ıstıraplı inançları "başarısız" ve bir şekilde yetersiz olduklarıdır ve sıklıkla bu çekirdek inancı çocuklarına yansıtırlar. Diyelim ki basketbol oynamak istemiş olan, ama lise takımına giremeden bacağını kıran bir baba ya da doktor olmak istemiş, ama bu yol ona kapalı olduğu için hemşire olmuş bir anne. Olan şey, çocuğun başarılı olmak için bunaltan bir baskı hissetmesi ve ebeveynini mutlu etmek uğruna özgün benliğinin bazı parçalarını terk etmesidir. Nihayetinde, kendi gerçekliğini başkalarının başarıları aracılığıyla kurma çalışması ebeveyn figürü tarafında hayal kırıklığına ve başkasının karşılanmamış ihtiyaçlarını gidermek için kendininkileri ihmal eden çocuk tarafındaysa kızgınlık ve dargınlığa yol açar. Ne zaman içsel bir ihtiyaç inkâr edilirse bunu dargınlık izler.

Benlik kaybı yetişkinlikte farklı şekillerde ortaya çıkabilir. Bendeki karşılığı genellikle ciddi kararsızlık ve erteleme veya takıntılı biçimde bir başarı ihtiyacı şeklindeydi. Biraz daha açıklayalım: Sahne ebeveyni figürü bazen belli bir niyetle hareket eder (bu daha çok maddi kazanç uğruna çocuklarını sahneye ittiği söylenen Hollywood ebeveynleriyle ilişkilidir), güya çocuğu için daha iyi bir hayat ister. Kalıba dökmek, şekillendirmek birçok form alır ve bir ebeveyn figürü kendi arzularını, ihtiyaçlarını ve isteklerini sürekli olarak çocuğuna yansıttığında ortaya çıkar – örneğin çocuktan belli arkadaşlarını görmemesini veya okulda belli derslere odaklanmasını istemek gibi. Çocuğa, "Günün birinde harika bir anne olacaksın," demek kadar hassas bir şey de olabilir ve bu genellikle tamamen bilinçdışı bir süreçtir. Bunu yapan ebeveynler sorunlu bir davranış içinde olduklarını görmezler. Aslında çoğu bunu sevginin bir ifadesi olarak görür (ve onlar için öyledir de). Zaman zaman sonuçlar geleneksel olarak arzulanan (doktorluk, avukatlık gibi) meslek sahipleri için olumsuz olabilir. Uyumlu olmadıkları kariyer seçimleriyle başa çıkmak için madde kullanan, akıl sağlığı sorunları yaşayan ve hatta çok ileri seviyelerde intihar teşebbüsüne kadar gidebilen vakalar vardır.

Sınır Koymaya Model Olmayan Bir Ebeveyne Sahip Olmak

Sınırlar kişisel limitlerimizin açık tanımlarıdır. Çocuklar içgüdüsel olarak sınırları anlarlar. Onlara karşılık verir ve net biçimde belirledikleri sınırlarını ihlalle karşılaştıklarında başkalarının tepkilerine bakmaksızın (küçük çocukların sevmedikleri bir şey karşısında neredeyse içgüdüsel olarak kafalarını "hayır" anlamında sallamaları) sınırlarına sahip çıkarlar. Bununla birlikte bazı yetişkinlerin sınırları daha azdır ve olanları da korumakta zorluk çekerler. Çoğumuz kendi sınırlarını nasıl kullanacaklarını ya da koruyacaklarını tam olarak bilmeyen ebeveyn figürleriyle büyüdük ve bize uygun limitler için model olamadılar.

Terapi çalışmalarımda sık sık çocukken günlüğünün ebeveyn figürü tarafından okunduğunu söyleyenler duydum. Kişisel alanın bu şekilde ihlali, genellikle çocuk açısından utanç veren bir çatışmayla ve hatta bazen okunanlara bağlı olarak (benim başıma gelen gibi) cezalandırılmayla sonuçlanır. Bu tür deneyimler bize, sevdiklerimizin sınırları aşabileceklerini ve bunu yaptıklarını öğretir. Bu aşımlar çoğaldıkça çocuk böyle sınır aşmanın "yakınlık" ve hatta "sevgi" olduğu inancını içselleştirir ve gelecekteki ilişkilerinde de buna izin verir. Ya da tam tersini yaparak kişisel ayrıntıları konusunda son derece saklayıcı ve koruyucu olabilir.

Diğer bir yaygın sınır aşımı, bir ebeveynin diğer ebeveyni çocuğa şikâyet etmesidir. Ebeveynlerinin ilişkisinin sadakatsizlik veya para kayıpları gibi kişisel detaylarının çocukken kendilerine anlatıldığını söyleyen birçok danışanım oldu. Çocuğunun akranı olmadığını anlayamayan ebeveyn figürü, çocuğundan gelecek duygusal bir rahatlama arayışında olabilir. Bu gibi durumlarda, bu kişisel detaylar çocuğa ağır, bunaltıcı hissettirebilir ve sevilen bir ebeveyn figürü hakkında olumsuz yorumlar duymak kendi içinde çelişkili duygulara neden olabilir.

Dış Görünüşe Aşırı Odaklı Bir Ebeveyne Sahip Olmak

Bildiğimiz gibi dışarıdan onay alma ihtiyacımız "büyüdüğümüz zaman" bitivermez. Beğenilme ve hayran olunma dürtüsü şeklinde hayatımız boyunca bizi takip eder. Ebeveyn figürleri bu ihtiyaçlarını çocuklarına çeşitli şekillerde yansıtabilirler. Bazen bu apaçık olur: Çocuğun kilosu üzerine yorumlar yapan ebeveyn figürü, çocuğun görünüşünün her zaman "düzgün" olması konusunda takıntılı olan ebeveyn figürü, çocuğun kıyafeti veya saçı gibi küçük detaylara takılan ebeveyn figürü... Çocuklar, fiziksel görünümlerinin bazı parçalarının "kabul edilebilir", bazılarının edilemez olduğunu çabucak öğrenirler. Böyle yetişen bir kişi hayatı boyunca sevilmenin ön koşulunun dış görünüş olduğunu varsayabilir.

Bazen ebeveynin *kendi* görüntüsüne takıntılı olması, çocuğa aşırıya kaçan diyet veya egzersiz yapmak veya süse püse fazla önem vermek gibi davranışlarla model olması da aynı sonucu yaratır. Bu, bazı gıdaları "kötü" ya da "şişmanlatıcı" olarak damgalama veya çocuğun yanında arkadaşlarının, aile üyelerinin ya da tanınmış kişilerin bedeni, dış görünümü hakkında yorum yapma şeklinde olabilir. Burada çocuğa doğrudan hitap edilmesi gerekmez çünkü bildiğimiz üzere çocuklar birinin çekirdek inancının dış görünüşe aşırı şekilde odaklandığını hemen fark eden birer süngerdirler.

Bazen de ebeveyn figürleri dışarıda başka, ev içinde başka davranarak çocuğa insanların "sahte benlikleri" olabileceği mesajını verirler. Bunun bir örneği evde sürekli huysuzluk edip bağıran, dışarıda başkalarının yanında sevgi dolu konuşan, en azından kibar davranan, aslında maskeli ebeveynlerdir. Bunun sonucunda çocuk, hayatta kalmak ve sevilmek için böyle davranması gerektiğini düşünür ve nerede olduğuna bağlı olarak farklı davranmayı öğrenir.

Duygularını Düzenleyemeyen Ebeveynlere Sahip Olmak

Duygusal düzenleme, bir duyguyu deneyimleme, duyuların bedenden geçmesine izin verme, kendini uyuşturucu, alkol, bir iPhone ya da yemekle dikkatini dağıtmaya çalışmak yerine şimdi kızgınım, şimdi üzgünüm... diyerek duyguyu tanımlama ve geçene kadar onunla nefes alma sürecidir. Duygusal düzenleme pratiği merkezimizde ve sakin olmamıza olanak vererek hayatın getirdiği farklı streslere göğüs germemizi ve fizyolojik bir temele dönmemizi sağlar.

Çoğumuzun bırakın duygularını düzenlemeyi, onları tanımlamaktan bile aciz ebeveynleri oldu. Yoğun duygular hissettikleri zaman ne yapacaklarını bilemediler. Bazısı bağırarak, kapıları çarparak, bir şeyler fırlatarak ya da öfkeyle patlayarak kendilerini bunaltan enerjiyi dışarı boşalttı. Bazısı duygularını içeri yansıttı ve kendi içine kapanıp buz gibi donuklaştı, tek kelime etmedi. Ebeveyn figürünün genellikle ağır bir duygusal yük altında olmasından kaynaklanan soğuk ve uzak duruşu, çocuğa sevgi gösterememesiyle sonuçlanır. Belli bir deneyimle ilgili kendi duygularını kontrol edemeyen ebeveyn figürü, kendini kapatır, çocuğundan uzaklaşır. Kendini İyileştirenler topluluğundan pek çok kişi bu deneyimi kendine yakın bulur; bazıları ebeveynlerinin "sessiz muameleyi" bir ceza olarak kullandığını hatırlar. İyileşme Çemberi çalışmalarımızda katılımcılar sıklıkla kendilerini çeken, çocuklarıyla konuşmayı kesen, onları reddetmek için diğer aile üyelerini görevlendiren ebeveyn figürlerinden söz ederler. Sevdiklerimizin duygularını yönetmek yerine içlerine kapandıkları bir ortamda yetiştiysek duygusal düzenlenme eksikliğini model almış oluruz ve kendi duygusal dayanıklılığımızı geliştirecek başa çıkma becerilerini geliştiremeyiz.

Travmalarımızla Başa Çıkmak

Annem bir keresinde bana, "Sen bir domuzsun! Pisliğin tekisin! Ailenin utanç kaynağısın!" diye şoke edici biçimde bağırmıştı.

Bu korkunç an, duygularını yıllarca bastıran annemin seyrek patlamalarına bir örnekti. Kız kardeşimin düğününden sonra yaşanmıştı. Ben baş nedimeydim ve davete üniversiteden üç yakın arkadaşımı getirme iznim vardı. Bu yakın arkadaşlardan biri gizli sevgilim Katie idi.

Hiç kimse, arkadaşlarımız bile çıktığımızı bilmiyordu. Utandığımızdan değil, benim ilk eşcinsel ilişkimdi ve dünyaya ilan etme ihtiyacı duymuyordum; hele de hiçbir konuyu derinlemesine konuşmayan aileme hiç. Düğün sabahından başlayarak arkadaşlarımla sağlam içtik. Baba-kız dansını izlerken ağladığımı hatırlıyorum ve eminim ki arkadaşlarıma ve aileme tuhaf gelmiştir çünkü düğün geleneklerine hiç aldırmadığımı bilirlerdi. Yüzeyin altında derin bir kayıp duygusu hissetmiştim çünkü babamın benimle bu ritüeli yaşayamayacağını biliyordum; asla geleneksel bir düğünüm olmayacaktı! Gece ilerledi, giderek hüzünlendim ve içime kapandım.

Katie de sarhoştu ve mesafeli davranışlarım onu üzmüştü. Ne zaman benimle dans etmek istese onu uzaklaştırdım. Sonra beni öpmek istedi ve ona *kes şunu* diyen bakışlar attım. Öfkelendi ve patladı. Ardından yaşanan tatsız sahneyle düğündeki tüm davetliler aramızda romantik bir şeyler olduğunu anladılar.

Bunun yanımıza kaldığına inanacak kadar inkâr içindeydim. O gece ya da ertesi gün kimse Katie'den söz etmedi. Yukarı New York'taki Cornell Üniversitesi'ne döndükten bir ay kadar sonra annem haber vermeden çıkageldi. Philadelphia'dan babamla birlikte arabayla gelmişlerdi ve kapıyı açar açmaz içeri dalıp o acı dolu sözlerle bağırdı. Onu dairemden çıkarmaya çalışırken bağırmaya devam ediyordu. Gürültümüz, bir komşumu yardıma ihtiyacım olup olmadığını sormaya çıkaracak kadar yüksekti. Onu zorla apartmandan çıkardım ve tek kelime etmeden başı eğik önüne bakan babamla arabaya götürdüm. Çok hazırlıksız yakalanmıştım çünkü annem duygularını bu derece gösteren biri değildir; annemin bu çıkışı herkes açısından istikrar bozucuydu.

Aylar sonra yaz tatili için eve döndüğümde annem sanki ben

yokmuşum ve içimden geçebilir bir görünmez bir hayaletmişim gibi davranıyordu. Koridordan geçerken burnunu havaya dikip gözlerini uzağa sabitliyordu. Babam benimle konuşuyor, ama annemin sessizliğine bir şey demiyordu. Bu tam olarak çocukluğumda gerçekleşen travmaydı. Çok değersiz ve sevilemezdim. Yoktum. Bu kadar korktuğum şeyin fiziksel tezahüründe olmak neredeyse rahatlatıcıydı. Tüm hayatım boyunca eğitildiğim şey buydu. Bu, eylem halindeki "uzay gemimdi".

Annem haftalarca bu şekilde davrandıktan sonra bir gün durup dururken benimle yeniden aramızda hiçbir şey geçmemiş gibi konuşmaya başladı. Bir daha benim cinsel yönelimim hakkında konuşmadık; sanki geçmişinde bana bu şekilde davranmamış gibi sonraki sevgililerimi kabul etti. O olaydan hiç söz etmedik. Yıllarca bastırmanın ardından bedeni bir kerede tüm duygularını boşaltmıştı ve bu, gereksiz büyük, yıkıcı bir duygu patlaması şeklinde yaşanmıştı. Ortalık yatıştıktan sonra sanki öyle bir tepki vermiş olduğuna inanamaz gibiydi – duygularını bu şekilde ifade edebilmesine şaşırmıştı belki de.

Genç bir yetişkin olarak romantik ilişkilere girip çıkıyor, ama kendimi duygusal tepkisellikle duygusal geri çekilmenin itme-çekme dinamiği içinde buluyordum. Sıklıkla duygusal olarak mesafeli kalabileceğim, ayrılabileceğim, duygusal anlamda ulaşılamayacağım ilişkileri seçiyordum. Duygusal ve derin bağ kurma ihtiyacımın karşılanmadığını hissedince de tepki gösteriyor, çok sık arıyor ya da mesaj yolluyor, öfke nöbetlerine kapılıyor ve kavga çıkartıyordum. Eğer bir seviyede açlığını çektiğim bir duygusal tepki alırsam kopuyor, bunalmış hissediyor ve çocukken olmayı öğrendiğim hayalet oluyordum. İlişki kaçınılmaz olarak kötüye gidince de *onları* suçluyordum. Geriye dönüp bakınca gerçek şuydu: Hepsi bir çeşit başa çıkma stratejisiydi ya da içimdeki çalkantıyı kontrol etme ve yönetme yolları olan koşullanmış kalıplara sıkışmıştım.

Stres ve duygu üzerine çalışan iki çağ açıcı psikolog, UC

Berkeley'den merhum Profesör Richard Lazarus ve UC San Francisco'dan Profesör Susan Folkman, "Bir kişinin kaynaklarını aşan belli iç ve dış talepleri yönetmesi amacıyla sürekli değişen bilişsel davranış çabası" diyerek tanımladıkları "başa çıkmak" için 1984 yılında bir teori yayınladılar. Bir başka deyişle başa çıkmak, stresin bedende ve zihinde yarattığı derin huzursuzluğu yönetmek için öğrenilmiş bir stratejidir.

Lazarus ve Folkman uyumsal ve uyumsuz başa çıkma stratejilerinin anahatlarını çizdiler. Uyumsal başa çıkma, bir sorunla yüzleşmek ya da olumsuz düşünceleri yeniden yönlendirmek gibi güvenlik hislerine geri dönmemize yardım etmek için yaptığımız bir eylemdir. Buradaki anahtar *aktif* olmaktır; uyumsal başa çıkma, çabayı ve huzursuzluğun bilinçli şekilde farkında olmayı gerektirir. Bunlar bize modellenmediyse veya nasıl kullanacağımız öğretilmediyse uyumsal başa çıkma stratejisini kullanmak daha zor olabilir.

Genellikle ebeveyn figürlerimizden öğrendiğimiz uyumsuz başa çıkma stratejileri, bize kısa bir dikkat dağıtma veya rahatsızlıktan kurtulma (örneğin benim düğünde yaptığım gibi içerek) ya da herhangi bir duygusal tepkiden kaçınma (yine benim yaşadığım kopmalar gibi) imkânı verir. Bu girişimlerin her biri huzursuzluğumuzu azaltıyor olsa da özgün benlikten daha da fazla kopuklukla sonuçlanır.

Belli bir ortamla nasıl başa çıktığımız, ortamdan ziyade bizim stres çevresinde koşullanmış başa çıkma stratejilerimizle ilgilidir. Diyelim ki aynı derecede yüksek stresli ve performans odaklı işlere sahip iki kişi var: Sonia strese uyumsal başa çıkma stratejileriyle yaklaşıyor; düzenli spora salonuna gidiyor veya en iyi arkadaşından destek istiyor. Michelle de aynı baskıyı hissediyor ve madde kullanarak uzaklaşıp gerçeklerden kaçıyor. O an kendini iyi hissetse bile ertesi sabah kalktığında aklı bulanık oluyor, odaklanamıyor ve mutsuz hissediyor. Stres ve utanç birleşince uyumsuz başa çıkma döngüsü devam ediyor.

Klinik çalışmalarımda birçok uyumsuz başa çıkma stratejisi gözlemledim. En yaygın olanlardan bazıları:

- **İnsanları memnun etme.** Talebi bir kez karşıladığınızda stres (geçici olarak) ortadan kalkar.
- **Öfke, hiddet.** Duyguyu başka birine boşaltabilirseniz ondan kurtulursunuz.
- Kopma/**dissosiyasyon.** Stresli bir olay sırasında bedeninizi "terk edersiniz", böylece ilk etapta travma "deneyimlemezsiniz". Cinsel olarak bu tür kopma, gerçekten ilgilenmediğimiz kişilerle seks yapmayı veya dikkatimiz ve farkındalığımız kendimizde olmaksızın kendimizi partnerimizin memnuniyetine adamayı içerebilir.

Tüm bu başa çıkma stratejileri, çekeceğimiz ani acıyı geciktirerek geçmiş travmamızı yeniden yaşamaktan kaçınmamızı sağlar. Ancak fiziksel, duygusal ve ruhsal istek ve ihtiyaçlarımızı karşılamada bize yardım etmezler. İhtiyaçlarımız sürekli olarak karşılanmadığı zaman acımızla kopukluğumuz birleşir. Kendini koruma, kendine ihanete yol açar. Bu, kolayca sıkışabileceğimiz bir döngüdür. Çözülmemiş travma döngüsü, uyumsuz başa çıkma davranışlarının tekrarlanması ve kendini reddetmenin sürekliliği, acının, eninde sonunda bizi hasta edebileceğinin zihnimizde ve bedenimizde yaşamasına izin verir.

DEĞİŞİM POTANSİYELİ

Hepimiz çözülmemiş travmalar taşıyoruz. Görmüş olduğumuz gibi tesirini belirleyen olayın büyüklüğü, şiddeti değil bizim ona verdiğimiz karşılıktır. Dayanıklılık koşullanmayla öğrenilir; küçük yaşlarımızda ebeveyn figürlerimiz bize bu konuda model olmadıysa hiçbir zaman öğrenmemiş olabiliriz. Travmayı çözmek için çalıştıkça daha dayanıklı oluruz. Aslında bu deneyimler derin dönüşüm için katalizör olabilir.

Kendini İyileştirenler (SelfHealers) topluluğumla travma hakkında bilgi paylaştığım zaman, "Herkesin travması olduğunu mu söylüyorsun?" veya "Çocuklarımı nasıl travmatize etmem?" diye soran pek çok dönüşler alıyorum. Mesele şöyle: Travma hayatın bir parçasıdır ve kaçınılmazdır. Bu hayattaki ilk deneyiminiz olan doğum, muhtemelen hem siz hem de anneniz için bir travmaydı. Ancak travma deneyimlemiş olmamız, kaderimizde yaşam boyu ıstırap ve hastalık olduğu anlamına gelmez. Hayatımızın erken dönemini şekillendiren kalıpları tekrarlamak zorunda değiliz. *Çalışmayı* yapınca değişebilir, ilerleyebilir ve iyileşebiliriz.

Travma evrensel olabilir, ancak aynı zamanda bireyseldir de; her bir insanı –sinir sistemini, bağışıklık tepkilerini, fizyolojinin her parçasını– benzersiz bir biçimde etkiler. Bedeni ve zihni iyileştirmek için atılacak ilk adım neyle uğraştığınızı bilmenizdir – çözülmemiş travmayı tanımlamak. İkinci adım bu travmanın uzun vadeli etkilerini ve öğrenilmiş başa çıkma stratejilerinizin sizi nasıl sıkıştırdığını öğrenmektir.

ÇALIŞMAYI YAP: ÇOCUKLUK YARALARINI TANIMLA

Kişisel çocukluk yaraların veya bastırdığın duygularına dair farkındalık kazanmak istiyorsan aşağıdaki yönlendirmeleri kullanarak derinlemesine düşünmeye ve yazmaya vakit ayır. Sadece sende yankı bulan deneyimleri yanıtlamalısın. Ben de dahil olmak üzere çözülmemiş travması olan birçok insanın çok fazla hatırası yok ve bu durum soruların bazılarına yanıt vermelerini zorlaştırıyor. Aklına ne geliyorsa keşfet.

GERÇEKLİĞİNİZİ İNKÂR EDEN BİR EBEVEYNE SAHİP OLMAK

Çocukluğunda bir fikir, duygu veya deneyimle ebeveyn figür-üne/lerine gittiğin ve onların bunu geçersiz kılan bir yolla karşılık verdikleri bir zamanı hatırla. Örneğin, yanıtları "Bu şekilde olmadı", "O kadar da önemli bir şey değil", "Bunu unutsan iyi olur" gibi versiyonlar olabilir. Çocuk benliğinle bağlantı kurmak için biraz zaman ayır ve çocuk benliğinin bu yanıtı alınca nasıl hissetmiş olabileceğini araştır. Defterine yazmak üzere şu yönlendirme cümlesini kullanmak derinlemesine düşünmene yardım edebilir:

Çocukluğumda, ebeveyn figür-üm/lerim __________ dediği zaman __________ hissettim.

SİZİ GÖRMEYEN VEYA DUYMAYAN BİR EBEVEYNE SAHİP OLMAK

Çocukluğunda ebeveyn figür-ün/lerin tarafından kabul edilmek istediğin fakat onların akılları başka yerde, meşgul görünmelerini veya başka bir sebeple varlığının farkında değillermiş gibi hissettirdikleri bir zamanı hatırla. Sana kendini görülmemiş veya duyulmamış hissettiren geçmiş koşulları bir kenara not etmeye biraz zaman ayır. Onların ilgisini çekmek adına denediğin yollar üzerine düşün ve yaz. Rol mü yaptın, dışa mı vurdun, yoksa içine mi çekildin? Derinlemesine düşünmene yardım etmesi için şu yönlendirme cümlesini kullanabilirsin:

Çocukluğumda ebeveyn figür-üm/lerim __________ yaptığında, __________ hissettim. Başa çıkmak için __________ yaptım.

DOLAYLI OLARAK İÇİNİZDE YAŞAYAN YA DA SİZİ KALIBA DÖKEN VE ŞEKİLLENDİREN EBEVEYN

Çocukluğunda kim olduğun (ya da olmadığın) hakkında mesajlar aldığın bir zaman hatırlıyor musun? "Annen gibi çok hassassın" veya "Aileni gururlandırmak için tüm notların pekiyi olmalı" gibi şeyler söyleyen ebeveyn figürlerin var mıydı? Söyledikleri hedeflere sen de onlar kadar tutkulu ve adanmış hissediyor muydun, yoksa sadece onları memnun etmek için mi eyleme geçtiğini hissediyordun?

Çocukluğunda kendin hakkında almış olabileceğin farklı mesajları ve doğrudan veya dolaylı yollardan isteklerini ifade eden ebeveyn figürlerinden etkilenmiş olabileceğin farklı yolları düşünüp not et. Derinlemesine düşünmene yardım etmesi için şu yönlendirme cümlesini kullamnabilirsin:

ÇOCUKLUĞUMDA...

Kendim hakkında şu mesajları aldım: __________

Ebeveyn figür-üm/lerimin benden şunları istediklerinin farkındaydım:

____

SINIR KOYMAYA MODEL OLMAYAN BİR EBEVEYNE SAHİP OLMAK

Kişisel sınırlar ve ihlalleriyle ilgili çocukluk deneyimlerin ve ayrıca ebeveyn figür-ün/lerin tarafından modellenen sınırlar veya sınırların eksikliği üzerine düşünmek için biraz zaman ayır. Defterine yazıp derinlemesine düşünmene yardımcı olması için şu yönlendirme cümlelerinden faydalanabilirsin:

ÇOCUKLUĞUNDA...

Hayır demekte özgür hisseder miydin? Yoksa ebeveyn figür-ün/lerin senden belli bir şekilde davranmanı mı isterlerdi? __________

Ebeveyn figür-ün/lerin, kendi ilişkilerinde zamanları, enerjileri ve kaynakları konusunda net sınırlar koyarlar mıydı? __________

Ebeveyn figür-ün/lerin mahremiyetine saygılı mıydılar, yoksa onu ihlal mi ediyorlardı? Günlüğünü okumak, telefon konuşmalarını dinlemek ve bu tarz izinsiz gözetleme davranışları sınır aşım örneklerine dahildir. __________

Ebeveyn figür-ün/lerin kendilerini araya katmadan hayatındaki insanlarla konuşmana, görüşmene ve deneyime izin veriyorlar mıydı? __________

DIŞ GÖRÜNÜŞE AŞIRI ODAKLI BİR EBEVEYNE SAHİP OLMAK

Çocukluğumuzda pek çoğumuz görünüşümüz hakkında doğrudan ve dolaylı mesajlar aldık. Ebeveyn figür-ü/leri "Saçını fönlemelisin", "Baldırların irileşiyor", "İkinci el almak sence gerçekten iyi fikir mi", "Böyle giymesen aslında çok daha iyi görüneceksin" gibi ifadelerle görünüşünün belirli yönleri hakkında doğrudan yorumda bulunmuş olabilir. Bu yorumlar bazen başkalarına yönelik de olmuş olabilir. Başkalarının görünümleri hakkında yorumlarda bulunup bazı özellikleri pozitif, bazılarını negatif olarak öne çıkartmış olabilirler. Neyin kabul edilebilir, neyin edilemez olduğu konusundaki inançlarına ve değerlerine model olurlarken ebeveynlerinin kendi fiziksel görünümleri konusundaki ritüellerinin de etkisi vardır. Dilersen defterine yazmak ve derinlemesine düşünmene yardım etmesi için şu yönlendirme cümlesini kullanabilirsin:

Görünüşle ilgili ne gibi mesajlar aldın? __________

DUYGULARINI DÜZENLEYEMEYEN EBEVEYNLERE SAHİP OLMAK

Duygusal sağlığının en önemli taraflarından biri duygularını nasıl işleyip düzenlediğindir. Duygularını düzenlemeyi çocukluğunda, kendi duygularını ifade eden (ya da edemeyen) ebeveyn figür-ü/lerinden ve senin duygu ifadelerine nasıl karşılık verdiklerinden öğrenirsin. Çocukluğunda duyguların nasıl ele alındığını düşünmek için biraz zaman ayır. Defterine yazmak ve derinlemesine düşünmene yardım etmeleri için şu yönlendirme cümlelerini kullanabilirsin: __________

Ebeveyn figür-ün/lerin güçlü duygular (öfke, üzüntü...) hissettikleri zaman nasıl tepki veriyorlardı? Örneğin kapıları çarpıyorlar, burunlarından soluyup bağırıyorlar mıydı, yoksa tek kelime etmeden sessizce bozuk mu atıyorlardı? __________

Ebeveyn figür-ün/lerinin belli bir başa çıkma stratejisi var mıydı? Örneğin aşırı alışveriş, madde kullanımı, belli bir duygudan (ya da hepsinden) kaçınma? __________

Ebeveyn figür-ünün/lerinin güçlü duyguları olduğunda seninle ve etrafındakilerle iletişimleri nasıldı? Sayıp sövmek, suçlamak, utandırmak, küsüp konuşmayı kesmek gibi şeyler olur muydu? __________

Güçlü bir duygunun ardından, ebeveyn figür-ün/lerin olanlarla ilgili duygularını ifade etmene, işlemene yardımcı olmak için zaman ayırıyor muydu? __________

Çocukluğumda genel olarak duygularla veya özellikle benim duygularımla dair şu mesajları aldım: __________

4

Travma Bedeni

Benim için kırılma noktası, en azından fiziksel olarak bayıldığım gündü.

Yıllardır düzensizlik semptomları yaşardım. Rahatsızlık vermeye başladıkları zaman her sorunu ayrı ayrı çözmeye çalışırdım. Kopma (dissosiyasyon) sanırım, benim kişiliğimin bir işleviydi. "*Kötü bir hafızam var!*" Kaygı hem genlerimin hem de güncel koşullarımın bir sonucuydu; kendime "*New York'ta tek başıma yaşıyorum, annem hasta,*" diyerek durumu rasyonelleştiriyordum. Bu zorlu dönemleri atlatmak için ilaç istemeye psikiyatra gittim. Baş ağrıları da genetikti. Beyin sisim çok çalışmaktandı. Neden o kadar kabız olduğuma dair bir fikrim yoktu, yine de annemde ve kız kardeşimde de benzer kalıplar gördüğümden üzerinde durup düşünmeye değmezdi. Ben de şişelerce bira mayası, erik suyu içtim ve bir sürü reçetesiz ilaç denedim. Hepsi ayrı sorunlar ve ayrı tedaviler şeklindeydi. Hiçbir şey bağlı değildi.

Bu sırada psikanaliz okulunda doktora sonrası psikodinamik çalışmamı yapmak üzere New York'tan Philadelphia'ya taşındım. Aileme fiziksel olarak daha yakın olduğum için onları uzun yıllardır gördüğümden daha sık görür oldum. Aynı zamanda haftada bir, bazen iki kez kendi analistimi görüyordum ve psikoterapide ilerledikçe uzun zamandır unutmuş olduğum çocukluk travmalarımın parçalarını toplamaya başladım. Terapi, aile dinamiklerimin ne kadar sorunlu olduğunu görmemi sağladı; ailem, aile birliğinin dışında kalan birini nasıl "ötekileştiriyordu" ve gerçekte bir kaygı ve korku döngüsünde yaşamasına karşın dışarıya birlik ve uyum görüntüsü vermek için ne kadar çok çaba harcıyordu. Annemin hakiki sevgi ve şefkat göstermekte ne kadar zorlandığını gördüm; bunun nedeni sadece maddi değil, duygusal ve ruhsal olarak da kıtlıktan gelmesiydi; kendi ebeveynleri de sevgilerini hiç göstermemişlerdi. Kendi korunma mekanizmalarımın –ilişki kuramama, mükemmeliyetçilik ve hissizleşme– annemin bana kendi travmalarından aktardığı koşullanmış travma tepkileri olduğunu gördüm.

Bunları fark etmek şiddetli ve üzücüydü. Onları koyacak yerim yoktu. Lolly ile ilişkimde kaos aramaya başladım; kavga çıkarıyor, onu uzaklaştırıyor, gidince de paniğe kapılıyordum. Bu yıllardır diğer romantik partnerlerimle yaşadığım kalıbın aynısıydı: duygusal kopukluk ve mesafenin ağır gelmesiyle sonuçlanan kaçınılmaz panik.

Sonra bayılmaya başladım.

İlki çocukluk arkadaşım Amanda'nın (çocukluğumla ilişkili ve benim için yok olmamış biri) yeni evini kutlama partisindeydi. Sıcak bir yaz günüydü. Sitenin bize gösteriş yapmak için heyecan duyduğu bir havuzu vardı. Havuzun çevresinde yürürken kendimi rahatsız hissetmeye başladım. Enseme vuran güneş sıcaktı, terlemeye başladım. Birden başım döndü. *Tamam Nicole, kendini topla,* diye düşündüğümü hatırlıyorum.

Gözlerimi açtım. Lolly ve arkadaşlarım endişeyle yerdeki bana bakıyorlardı.

Acil durum sağlık teknisyeni olan Amanda bilişsel durumumu değerlendirirken Lolly, "İyi misin?" diye sordu. Başımı betona epeyce sert çarptığımı görmüştü ve bir beyin sarsıntısı geçirmiş olmamdan korkuyordu. Sersem hissetmeme ve biraz midem bulanmasına karşın iyi olduğumu söyledim.

Bu düşüş yakması gereken ampulü yakan bir "ayma ânı" değildi. Tuhaf bir kaza deyip geçtim. Her zamankinden daha huzursuz ve kopuk bir ruh haliyle işe döndüm. Bilişsel durumumda başka şeyler de hissediyordum. Sıklıkla doğru sözcükleri bulamıyordum. Bir terapi seansında düşünce silsilemi öylesine kaybettim ki dakikalarca konuşamadım ve danışanımdan özür dilemek zorunda kaldım.

Sonra yeniden bayıldım. O yılın Noel tatilinde Lolly ile birlikte ailemle epeyce zaman geçirdik. İstiridye açma bıçağı alacaktık, hırdavatçıya girdik; başımın döndüğünü ve sert ışıklandırmanın altında dükkânın ne kadar sıcak olduğunu düşündüğümü hatırlıyorum. Bir kez daha üzerime eğilmiş endişeli yüzlere bakıyordum.

Sinir sistemimde ciddi bir sorun olduğu besbelliydi. Ancak, en sonunda bedenim buna dikkat etmem için avaz avaz bağırdığında bunu yapabilmiştim.

TRAVMA BEDENİ

Muayenehaneme adım atan ve psikolojik sorunu olan her danışanın aynı zamanda altta yatan fiziksel sağlık sorunlarından da mustarip olduğunu söylesem abartmış olmam. Çözülmemiş travma kendisini varlığımızın dokusuna işler.

ÇÇOYÖ'den bildiğimiz gibi travmalar depresyon ve kaygıdan kalp krizine, kansere, obeziteye ve felce kadar birçok fiziksel ve psikolojik durumun gelişmesine ev sahipliği yaparlar. Araştırmada yanılma payı yok: Çözülmemiş travması olanlar daha hasta oluyor ve daha genç ölüyor.

Travmanın bedeni etkileme yolları çeşitli ve karmaşıktır, ancak fiziksel işlev bozukluğu tek bir ortak paydaya indirgenir: stres. Stres, sadece zihinsel bir durumdan fazlası, fiziksel, duygusal ve zihinsel denge olan homeostaza meydan okuyan içsel bir durumdur. Beynimiz bir engel veya tehditten kurtulmak için yeterli kaynağa sahip olmadığını algıladığında (çözülmemiş travma söz konusu olduğunda durum budur) fizyolojik bir stres tepkisi yaşarız. Bağımlılık ve stres uzmanı Dr. Gabor Maté, *Vücudunuz Hayır Diyorsa: Duygusal Stresin Bedelleri* adlı kitapta bunu "stres-hastalık bağlantısı" olarak adlandırır.

Stresli olduğumuz zaman beden kaynaklarını homeostazı sürdürmekten, o mutlu iyilik ve denge halinden kendini korumaya kaydırır. Stres kaçınılmazdır (sadece kaçınmaya çalışmak bile sizi strese sokar). Normatif stres, örneğin doğum, ölüm, evlilik, ayrılıklar, iş kaybı gibi, hepsi hayatın ve insan deneyiminin doğal bir parçasıdır. Uyumsal bir tepki olarak bizi fizyolojik ve psikolojik temelimize döndürecek başa çıkma stratejileri geliştirebiliriz: destekleyici kaynaklar aramak, kendini yatıştırmayı öğrenmek ve sık sık sıkışan sinir sistemimizin homeostaza dönmesinde yardım etmek. Denge temelimizi böyle terk etmeye ve geri dönmeye *allostasis* adı verilir. (Editör notu: Allostaz için homeostazı sürdürme süreci denebilir.) Dayanıklılık için biyolojik kapasitemizi geliştirmemize yardım eder.

Genellikle savaş ya da kaç mekanizması olarak bilinen bedenin stres tepkisi muhtemelen size de tanıdık geliyor. Savaşmak ya da ortamdan uzaklaşmak, bedenin strese karşı verdiği içgüdüsel, otomatik tepkilerinden ikisidir (üçüncüsü donmadır – bundan yakında daha fazla söz edeceğiz). Algısal ya da gerçek bir tehditle karşılaştığımız zaman beynin korku merkezi olan amigdala çakmak gibi çakar. Aktive olan bu bölge, bedenin geri kalanına saldırı altında olduğu mesajını göndererek bedenimizin farklı sistemlerini, hayatta kalmamıza yardım edecek kaynakları harekete geçirmeye teşvik eder.

Normatif stres büyümemize ve uyum sağlamamıza yardım ederken kronik stres –sürekli ve ısrarcı olan– bizi yıpratır ve bedenimizdeki her sisteme zarar verir. Kronik stres nedeniyle –uyumsal başa çıkma stratejilerini hiç öğrenmemiş olduğumuz veya stresin başa çıkamayacağımız büyüklükte olduğunu hissettiğimiz için– homeostaza geri dönemeyince bedenimiz bazı sistemleri aşırı aktive eder ve bazılarını bastırır. Kronik stres durumunda böbreküstü bezlerimiz kortizol, adrenalin ve diğer stres hormonlarını sürekli olarak salgılar.

Stres aynı zamanda bedenin bağışıklık sistemini de aktive eder; onu aşırı gözlemci ve en küçük bir sorun şüphesinde tepki göstermeye hazır bir hale getirir. Bağışıklık sistemimiz, anne rahminde olduğumuz zamandan başlayarak davranışlarımızdan ve alışkanlıklarımızdan öğrenme halindedir. Neredeyse sürekli bir tehdit durumunda yaşadığımızın sinyalini alan bağışıklık sistemimiz, bedende enflamasyona neden olan kimyasalları tekrar tekrar gönderir. Bu kimyasallar, geniş çapta pek çok dengesizlik ve işlevsizlik semptomu için adeta bir yangın başlatan kıvılcım görevi görür ve otoimmün sistemi rahatsızlıkları, kronik ağrı ve kalp hastalıklarından kansere kadar değişen diğer hastalıklara yakalanma riskimizi artırır.

Hücreden hücreye iletişimi koordine eden moleküller olan sitokinler enflamasyon yapan kimyasallardan biridir. Sitokinler bir yaralanma ya da zehirlenme karşısında bağışıklık sistemini harekete geçirirler. Hastalandığımız zaman hepimizin deneyimlediği ateş, şişkinlik, kızarıklık, ağrı gibi enflamasyon semptomlarından sorumludurlar, ancak aşırı tepki gösterdikleri veya stokin fırtınası şeklinde bedene saldırdıklarında sonuçlar ölümcül olabilir.

Bağışıklık sistemi stokinler gibi enflamasyon kimyasallarını sürekli olarak yanlış yönlendirirse bedenin gerçek hastalıklara tepki verme kabiliyeti azalır. Aynı zamanda, vücudun her yerinde enflamasyon oluşur ve hatta beyni bile etkileyebilir. Stres ve travmanın bağışıklık sistemi üzerindeki etkisi o kadar önemlidir ki bilim insanları zihin-beden bağlantısı araştırmak için psikonöroimmünoloji adını verdikleri yeni bir alan geliştirmişlerdir. Beyindeki enflamasyon, depresyon ve anksiyeteden (endişe) psikoza kadar psikolojik işlev bozukluğu ve akıl hastalıklarının farklı formlarında tanımlanmıştır.

Olması muhtemel bu denli yıkıcı sonuçlara bakınca aşırı aktive olmuş savaş ya da kaç tepkisini ele almak oldukça kritiktir. Hareketsiz bırakılırsa veya kişi bu tepkinin içinde sıkışırsa bağışıklık sistemi tüm vücutta bir enflamasyon tepkisini aktive etmeye devam edecektir. Dr. Bessel van der Kolk, *Beden Kayıt Tutar-Travmanın İyileşmesinde Beyin, Zihin ve Beden* isimli kitabında "*Travma çözülmediği sürece* bedenin kendini korumak için salgıladığı stres hormonlarının salınımı devam eder," diye yazmıştır. Ayrıca beden travmanın "iç kaosunu bastırmak" veya aktive olmuş savaş ya da kaç tepkisi için aşırı enerji harcamak zorundadır ve bu da bizi daha düzensiz bir duruma iter. Bu bir kısırdöngüdür, defalarca tekrarlayan bir fizyolojik döngü.

Stres, bağırsaklar da dahil olmak üzere bedendeki her sistemi etkiler; anksiyeteyle (endişe) uğraşan kişilerin aynı zamanda sindirim sistemi sorunlarına da sahip olması bir rastlantı değildir. Stresli, korkmuş ya da kaygılı olduğumuzda bedenimiz gıdaları gerektiği gibi hazmedemez; ya uzun süre tutar ve kabızlık olur ya da çok çabuk boşaltır ve İrritabl (huzursuz) Bağırsak Sendromu yaşanır veya ishal ile sonuçlanır. Stres gıda seçimlerimizi ve beynimizle sürekli iletişim halinde olan bağırsaklarımızdaki mikrobiyomu (Beşinci Bölüm'de inceleyeceğiz) etkiler. Bu durumlarda bedeniniz, ya yediğiniz besini yeteri kadar hızlı sindirmediği ya da onu işlemeye başlamadan boşalttığı için temel besinlerden mahrum kalmış olur. İyi çalışmayan bir sindirim sistemiyle bütün bedenimiz hastalanır.

Bu, stres-hastalık bağlantısı baskı altında yaşayan toplumlarda özellikle zararlıdır. Baskıcı ortamlar, bireylerde kronik ve bitmeyen stres tepkilerini tetikleyerek sürekli bir travma durumu yaratır. Baskı altında daha fazla fiziksel hastalık ve psikolojik bozukluk yaşandığı belgelenmiştir. Araştırmalar, beyaz olmayan ırkların daha yüksek oranlarda depresyon ve endişe yaşadıklarını ve yüksek tansiyon, damar sertliği, bel ağrısı ve kanser gibi hastalıklara sahip olma olasılıklarının daha yüksek olduğunu göstermektedir. Oldukça çarpıcı bir araştırmada, bir grup siyah kadın, günlük yaşamlarında karşılaştıkları ayrımcılık düzeyiyle ilgili bir anketi tamamladıktan sonraki altı yıl boyunca izlenmiş ve daha fazla olay rapor edenlerin meme kanseri olma riskinin daha az rapor edenlere göre daha yüksek olduğu belirlenmiştir. Sistemik baskının geniş etkilerini anlamanın henüz çok başındayız. Neyse ki bu eksikliği araştırmaya adanmış ve gittikçe büyüyen bir literatür var. Bu konu benim uzmanlığımın dışında olsa da kitabın sonundaki "önerilen ileri okumalar" bölümünde okunmasının gerekli olduğunu düşündüğüm birkaç kitap bulacaksınız. Araştırma sonuçları şu gerçeği doğruluyor: Irkçılık, önyargı, yanlılık ve bağnazlık bedenin hücrelerine işliyor ve bedeni temel ve yıkıcı biçimde değiştirirken gelecek nesillere de aktarılıyor. Irkçılığın etkileri kanda ve kemiklerde mevcut.

POLİVAGAL TEORİYE GİRİŞ

Gördüğümüz gibi çözülmemiş travma zayıf başa çıkma stratejileriyle birleştiğinde bedeni fizyolojik olarak etkiler. Stres gerçekliğimizi değiştirir. Evreninizin, stresin şekillendirmediği hiçbir parçası yoktur. Taze kesilmiş çimen kokusu sizi çocukluk travmanıza götürebilir. Bir yabancının yüzü sizi hiç nedeni yokken savunmaya geçirebilir veya korkutabilir. Çocukluğunuzdan bir komedi programının açılış müziğini duymak midenizi bulandırabilir. ABD'de beyaz değilseniz sadece yolda yürümek veya sizin gibi insanların günlük yaşadığı şiddete dair haberler izlemek bile travma tepkinizi aktive edebilir. Bazılarınız kendini asla güvende hissetmez; her an gök başına yıkılacakmış gibi hisseder.

Philadelphia'ya taşındıktan birkaç yıl sonra bayılma nöbetleri yaşadığım dönemde, neden bayıldığıma dair kafam karışık olsa da stresli olduğumu anlamıştım. Bedenimde böylesi güçlü bir tepki yaratacak kadar tehditkâr bir stres tanımlayamıyordum. Vücudum neden acil bir tehdit olmaksızın yüksek aktivasyon durumuna geçiyordu?

Daha sonra travma ve bedenin stres tepkilerine devrim niteliğinde içgörüler kazandıran psikiyatr Dr. Stephen Porges'in polivagal teorisini araştırmaya başlayınca görünüşte hiçbir sebep yokken neden bayılmaya başladığımı anladım. Polivagal teori, travmanın bedende nasıl yaşadığını ve dünyamızı şekillendirmeye nasıl devam ettiğini anlamama yardımcı oldu.

Polivagal terimi, beyin ve bağırsağı bağlayan vagus sinirini ifade eder. Beyin sapından kalbe, akciğerlere, cinsel organlara kadar en önemli organları beyne bağlayan vagus siniri, vücudun geri kalanında uzanan birçok duyusal lif dalına sahiptir. Bu sinirlerin yeri ve işlevi bedenin stres altında neden bu kadar keskin tepkiler verdiğini anlamamıza yarar: Eski sevgilimizle karşılaşınca neden kalp atışlarımız hızlanır? Panik olduğumuzda neden nefesimiz kesilir? Ve ben durup dururken neden bayılmaya (veya bilincimi kaybetmeye) başladım?

Homeostaz durumunda, vagus siniri bizi sakin, açık tutan ve en sosyal benliklerimiz olmamıza yardım eden "nötr bir dinlence" halindedir. Vagus siniri aktive olduğunda ve savunma sistemine girdiğindeyse savaş ya da kaç tepkileri hemen kendini gösterebilir.

SOSYAL ETKİLEŞİM

Tedavi ettiğim insanların çoğu neredeyse sürekli savaş ya da kaç modunda yaşar. Bu stres tepkisi, otonom sinir sistemi denen, sinir sisteminin kalp atışı, nefes ve sindirim gibi istemsiz işlevleri düzenleyen parçasının otomatik işlevidir.

Otonom sinir sisteminin işi bedenimizin kaynaklarını gerektiği gibi dağıtmaktır. İpuçları bulmak için sürekli çevremizi tarar: Şurada dikkatli olmalı mıyım? Bu tehlikeli bir durum mu? Bu kişi dost mu, düşman mı? Herhangi bir tehditle başa çıkabilmemi sağlayacak şekilde besleniyor ve su içiyor muyum? Otonom sistem, bedenin güvenlik radarı olarak da bilinen *neuroception* isimli bir şeyi kullanır. Bilinçli farkındalığımızın dışında çalışan bu bir çeşit "altıncı his" çevremizi değerlendirerek insanları, yerleri, şeyleri iki kutudan birine koyar: güvenli ya da güvensiz.

Otonom sinir sistemimiz bir durumu güvenli bulursa vagus siniri bedene rahatlamasını söyler. O zaman parasempatik sinir sistemi, yani "dinlen ve sindir" diye bilinen sistem devreye girer. Vagus siniri kalbe yavaşlamasını isteyen sinyaller gönderir. Besinleri vücuda düzgün bir şekilde dağıtırken sindirim sistemimiz mutlu bir şekilde mırıldanır. Akciğerlerimiz şişer ve daha fazla oksijen alır. Bu sakin durumda, kendimizi güvende, emniyette hissettiğimiz için başkalarıyla daha kolay bağlantı kurabildiğimiz sosyal etkileşim moduna gireriz.

Sosyal etkileşim modundayken daha sempatik ve arkadaş canlısı oluruz. Gülüşümüz daha gerçek (vagus siniri yüzdeki kaslarla bağlıdır) ve sesimiz melodik ve dostanedir (vagus siniri gırtlakla bağlıdır). Duymamız iyileşir çünkü vagus sinirinin bağlı olduğu orta kulaktaki kaslar açılır ve sakin insan seslerini daha iyi duyarız. Tükürük bezlerimiz bile aktive olur, çevremizdeki dünyayla bağlantı kurmada en güçlü aracımız devrededir: ağzımız.

Bu alıcı, parasempatik durumda olduğumuz zaman kaynaklarımız beynin geleceği planlamak, kendini motive etmek, sorun çözmek ve duygusal düzenlenme gibi daha ileri işlevlerine tahsis edilir. Artık hayatta kalmak çabası tüm enerjimizi tüketmediği için kendimizin en iyi hali olabiliriz. Bu bir oyun, neşe, şefkat ve sevgi halidir. Buna "öğrenen beyin" derim çünkü esnektir, sakindir, huzurlu ve meraklıdır; bunlar çocuğun davranışsal gelişimi için gerekli olan mihenk taşlarıdır. Hatalar yaparız ama onlardan öğreniriz. Düştüğümüz zaman kalkabiliriz.

SAVAŞ YA DA KAÇ

Kendimizi tehdit altında hissettiğimiz zaman bedenimiz sempatik sinir sistemi tarafından harekete geçirilen savaş ya da kaç moduna girer. Sinir sistemimizde parasempatik yin, sempatik ise yang ifadesidir.

Harekete geçme modunda, vagus siniri sempatik sinir sistemine acil durum çağrısı sinyalleri gönderir; kalbimize kanı daha sert ve hızlı pompalatır; böbreküstü bezlerimizde kortizol seviyemizi artıran stres tepkilerini aktive eder ve vücut ısımızı yükselterek bizi terletir.

Bu uyarılmış durumda dünyayı kelimenin tam anlamıyla farklı bir biçimde deneyimleriz. Ağrı, acı hissedilmez. Yüksek ve rahatsız edici seslere odaklanırız. Koku duyumuzun nüanslarını yitiririz ve bu moddayken daha farklı görünürüz. Gözler körelmiş, bakışlar ölü, kaşlar çatık. Sırtımızı kamburlaştırır ve savunmacı bir duruş sergileriz. Sesimiz doğal olmayan stresli bir tonda çıkar. Orta kulak kasları kapanır ve aniden sadece yüksek ve alçak frekansları (avcı sesleri olarak bilinirler) duyarız. Her şey olası bir tehdit süzgecinden geçer: Nötr bir yüz düşmanca gelmeye başlar. Korkulu bir yüz öfkeli hissettirir. Dostane bir yüz kuşkulu görünür. Bedenimiz, atalarımızdan miras kalan evrimsel bir zorunluluk olan savaş hali için hazırdır. Bu, vahşi hayvanlar, açlık ve savaş şeklindeki tehditlerle sürekli olarak karşılaştığımız zamanlarda öğrendiğimiz, yaradılışımızda var olan uyumlanma tepkisiydi. Aslında, bu seviyede bir tehditle karşılaşsak tüm bunlar yararlı ve koruyucu olabilirdi. Günlük hayatta olansa aynı süper yüklü tepkileri mesela patrondan gelen bir mesaj için veya teslim tarihi yaklaşmış bir görev esnasında bilgisayarın bir anda çökmesini izlerken veriyor olmak.

Bu kronik stres durumunun sağlık sorunlarına ek olarak aşırı aktive sempatik tepki sistemiyle (zayıf vagal ton olarak da bilinir) mücadele eden insanlarda başka sorunlar da görülür. En çok görülen duygusal ve ilişkisel kalıplar şunlardır:

- Duygusal dayanıklılık ve kendini toparlayabilme eksikliği
- Anlamlı bağlantılar kuramama
- Konsantrasyon sorunları
- Daha yüksek işlevli bilişsel görevleri yapmakta zorluk, örneğin gelecek için planlama yapmak
- Hazzı ertelemede sorun yaşamak

Savaş ya da kaç moduna tamamen bilinçaltımızla girdiğimizi unutmamak gerekir.

Bedenimizin tehdide tepkisi içgüdüsel ve istemsizdir; bu bizim yaptığımız bir seçim değildir. Saldırıya uğradığına inandığı için sert tepki gösteren birini spor yaparken çok fazla terleyen birini suçladığımızdan daha fazla suçlayamayız.

HAREKETSİZLİK

Bilinen en yaygın stres tepkileri –savaşmak ya da kaçmak– saldırı altındaki bedenin tüm hikâyesini anlatmaz. Dr. Porges'in 1990'larda yazdığı polivagal teori hakkındaki efsanevi makalesinde belirttiği gibi üçüncü bir mod daha var: hareket yeteneğinin yitimi veya "donma".

Vagus sinirimizin iki yolu vardır. Sosyal aktivasyon ve hareket modu bir yoldur. Bu yol miyelinlidir; bu, daha çabuk etkileşime girmesi ve daha hızlı açılıp kapanması için bir yağ tabakasıyla kaplı olduğu anlamına gelir. İkinci yol miyelinli değildir, daha az tepkili ve kapanmakta daha yavaş, daha ilkeldir. Aslında bu yolu maymun atalarımızla değil, sürüngen olanlarla paylaşırız.

İkinci yol aktive olduğu zaman hareketsiz kalırız. Tüm bedenimiz kapanır. Kalp atışımız ve metabolizmamız sürünür derecede yavaşlar. Bağırsaklarımız ya tamamen salıverilir ya da sıkıca tutulur. Nefesimiz durabilir. Bayılabiliriz. Bu, bedenimiz hayatta kalmak için bir umut olmadığını hissettiğinde gerçekleşir. Polivagal bilgi temelli bir terapist olan Justin Sunseri, hareketsizlik modunu şöyle güzel bir şekilde betimler: "Bir ayı gördüğünde harekete geçme modun aktive olabilir ve bedenin seni koşmaya, kaçmaya hazırlar. Ama ayı zaten üzerindeyse bedenin pes edip ölü taklidi yapabilir."

Bu, kopma (dissosiyasyon) modudur. Bu moda giren insanlar bedenlerini psikolojik olarak terk ederler. Benim gibi birçoğu başkalarıyla etkileşimde bulunacak kadar ortamda görünseler de zihinsel olarak kendi "uzay gemilerinde" çok uzaklardadırlar.

Bazıları o kadar koparlar ki olayı bir düş gibi görürler. Bazıları bellek yitimi yaşayabilir. Kopmanın derecesi ne olursa olsun, evrimsel olarak programlanmış bu travma yanıtı, birçok insanın *neden* geçmişinden çok az şey hatırladığını ortaya koyar: Olaylar olurken gerçekten ve tamamen orada değilsek belleğimizde o anlara dönebileceğimiz kayıtlı bir anımız da yoktur. Miyelinsiz sinir, girilen bu moddan çıkıp çabucak toparlanmayı neredeyse imkânsız kılar.

SOSYAL DÜNYA

Danışanlarımdan, arkadaşlarımdan ve Kendini İyileştirenler (SelfHealers) topluluğumdan pek çok kişi bana, kişiler arasındaki bağ eksikliğini yansıtan çeşitli konularla geldi: *Kimseyle bağlantı kuramıyorum. Arkadaşlar istiyorum, ama duygusal bir derinlik kuramıyorum. Kimse gerçek beni bilmiyor. Aşkı, sevgiyi bulamıyorum.*

Polivagal literatüre bir kez dalınca başkalarıyla gerçek bir yakınlık kuramamanın genellikle bir kişilik bozukluğu değil, sinir sistemimizin çevremize verdiği tepkinin bir ölçütü olan vagal tonun ürünü olduğunun farkına vardım. Vagal tonumuz zayıf olduğunda çevremizde algılanan tehditlere karşı daha yüksek hassasiyete sahip oluyoruz ve bu da bedenimizin stres tepkilerini aşırı aktive ediyor, genel olarak dikkatimizde ve duygusal regülasyonda azalmaya yol açıyor.

Sosyal kaygının yarattığı rahatsızlığı yaşayanlar bu kopukluğun farkına varabilir. Yabancılarla dolu bir partiye girdiğinizi düşünün. Ne giyeceğinizi takıntı yapmış, her ayrıntıyı, olası her konuşma konusunu planlamış olabilirsiniz ya da parti hakkında tamamen nötr hissediyorsunuz, kendinizi rahatsız hissedip ona göre davranabileceğinize ilişkin uyarı işareti yok. Mekâna adım atana kadar her iki durum da fark etmez.

Birden tüm gözler üzerinizdedir. Bir kahkaha duyarsınız, yüzünüzü ateş basar, kızarır; "kesin kıyafetim ya da saçımla ilgili" dersiniz. Biri yanınızdan geçerken hafifçe sürtünürse klostrofobik hissedersiniz. Tüm yabancılar sanki sizinle alay ediyor gibi gelir. Mantıken buranın düşmanca bir yer olmadığını, kimsenin size bakmadığını ve yargılamadığını (yapsalar da kimin umurunda?) bildiğiniz halde tuzağına düştüğünüz bu histen kurtulmanız mümkün değildir.

Çünkü bilinçaltınız tehditkâr olmayan bir ortamda (parti) bir tehdit algılar (sinir sisteminizin *neuroception* altıncı hissini kullanarak) ve bedeninizi aktive eder, sizi bir savaş (herhangi biriyle veya herkesle tartış) veya kaç (partiden ayrıl) ya da don (tek kelime etme) moduna sokar. Sosyal dünya tehditlerle dolu bir yer haline gelir.

Ne yazık ki bu tür bir sinir sistemi düzensizliği kendini doğrular. Kuşkularınızı haklı çıkarmayan her bir şey (dost bir yüz) *neuroception*'larınız tarafından yok sayılırken yerine şüphelerinizi doğrulayanlar (size yöneldiğini hissettiğiniz gülüşler) sayılacaktır. Sosyal etkileşim modundayken arkadaşça gelen sosyal ipuçları –sohbete dahil olabilmeniz için verilen kısa ara, göz teması, bir gülümseme– ya yanlış yorumlanacak ya da göz ardı edilecektir.

Bizler insanlar arası ilişkileri olan varlıklarız. Yaşamak için bağ kurmaya ihtiyaç duyarız. Ancak, çözülmemiş travma yüzünden düzensizleşen sinir sistemi bizi tatminden uzak, duygularımızdan kopuk, başkalarıyla bağ kurabilme becerisinden yoksun bırakıyor.

KOREGÜLASYON (BİRLİKTE DÜZENLEME)

Bir travma tepkisine sıkışıp kaldığımız zaman, *neuroception ölçümüz (sinirsel altıncı his algımız) ayarında* olmayabilir. Çevreyi yanlış değerlendirir, olmayan tehditler görür ve bizi aşırı uyarılmış savaş ya da kaç durumuna döndürür. Ardından aktivasyon döngüsü tekrar başlar. Bunun neden gerçekleştiğini anlamak tek başına sosyal sorunlarımızı çözmeyecek. Sorun, sinir sistemi durumlarımızın geri bildirim döngüleri oluşudur. Dr. Porges'in söylediği gibi: "Çevremizdekilerin otonom durumunu yansıtıyoruz."

Kendimizi güvende hissettiğimiz zaman bu gözlerimize, yüzümüze, sesimize ve beden dilimize yansır. Tamamen andayızdır, tavırlarımızda bir hafiflik ve rahatlık vardır. Bu güvenlik duygusu koregülasyon (birlikte düzenleme) adı verilen bir süreçle başkalarına geçer. Sizin bir tehdit olmadığınızı anladıkları zaman onlar da kendilerini güvende hissedecek ve sizin gibi rahatlık ve sosyal aktivasyon moduna gireceklerdir. Enerjilerimiz ve o anki hallerimiz birbirine aktarılabilir. Bazı insanların yanında kendimizi daha iyi ve sakin hissederiz çünkü sinir sistemimiz onlarınkine karşılık verir. Bağlanma hormonu oksitosin akışa geçer, duygusal açıdan ve romantik ilişkilerde fiziksel olarak bağlanmamızı sağlar. Güvenlik hissi ortak bir konfor alanı yaratır. Bu, karşılıklı bir bağlantı değiş tokuşudur.

Koregülasyon (birlikte düzenleme) becerisi çocuklukta geliştirilir. Gördüğümüz gibi ebeveyn figürlerimiz bizi hem göze çarpmayan hem de çok derinlere işleyen yollarla koşullandırırlar. Sevdiklerimizden öğrendiğimiz en önemli davranışlardan biri, stres zamanlarında, sosyal hareketin güvenli ve yaratıcı alanına dönmemize yardım edecek içsel başa çıkma stratejileri uygulayabilmektir. Huzurlu, iyileştirici enerjiyle dolu bir evde yaşıyorsanız sisteminiz bu ortamı sadece içselleştirmekle kalmamış, onu aynalamıştır da. Vagal sinirimiz, döneceği güvenli bir yer olduğunu hissettiğinde, bizi parasempatik denge durumuna ya da homeostaza döndürecektir.

Aşırı tepkinin, öfke sarmallarının, kopuk ilişkilerin veya korkunun norm olduğu evlerde yaşamışsanız iç kaynaklarınız muhtemelen stres yönetimine (aslında hayatta kalmaya) ayrılmıştı ve güvenli sosyal etkileşim moduna dönmekte özgür değildi. Öğrendiğimiz gibi çocuklar bağımlı varlıklar. Ebeveyn figürü kaotik, stresli bir ortam sunuyorsa çocuk bu durumu içselleştirir ve geneller: *Ebeveynlerim kendilerini tehdit altında hissediyorlar. Ben de tehdit altındayım çünkü onlar benim ihtiyaçlarımla uyum göstermiyorlar. Dünya tehditkâr bir yer.* Bu "hayatta kalma beyni" (sosyal etkileşimdeki "öğrenen beyin"in aksine) algıladığı tehditlere aşırı derecede odaklanır; her şeyi sabit ve siyah-beyaz görür; genellikle döngüseldir; takıntılıdır ve itici gücü paniktir. Hata yapmaktan çok korkarız. Başarısız olduğumuz zaman mahvolur, çöker, ortalığı dağıtır veya kendimizi kapatırız.

Parti örneğine dönelim; vagal yanıtımızdan muhtemelen kaçamadık çünkü bu durumu orada yolumuzun kesiştiği insanlara geçirdik. Partideki diğer kişilerin de sonrasında bu aktive olmuş durumumuzu bize geri yansıtmasıyla orada sıkışıp kalıyor ve duygusal bağımlılık yoluna doğru yönleniyoruz.

DUYGUSAL BAĞIMLILIK

Travma doğru bir şekilde ele alınmadığında, anlatılarımızı yönetmeye ve otonom tepkilerimizi şekillendirmeye geçer. Zihnimiz ve bedenimiz deneyimle bağlantılı nörotransmiterlerin salınmasından kaynaklanan güçlü fiziksel tepkilere bağımlı hale gelir ve onu beynimizin nöral yollarında sağlamlaştırır. Bir başka deyişle, beyin travma tepkisine bağlı duyguların açlığını çekmeyi öğrenir. Bu, duygusal bağımlılık döngüsüdür.

Duygusal bağımlılığın tipik bir günü şuna benzeyebilir:

Sabah uyanırsınız ve korku ve endişeyle kaplı hissedersiniz. Alarm çalar, kalkıp işe gitmek için hazırlanma zamanı. Hemen her sabahki düşünceler yine aklınıza üşüşür: *Kahveye ihtiyacım var. Yol nereden baksan kırk beş dakika sürer. Duş almam gerek. Keşke cuma olsaydı.* Zihniniz hep yaptığını yapar ve siz daha keşke zorunda olmasaydım dediğiniz o şeyleri yapmadan önce size yapmanız gerekenlere ilişkin sonsuz anlatımlar sunar. Bedeniniz stresli düşüncelerinize tepki verir: Kalp ritminiz artar, nefesiniz kesilir, sinir sisteminiz düzensizleşir, stres hormonları salınır – hepsi daha yataktan çıkmadan gerçekleşir. Neredeyse her gün olduğu için yine trafik olmasını beklersiniz ancak zihniniz yine de daha erken nasıl çıkmanız gerektiği ve bu ev-iş yolundan nasıl da nefret ettiğinizle ilgili eleştirilerle doludur. Hayal kırıklığınız ve öfkeniz artar, ofise girince bunu mesai arkadaşlarınıza boşaltırsınız. Onlara yakınırsınız; duyulmak iyidir, ama e-postanızı açtığınızda kalbiniz yeniden deli gibi atmaya başlar ve mideniz kasılır. Biraz daha zamanı boşalmaya harcarsınız, yine iyi gelir ve duygusal aktivasyon döngüsü devam eder.

Eve geldiğiniz zaman tükenmişsinizdir; tüm gün boyunca duygusal bir hız treninde olduğunuz için normal. Rahatlamak için bir kadeh şarap alırsınız. Çok yorgun olduğunuz için gerçekten orada olup partnerinizle bir bağ kuramazsınız. Netflix'i açar ve art arda dizi izlemeye başlarsınız. Stresli polisiye dizileri tüm gün hissettiğiniz duygusal ani yükselişleri hissetmenizi sağlar. Belirsizliği ve sizi koltuğun kenarında diken üstünde tutmasını seversiniz. Bir şekilde kendinizi memnun hissedersiniz (şarap nedeniyle de daha rahat) ve sonunda kanepede uyuyakalırsınız. Gecenin ikisinde uyanır, kendinizi uyanınca aynı kalıbı tekrarlamak üzere yatağa atarsınız.

Bedenimiz, tanıdık benliğimiz gibi hissetmek için bu gibi kalıpları öğrenir. İdeal olarak güçlü bir duygu deneyimiyle ya hareket ya da hareketsizlik modumuz aktive olur ve çabucak sosyal etkileşim bölgesinin temeline çekiliriz. Bu aktivasyon durumlarının tatsız ve tehlikeli hissettirmesi beklenirken o telaş, duygusal bağımlılık döngüsüne sıkışıp kalan bizlere iyi hissettirir. Belki de bu, bir şey hissettiğimiz *tek zaman* olabilir. Bedenimiz bu duygulara kortizol gibi hormonlar ve hücre kimyamızı temelden değiştiren dopamin gibi nörokimyasallar salgılayarak karşılık verir. Artık hep aynı türden duygusal vuruşların tekrar tekrar peşine düşeriz. Bir duygu bizi strese soksa veya üzse bile genellikle tanıdık ve güvende hissederiz çünkü bize çocukken deneyimlediğimiz türden bir rahatlama sağlar.

Örneğin benim çocukluk evimde, stres ve korku hâkimdi. Bu duygular bizi birbirimize bağlıyor ve çoğunlukla eksik olan duygusal yakınlığın yerini dolduruyordu. Birbirimizle özgün bağlar kurmak yerine çıkan her yeni krizde çılgınca bir araya geliyor, drama ve acı üzerinden bağ kuruyorduk. (Annemin sağlığı! Terbiyesiz bir komşu!) Bu duyguları deneyimlemediğimiz düşük tempolu, durağan zamanlarsa öfke, korku patlamaları ve ani çıkışlara kıyasla sıkıcı, boş, hissiz geliyordu.

Duygusal bağımlılık döngüsünde olmadığım zamanlarda "kendim" gibi hissetmiyordum. Bedenim adrenalin, kortizol ve diğer güçlü hormonal tepkilere o kadar alışmıştı ki çocukluğumda kurulan duygusal temeli tekrarlamak için onları yetişkinliğimde bilinçsizce aramaya devam ediyordum. Onlar olmadan sıkılıyor ve tedirgin oluyordum.

Bu nedenle romantik ilişkilerim sakin olduğunda bir şeylere takıyor, bitirmem gereken görev karşısında paniğe kapılıyor, sakinleşmeye ve gevşemeye çalışırken kendimi kaygıya itiyordum. Bedenim kendini rahatsız hissediyor ve beni çocukluğumun tanıdık stresine geri çekiyordu.

Bazı danışanlarım haberleri izlerken ettikleri hakaretlerin onlarda deşarj etkisi yarattığını anlatırlardı. Bu öfke ya da tiksinti atağını istiyorlardı. Bedenleri yüksek şarjlı çalışmaya o kadar alışmıştı ki bu onların gerçekten "*hissetmelerini*" sağlayan tek şeydi. İlişkilerimiz duygusal bağımlılıklarımızı gösterdiğimiz bir başka yerdir. Çoğu danışanım kendini öngörülmez ve güvenilmez insanlarla ilişkide bulur. Duygularından emin ya da bu konuda açık olmazlar ve bu da onları kaygılandırır. Düşüncelerinin çoğu kendi duygusal ilgileri ve onlar hakkında nasıl hissettikleri çevresinde döner. Diğer kişinin bulunduğu her eylem veya davranış, danışanımın aşırı analiz ettiği bir şey haline gelir. Akılları ile tamamen farklı bir partner ararlar. Söz verip bağlanabilecek ve duyguları hakkında net birini isterler. Yine de heyecan verici hissettirdiği için aynı ilişki dinamiklerine geri dönmeye devam ederler. Öngörülemezlik döngüsü ve ondan aldıkları güçlü biyokimyasal yanıta bağımlı oldukları için vazgeçemezler.

Zamanla başka bağımlılıklarda olduğu gibi (şekerden sekse veya uyuşturucu, alkol ve ilişki bağımlılığı gibi) bedenimiz aynı kimyasal "vuruş" için giderek daha yoğun deneyimlere ihtiyaç duyar. Bilinçaltımız bizi giderek daha güçlü dozlarda bu hissi yaşayabileceğimiz durumlara yönlendirir: öngörülemez ilişkiler, bizi korkutan ya da öfkelendiren haber kaynakları, online kavgaya tutuşabileceğimiz sosyal medya. Bu nedenle arkadaşlarımıza dert yanmaya ve kronik olarak şikâyet etmeye meyilli oluruz; bu tip davranışlar "yüksek" durumda kalmamıza yardım eder. Aktive olmamış huzur, sıkıcı ve alışılmadıktır. Bedenimiz ve zihnimiz, acı verici olsa bile tanıdık olanı arar ve bu durumda çoğumuz, nihayetinde utanç hissiyle ve neden böyle davrandığı konusunda aklı karışık halde kalır.

ÇEMBERİ TAMAMLAMAK

İstikrarlı duygusal bağımlılık döngüleri, danışanlarımın her biri tarafından ifade edilen temel fiziksel semptomlardan kronik enflamasyon ve bağırsak sorunları da dahil olmak üzere travma bedeninde diğer işlev bozukluklarını şiddetlendirir.

Vagus siniri bağırsaklara bağlı olduğu için düzensiz bir vagal sinirimiz veya zayıf vagal tonumuz varsa sindirim zorlukları çekeriz. Savaş ya da kaç moduna girdiğimiz zaman stres hormonları şelalesi bedenimizi sitokin gibi enflamasyon yapan kimyasalları dışarı pompalaması için harekete geçirir ve bu da daha fazla enflamasyon yaratır. Sinir sistemimiz –ve onu son derece aktif bir durumda tutmaya olan bağımlılığımız– fizyolojik ve psikolojik semptomlarımızın çoğunun tam merkezindedir.

Sinir sisteminin neden düzensizleştiğini anlamak –ve stres tepkilerinin bilinçli kontrolümüzün dışında olduğunu fark etmek– çoğumuzun kalabalık bir odada neden kendini yalnız hissettiğini, neden bedenimize maddeler sokup doğal fizyolojik tepkilerimizi uyuşturmak istediğimizi, ani ve sert tepkiler verişlerimizin nedenlerini, neden kaçtığımızı veya ilişkimizi kestiğimizi açıklar ve bu, davranışları normalleştirmeye yardım eder. Gördüğümüz gibi bunların hepsi çocukluğumuzda koregülasyon (birlikte düzenleme) deneyimleriyle veya eksikliğiyle koşullandırılmış otomatik yanıtlardır.

Ama bu hikâyenin sonu değil.

Bir sonraki bölümde göreceğimiz gibi vagal tonumuzu iyileştirmenin ve sinir sistemi tepkilerimizi yönetmeye yardım etmenin yolları var. Vagus sinirinin gücünden en iyi nasıl yararlanabileceğimizi öğrenmek iyileşme yolculuğumun başlarındaki en etkili ve güçlendirici keşifti ve umarım ilerleyen sayfalarda yer alan bu araçlar sizin de aynı etkiyi yaşamanıza yardım eder.

ÇALIŞMAYI YAP: SİNİR SİSTEMİ DÜZENSİZLİĞİNİ DEĞERLENDİR

1. Adım: Kendine tanık ol. Sinir sistemi düzensizliği tekrarlanan aktivasyondan veya uzamış stres dönemlerinden gelen semptomları tanımlamak için kullanılan bir terimdir. İdeal olan, stresli bir durumla karşılaştığında, sinir sisteminin harekete geçmesi ve ardından bedenin "dinlenip olanları sindirmesini" sağlayan temel denge durumuna geri dönmesidir. Ancak sinir sistemin kendini düzenleyemiyorsa stresten toparlanamazsın ve aşağıdaki semptomlara sahip olabilirsin.

- **Olası psikolojik + duygusal semptomlar:**
    - *Aktivasyon semptomları:* Suçluluk, utanç, ruh hali dalgalanmaları, korku, panik, agresiflik, kaygı, öfke, dehşet, kafa karışıklığı, kendini suçlama, bunalma
    - *Kapanma semptomları:* İnsanlarla veya deneyimlerle bağ kuramama, kendini uzayda gibi ve uyuşuk hissetme, net düşünememe, konuşmaktan veya görülmekten korkma

- **Olası fiziksel semptomlar:**
    - *Aşırı dikkat artımı semptomları:* Uykusuzluk, kâbuslar, kolayca irkilmek, yüksek seslerden korkmak, titremek, sarsılmak, kalp çarpıntısı, migren, sindirim sorunları, bağışıklık sistemi bozuklukları
    - *Gerginlik semptomları:* Diş gıcırdatma, migren, kaslarda gerginlik veya ağrı, bitkinlik, kronik yorgunluk

- **Olası sosyal semptomlar:**
    - *Bağlanma semptomları:* İtme-çekme veya tekrarlayan kaçınmacı ilişki kalıpları, terk edilmeye dair sürekli korku (yalnız kalamamak veya "birine sımsıkı yapışmak" ile sonuçlanır)
    - *Duygusal semptomlar:* Sınırsızlık veya esnekliği olmayan aşırı katı "mutlak" sınırlar, sosyal kaygı, sinirlilik hali, sosyallikten uzaklaşma

Bir hafta boyunca her gün bedenini akort etmek için biraz zaman ayır. (64. sayfadaki Bilinç Oluşturmak egzersizlerini kullanmak bunu yapmana yardım eder.) Sinir sistemi aktivasyonunun yukarıdaki semptomlarından herhangi birine tanık olduğun zaman not et.

2. Adım: Sinir sisteminin dengesini yeniden kur. Sinir sisteminin aktivasyonuna bir farkındalık geliştirmek iyileşme yolculuğunun önemli bir parçasıdır. Bu egzersizleri düzenli yapmak sinir sistemini düzenlemene yardım edecek. Zamanla bu pratik kendinle, başkalarıyla ve dünyayla yeni yollardan ilişki kurmanı sağlayacak.

Her gün odaklanmak üzere bu egzersizlerden birini seç, ancak çabanı senin içini rahat hissettiren bir yoğunluk derecesinde tutmaya dikkat et. Günlük çalışma için halihazırda tuttuğun bir defterin varsa bedeninin her egzersizle nasıl hissettiğini ve karşılık verdiğini not etmek isteyebilirsin.

- **Şimdiki anda yerini bul.** Kendine bulunduğun ortamda bir koku, tat veya görsel bul. Aktif olarak tüm dikkatinle bu duyusal deneyimlere odaklanma uygulaması yap.

- **Bir görselleştirme meditasyonu yap.** Gözlerini yum ve derin bir nefes al. Kalbinden gelen beyaz bir ışığı hayal et. "Güvendeyim, huzurluyum" sözcüklerini tekrar ederken ellerin kalbinin üzerinde olsun. Bunu gün içinde üç kez yap. Sabah ilk iş olarak ya da gece yatmadan hemen öncesi bunun için harika bir zaman.

- **Tükettiğin bilginin bilincinde ol.** Aldığın bilgiyi sinir sistemin de aynen tüketir. Çeşitli türden bilgiler tüketirken bedeninde nasıl hissettiğinin farkında ol. Tazelenmiş ve yenilenmiş mi hissediyorsun, yoksa tükenmiş ve için korkuyla dolmuş gibi mi? Kaygılı duyguları harekete geçiren ortam ve haber kaynaklarıyla bağlantıyı kesmek yardımcı olabilir.

- **Doğaya karış ve tanık ol.** Dışarıya çık ve doğal çevrenin senin için erişilebilir olan herhangi bir küçük yönünü deneyimle. Çiçeklerin renklerine dikkat et. Ağaçlar altında otur. Çıplak ayaklarını çimlere bas, suya sok. Rüzgârın esintisini teninde hisset. Doğa sinir sistemimizin doğal bir dengeleyicisidir ve bizi yeniler.

Sinir sisteminin dengesini yeniden kurmak için bu yeni araçları kullanmaya başladığınızda, anahtar kısmın küçük ve tutarlı uygulamalar olduğunu unutmayın. Çoğunuz hayatınızı düzensiz bir bedenle yaşayarak geçirdiniz; iyileşmek zaman alabilir, iyileşeceksiniz.

GBG: DENGEYİ YENİDEN KURMAK

Burada, gündelik hayatımda yeni bir sinir sistemi dengesi deneyimi yaratmaya başlamak için her gün kullandığım Gelecekteki Ben Günlüğü yönlendirme cümlelerinden bazı örnekler paylaşıyorum. Bu süreçte sana yardım etmesi için aşağıdakileri kullanmak veya kendin için bir benzerini yaratmak isteyebilirsin.

Bugün ben sinir sistemi dengemi yeniden kurma **pratiği** yapıyorum.

Hayatımda sükûnet yaratma fırsatım olduğu **için minnettarım.**

Bugün ben bir anlığına bedenime çok ihtiyacı olan sükûneti getiriyorum.

Bu alandaki değişiklik kendimi daha huzurlu hissetmemi sağlıyor.

Bugün ben anda ve güvende hissettiğim zamanlarda bir görselleştirme meditasyonu / tükettiğim bilginin bilincinde olma / bir dakikalığına doğayı gözlemleme pratiği yapıyorum.

5

Zihin-Beden İyileştirme Uygulamaları

Sinir sistemini ve polivagal teoriyi öğrenmek uzun süredir beni geri tutan bir şeyi görmemi sağladı: utanç. Artık mücadele ettiğim birçok yönümün –davranışlarımın, döngüsel düşüncelerimin, duygusal patlamalarımın, mesafeli ilişkilerimin– fizyolojik bir temeli olduğunu anlamıştım. Bunlar düzensiz bir vücudun tepkisel güdüleriydi. Ben *kötü* değildim. Arızalı değildim. Aslında bu alışkanlıklar ve davranışlar bedenimin beni *canlı tutmak* için kullandığı öğrenilmiş tepkileriydi. Hayatta kalma mekanizmalarıydı. Şimdi fark ediyorum da "iyi" ya da "kötü" gibi nitelemeler kullanmak, zihin ve beden arasındaki çılgınca birbirine geçmiş karmaşık oyunu fena halde basitleştiriyordu.

Varlığımın bazı özellikleri bilinçli kontrolümün dışında olsa da bu, bedenimin kaprisini çekeceğim anlamına gelmiyordu. Çözülmemiş travmayla yaşadığım için enflamasyon ve zayıf vagal tonla mücadele ediyor olsam da bu hiçbir zaman değişemeyeceğim demek değildi. Aslında doğru olan tam tersiydi: Eğer bedenim düzensiz başa çıkma yollarını öğrendiyse iyileşmek için sağlıklı yollar da öğrenebilirdi. Epigenetik sayesinde genlerimizin sabit olmadıklarını biliyoruz; nöroplastisite sayesinde beynin yeni yollar oluşturabildiğini biliyoruz; bilinçli zihin sayesinde düşüncelerimizin değişimi etkileme gücünü biliyoruz; polivagal teori sayesinde sinir sisteminin bedenin diğer tüm sistemlerini etkilediğini biliyoruz. Zihnimin, bedenimin ve ruhumun bağlantısı hakkındaki cehalet katmanlarından bir bir döktükçe ilk kez kendime gerçekten tanık oldum, içimdeki iyileşme potansiyelini kavramaya başladım. Geçmişimizde önemli travmalar olsa bile yetişkinler olarak öğrendiklerimizi bilmekten vazgeçebilir ve yeniden öğrenebiliriz. Bedenlerimizin gücünü zihnimizi iyileştirmeye ve zihnimizin gücünü bedenlerimizi iyileştirmeye yöneltebiliriz.

Birinci Bölüm'de Kendini İyileştirme (SelfHealing) yolculuğuna tanık olduğumuz çarpıcı Ally'yi hatırlıyor musunuz? Onun hikâyesi hepimizin inanılmaz değişebilme gücü hakkında çok şey öğretti. Ally'nin dönüşümü, MS tanısı konduktan ve yeni bir ilaç ters etki gösterdikten sonra "ruhun karanlık gecesiyle" başladı. Kronik bir tanının şoku, belirsizliği ve daha iyi bir hayat için acılı bir arzu içinde kalmıştı. Ally önce kendine küçük, gündelik sözler verdi; zamanla kendi travma yanıtlarına tanık olmaya yetecek kadar kendine güvenmeye başladı. Kendine, kendi verdiği adla "büyük hisler" deneyimleme izni vererek ciddi şekilde zorbalık gördüğü çocukluğundan bazı anlar hatırlamaya başladı. Bu korku ve üzüntü karşısındaki beden duygularını not etmeye başladı ve yakınmadan, yargılamadan bu duygulara yer verdi.

Ally bedenini dinlemeye başladı ve bu onu sinir sistemi tepkisinin gücünü mümkün olan en neşeli ve en güçlendirici yoldan kullanmaya yöneltti. Kendisine şarkı söylemesini söyleyen sezgisini dinledi. Vokal derslerine yazıldı; içindeki zorba eleştirmene karşı mücadele etti (bilinçaltı onu rahatını bozmamaya itiyordu); her seanstan önce bedenini kaplayan korkuyla savaştı; adrenalini tavan yaptı ve sonunda içini heyecan ve gururla kapladı. Alıştırma yaparak kusursuzluk ihtiyacından kurtuldu ve kendini yaratmanın oyun ve sevincine verdi. Şimdi şarkı söylüyor, gitar ve keman çalıyor ve kendi müziğini yazmaya doğru küçük adımlar atıyor. Hatta bir müzikale seçildi ve bu da içindeki çocuğun (Yedinci Bölüm'de daha çok öğreneceğimiz bir şey) gururla parlamasını sağladı. Bu arada aylarca yatağına ve kanepesine hapsolmuş bedenini güçlendiren yoga pratiklerine başladı. Bu, aynı zamanda rahatsızlığa tahammül kapasitesini artırarak strese karşı dayanıklılık geliştirmesini sağladı. Ek olarak otoimmün bozukluklarla mücadele eden birçok kişiye yardım etmiş bir beslenme programı olan antienflamatuvar Wahls protokolünü uyguladı ve beslenmesinde etkili değişiklikler yaptı.

Ally o sırada bunların hiçbirini bilmiyordu, ama pratiklerin her biriyle bileniyor, bedeni ve zihni arasındaki bağı güçlendiriyordu. Özellikle de sinir sistemi düzeldikçe bedenini homeostaza döndürmesine ve kendini iyileştirmesine yardımcı oluyordu. Sonuçlar çarpıcıydı: 36 kilo verdi, bilişi iyileşti, zihin sisi ve hafıza kaybı ortadan kalktı. Kendini motive, aklı başında ve amaçlarla dolu hissediyordu. En şaşırtıcı olan da artık MS için ilaç almıyor. Benim bunları yazdığım esnada onun hastalığı tam olarak gerilemede.

Bir podcast görüşmesinde, "Çok tanıdık olanı hiç tanıdık olmayan bir şey için geride bıraktım ve şimdi olabileceğimi asla düşünmediğim bir yerdeyim," demişti. "Mümkün olabileceğini düşündüğüm her şeyden daha iyi. Hayat çılgın, güzel ve zorlu; bazen karanlık ve fırtınalı, ama aynı zamanda ışık dolu ve ben kendiminki için minnettarım," diye eklemiş.

Ally'nin dönüşümü, beden-zihin bağlantısının gücünün güzel bir kanıtı. Kendini, kendi iyilik haline adaması bize, zihinsel ve fiziksel sağlığımıza yatırım yapmanın gündelik ve istikrarlı çaba gerektirdiğini gösteriyor. Hikâyesi aynı zamanda, ne kadar kırılmış, kontrolden çıkmış, yorgun veya çaresiz hissediyor olsak da değişimin mümkün olduğuna dair ilham verici bir hatırlatıcı görevi görüyor.

YUKARIDAN AŞAĞI, AŞAĞIDAN YUKARI

İyileşme, bedenimizin ihtiyaçlarını nasıl anlayacağımızı öğrenmek ve sezgisel benliğimizle yeniden bağlantı kurmakla başlar.

Tanık olma eylemiyle başlar: *Bedenim nasıl tepki veriyor? Bedenimin neye ihtiyacı var?* Bu soruları sormak ve beden tepkilerini dinlemek Ally'yi vagus sinirini aktive ederek sinir sistemini dengelemesine yardım eden şarkı söylemeye tutkusunu keşfetmeye yöneltti. Sinir sisteminin nasıl çalıştığına dair hiçbir şey bilmiyordu ve bedenini dinleyerek onu iyileştirici yollardan nasıl harekete geçireceğine ilişkin sezgisel bir duyu kazandı. Hepimiz Ally'den öğrenebilir ve bedenimizin bize sunduğu geri bildirimleri yararımıza kullanabiliriz.

Sinir sistemi tepkilerimiz otomatik olsa da vagal tonumuzu iyileştirmenin, travma koşullu stres tepkilerini yönetmenin ve sosyal hareket modunun daha açık, sevgi dolu, güvenli ritmine dönmenin yolları vardır. Bu o kadar verimli bir araştırma alanıdır ki birçok araştırmacı epilepsiden depresyona, obeziteden kalp ve ciğer yetmezliklerinden sonra çabuk iyileşmeye kadar inanılmaz sayıda hastalığı iyi etmek için vagal ton uyarıcıları (özellikle elektrik vuruşlarını doğrudan vagal sinire aktaran implantlar) ve kullanımları üzerinde çalışmaktadır. Bunu müdahale olmaksızın yapmanın yolu, otonom sistemimizin nefesimiz ve sesimiz gibi kontrolümüz dahilindeki parçalarını harekete geçirmektir.

Hatırlayabileceğiniz gibi vagus siniri bedeninizden beyninize, beyninizden bedeninize enformasyon taşıyan iki yönlü bir iletişim yolu. Beyinden bedene iletişime "yukarıdan aşağı işlemler" denir; beyniniz bedeninize iyileşme yolunda rehberlik eder. Bunun bir uygulama örneği, dikkatinizi eğitme eyleminde otonom sinir sistemi tepkilerinizi düzenlemenize yardım eden meditasyondur. Aşağıdan yukarı işlemlere benzer, ama ters tepki meydana gelir; zihninizi etkilemek için bedeninizin gücünü kullanırsınız. Burada söz edilen polivagal sinirle ilgili egzersizlerin çoğu, nefes çalışması, soğuk terapisi ve yoganın fiziksel yönleri gibi aşağıdan yukarı işlemleri kullanırlar.

Aşağıdan yukarı ve yukarıdan aşağı işlemlerin çoğu kontrolümüz dışında olsa da psikolojik stresimizi azaltan, sinir sistemimizdeki sempatik tepkileri yavaşlatan ve hatta kas-iskelet ve kalp-damar sistemlerimizi güçlendiren özel müdahaleleri bilinçli olarak seçebiliriz. Buna ek olarak vagus sinirini aktive eder, güvenli ve kontrollü bir ortamda zorlar ve ton kazandırırsak zorluklardan kolayca toparlanma becerisi anlamına gelen dayanıklılığın anahtarı olan rahatsızlıkla nasıl yaşanacağına dair tolerans geliştiririz.

Vagus sinirini tonlamak için çalışmaya başladığınızda, şüphesiz, rahatsız edici içsel karşı çıkışlar yaşayacağınızı bilmek iyi olabilir. Kendimizi rahatsızlığa boğmak hiçbir zaman yardımcı değildir; onun için de yolumuzu kolaylaştırmak bizi iyileşmeye yaklaştırır. Bu çalışmanın, bedenimiz ve zihnimize yönelik stres ve zorlamanın kontrolümüz altında olduğu güvenli, istikrarlı bir yerde yapılması önemlidir. Bu şekilde kendimizi güvenli sınırlar içinde zorlayabilir ve kontrolümüz dışındaki stresle başa çıkmaya hazırlanabiliriz.

Aşağıda, homeostaza geri dönmek ve dayanıklılık kazanmak için bedenimizin iyileşme gücünü harekete geçirecek en etkili ve pratik yolları bulacaksınız. Bu çalışmaların her biri sağlıklı bir vagal tona kavuşmak ve beden-zihin bağlantısını güçlendirmek için önemli araçlardır. Bunlar bütünsel iyileşme yolunun temel adımlarıdır.

MİDE-BAĞIRSAK SİSTEMİNİ İYİLEŞTİRMEK

Birlikte çalıştığım danışanlarımın çoğu yiyeceklerle ilgili karmaşık hisler ifade ederler ve genellikle de kronik bağırsak ve sindirim sorunlarıyla yaşarlardı. Bu kişiler için besinlerin bedenleri ve zihinsel durumları üzerindeki etkisi hakkında farkındalık kazanmaları faydalı olur.

Çok azımız bedenimizin besin taleplerini karşılarız. Bunun yerine nasıl hissettiğimize –üzgün, sıkılmış, mutlu, yalnız, heyecanlı– bağlı olarak yeriz ya da tam tersi, alışkanlık veya zorunluluktan gıda seçimleri yaparız. Yiyeceklerle ilgili bu kadar veri, bizi bedenimizin gerçek ihtiyaçlarından uzaklaştırır. Bu doğuştan gelmez, öğrenilmiştir. Bebekken bizi temel ihtiyaçlarımız yönetirdi. Acıkınca ağlar, doyunca öte yana dönerdik. Bebekler neyi sevip neyi sevmedikleri konusunda son derece nettirler (dünyanın her yerindeki endişeli ebeveynleri şaşkına çevirecek kadar); onları bedenleri yönetir. Büyüdükçe ve yiyip içmek konusunda başka örnekler tarafından şekillendikçe bu içimizden gelen ihtiyaçları dinlemekten vazgeçeriz. Çocuklukta yaşadığımız kronik ve bunaltıcı stres bedenlerimiz için dinlenmeyi ve sindirimi zorlaştırır. Bu durum, travmanın rolü ve yetişkinlikte mide-bağırsak sorunlarının gelişimi üzerine tekrarlanan çalışmalarla doğrulanmaktadır. Ancak bedenimizi yeterince yakından dinlersek neyin kaybolduğunu yeniden öğrenebiliriz, çünkü bedenimiz, karın bölgemiz ve beynimiz arasında gönderilen mesajlar aracılığıyla yüksek sesle konuşur. Sadece dikkat etmemiz gerekiyor.

Mide bağırsak sistemimizde, zihin-beden bağlantısının en çok çalışılan örneklerinden biri olan ve bağırsak-beyin aksı diye bilinen bir mekanizma aracılığıyla doğrudan beyinle "konuşabilen" beş yüz milyon nöron vardır. Bağırsak-beyin aksı ne kadar aç olduğumuzdan ne tür besinlere ihtiyacımız olduğu, besinin midemizden ne kadar çabuk geçtiği ve hatta yemek borumuzun kaslarının kasılmasına kadar bir dizi bilgi alışverişini mümkün kılan bir yoldur. Dostumuz vagus siniri beynimizle bağırsaklarımız arasındaki bu sinyallerin gönderilip alınmasında anahtar rol oynar.

Bağırsaklarımız aynı zamanda bağırsak duvarı boyunca geniş sinir hücreleri barındırır ve bunun adı enterik sinir sistemidir (ESS). Bu ağ gibi sinir hücreleri sistemi o kadar karmaşıktır ki araştırmacılar ondan sık sık "ikinci beynimiz" olarak söz ederler. Gerçek beynimizdeki nöronlar gibi bu hücreler bedenin farklı bölgeleriyle sürekli iletişim halindedirler; hormonların salgılanmasını işaret ederler ve tüm bedene kimyasal mesajlar gönderirler.

ESS, mikrobiyomdan, bağırsakta yaşayan farklı bakterilerden, mantarlardan ve başka mikroplardan bilgi toplar. Bunu, bağırsak mikropları yediğimiz besinleri parçaladıkça beynimize mikrobiyal mesajlar gönderen nörotrasmiterler yaparlar. Bu mikroplar bizim gerçekliğimizi etkiler. Bir grup insanın önünde konuştuğunuzu ve

"Karnım ağrıyor" dediğinizi düşünün. Bu bir metafor değildir. Karnımızı hasta eden duygusal durumumuzdur. Aslında, "mutlu hormon" olarak bilinen ve uykumuzu, hafızamızı ve öğrenmemizi de etkileyen nörotransmiter serotoninin %90'ı bağırsaklarımızda yapılır. Bu bulgu SSRI grubu olarak bilinen bir grup antidepresanın aslında "boyundan aşağı", ESS'de üretilen serotonin üzerinde etkili olduğu teorisini ortaya çıkardı. Bu derin kavrayış nörokimyasalların sadece beyinde yapıldığı inancını tersine çevirdi. Psikolojik olarak hastalandığımız zaman temel nedenin "boynumuzdan yukarı" tanımlanması ve tedavi edilmesi gerektiğini düşünürdük. Şimdi artık beynin, birbirine bağlı daha geniş bir ağın yalnızca küçük bir parçası olduğunu biliyoruz.

Travma durumunda, hem sinir sistemindeki hem bağırsaklardaki fiziksel düzensizlik hazmımızı bozar, yediklerimizden yararlı besinleri düzgün bir şekilde alamayız. Bedenimiz strese girdiği zaman ona sükûnet ve güvenlik mesajları yollayan parasempatik moda giremeyiz. Bu gerekli mesajlar olmadan gıdamızı ya defeder ya da ona tutunuruz, bu da kabız ya da ishal olmamızla sonuçlanır. Bedenin düzensizliği sanki bağırsaklarda aynalanır ve dengesiz mikrobiyom gıdalardan besinlerin alınmasını engeller. Zamanla, bedenlerimiz, yediklerimiz ne kadar "sağlıklı" ve tam olsa da kronik olarak gerekli besinlerden mahrum kalır ve genellikle yetersiz beslenmiş ve aç oluruz.

Beslenmemiz pek sağlıklı değilse işler daha da kötüleşir. Şeker, işlenmiş karbonhidratlar ve enflamasyon yapan yağlar (trans yağlar ve birçok bitkisel yağ) gibi bağırsak astarına zarar veren gıdalar tükettiğimizde bağırsak astarı iltihaplanır. Bu gıdalar bağırsak mikrobiyomumuzun istenmeyen sakinleri için (bazı mikroplar sizin için iyiyken bazıları sizi hasta eder) uygun ortam yaratırlar. Bu mikroplar, iç ekosisteminizin dengesinin "kötü" mikropları desteklediği bağırsak disbiyozu denilen bir durum için altyapı oluşturur.

Disbiyoz olduğu zaman ardından tipik olarak sızdıran bağırsak adı verilen durum meydana gelir. Sızdıran bağırsak, adı gibi bağırsak astarının bir bariyer görevi yapmak yerine geçirgen olması ve bakterilerin bedenin dolaşım sistemine sızmasıdır. Kötü bakteriler kana sızınca bağışıklık sistemimizin yanıtı bu bakterileri yabancı istilacılar olarak tanımak olur. Bu da önceki bölümde öğrendiğimiz üzere sitokinler de dahil, enflamasyon yapan kimyasalların tüm bedenimize yayılması demek olur. Kronik olarak iltihaplı bir bağırsak sistemi daha geniş ve sistemik iltihaplanmaya yol açar ve bedenin her yerini kaplar. Bu bizi keyifsiz, aşırı halsiz ve bazı durumlarda psikolojik hasta yapabilir.

Araştırmalar disbiyozun, depresyon, otizm, kaygı, DEHB (Dikkat Eksikliği ve Hiperaktivite Bozukluğu) ve hatta şizofreni gibi "zihinsel hastalık" olarak adlandırılan pek çok durumun temel nedeni olabileceğini öne sürüyor. Hayvanlar üzerinde yapılan bazı çalışmalar, mikrobiyomumuzun sağlığındaki bir bozulmanın (kötü beslenme, stres, zehirli kimyasallar gibi çevresel etkiler nedeniyle) insanlarda kaygı ve depresyonla bağlantılı semptomların artışında keskin bir yükselmeye neden olduğunu göstermiştir. Gerçekten de bazı çalışmalar depresyondan mustarip insanların yararlı bakterilerinin –*Coprocuccus* ve *Dialister* – sayısının depresyonda olmayanlarınkine göre daha az olduğunu göstermiştir. Başka çalışmalara göre şizofreninin ciddi formlarından mustarip insanlarda daha yüksek seviyede *Veillonellacea* ve *Lachnospiraceae* bakterileri görülmüştür. Bu araştırma o kadar umut vaat eder ki bağırsak-bağışıklık sistemi-beyin bağlantısını araştıran yeni bir tıp kolu olan nöroimmonoloji ortaya çıkmıştır. Bu alandaki ilk çalışmalar bedendeki enflamasyonun kan-beyin bariyerini aşarak beyne girebileceğini ve iltihaplı beynin bir dizi nörolojik, psikolojik ve psikiyatrik soruna neden olabileceğini göstermiştir. Bağırsak duvarı diyet müdahaleleri ve probiyotik takviyesiyle iyileştirildiği zaman bazı akıl hastalığı semptomlarının düzeldiği yolunda umut vaat eden araştırmalar vardır. Son zamanlarda yapılan birkaç araştırma da otizmin spektrum bozukluğunun daha ciddi formları olan bazı çocuklarda probiyotik kullanımının rahatsız edici sosyal ve davranışsal sorunları azalttığını göstermiştir.

Bağırsak sağlığımızı düzeltmenin ve mikroplarımızı destekleyerek bağırsak duvarının bütünlüğünü korumanın en hızlı yolu *tam, besleyiciliği zengin gıdalar* yemektir. Bağırsak ve beyin arasındaki direkt ilişki her öğünü iyileşme ve beslenme için bir fırsata çevirir. İşlenmiş ve sağlıksız gıdaları kesmeyi yoksunluk yerine fiziksel ve zihinsel sağlığımızı, genel anlamda iyiliğimizi her lokmayla iyileştiren heyecan verici bir fırsat olarak görelim. Psikologlar size pek ne yediğinizi sormazlar, ama gıda zihin sağlığında çok önemli bir rol oynar. Kendinizi iyi hissettiren besin değeri yüksek gıdalar tüketmenin yanı sıra lahana turşusu, yoğurt, kefir, kimçi gibi doğal probiyotikler açısından zengin fermente gıdaları öğünlerinize dahil etmek de oldukça faydalıdır.

Geniş ilgi gören ve birçok akademik çalışma tarafından desteklenen bir başka diyet yaklaşımı da aralıklı oruçtur. Planlanmış oruçlar ya da oruç aralıklarıyla sindirim sistemimiz sağlıklı sınırlar içinde molalar verir; bu da bedenimiz için faydalı bir meydan okuma ve vagal tonumuzu geliştirme fırsatı sağlar. Buna tüm gün süren oruçlar, on saat aralıklı yeme ya da gün boyu daha az atıştırmalık yeme dahildir. Oruç sindirim sistemimizi dinlendirir, sindirme işlemine ayrılan enerjinin başka bir yerde kullanılmasını sağlar. Ayrıca insülin duyarlılığımızı da artırır ve kan şekerimizi düzenler; bizi her zaman aç ve bir sonraki şekerli gıdanın yolunu gözleyen bir "şeker yakıcı" olmaktan kurtarır. Beslenmemi değiştirene kadar ben de tam bir şeker yakıcıydım; sevgililerim birlikte gezmeye gideceğimiz zaman yanlarına mutlaka atıştırmalık alırlardı, yoksa o gün ikimiz için de kötü sonuçlanırdı. Şeker başıma vurdu mu gözüm dönerdi; kıtlıktan çıkmış gibi yerdim. Ek olarak araştırmalar, aralıklı oruç tutmanın zihinsel keskinliği, daha kolay öğrenmeyi ve uyanıklığı, atikliği artırdığını göstermiştir. Ancak uyarmam gerekir ki özellikle başlangıçta beden alışana kadar, sinirlilikte artış olduğunu gösteren başka araştırmalar da mevcut.

Oruç tuttuğumuz ve beslenmemizi değiştirdiğimiz zaman bedenimiz yağ ve protein gibi alternatif yakıt türlerinden nasıl enerji alacağını öğrenir. Bu, diğer yakıt kaynaklarıyla yaşamasına ve *ihtiyacı olanı aldığı* için rahatsız olmadan öğünlerin arasını açabilmesine olanak verir. İşlenmiş, şeker yüklü gıdalar yediğimiz zaman bedenimiz ihtiyaç duyduğu besinleri alamadığı için hep aç oluruz. Bu besin eksikliği beynimize açlık sinyalleri göndermeyi sürdürür ve sık sık atıştırma ihtiyacı hissetmemize ve bazılarımızın da aşırı yemesine yol açar. Yeriz ama doymayız, tatmin olmayız. Çünkü bir şeyler yemiş olsak da bedenimiz besin değeri olarak ihtiyacını karşılayamaz.

Elbette aralıklı oruç herkese, özellikle de yeme bozukluğu öyküsü olanlara uygun olmayabilir. Geçmişinde kısıtlı yeme kalıpları bulunanlar bu yöntemi uygulamamalıdırlar.

UYKUYLA İYİLEŞMEK

Beslenmemizin bedenimizi ve zihnimizi nasıl etkilediğini anlamaya başladıktan sonra gündelik seçimlerimizin bedenimizin temel ihtiyaçlarına nasıl hizmet etmediğini öğrenebileceğimiz başka fırsatlar ortaya çıkar. Gıdadan sonra bizi yolda bırakan bir diğer yaygın şey çoğumuz için her gece olur: uykumuzu yeterince alamamak.

Bu, genç yaşlarda başlar. Benim açımdan, geceleri kaygılı düşünceler çocukluğumda başladı. Beş yaşında, yatağımda korku içinde uyanık halde yatar, her sesi evimizi soymaya gelen bir hırsız ya da insan kaçıran ve aileme zarar verecek biri zannederdim. Bedenim aktivitesi artan sempatik sistemim nedeniyle anksiyete (endişe) durumuna sıkışırdı (ve o zamanlar dondurma, kurabiye ve şekerli içeceklerden ibaret olan diyetim bunlara hiç de yardımcı değildi). Zihnim sürekli bedenimi tarar ve bağırsak dengesizliklerini, adrenalin boşalımını, aşırı tetikte sinir sistemini not ederdi. Kalp atışlarım ve nefesim hızlandığı zaman zihnim hırsızlıkla ilgili bir hikâye uydururdu. Midem ağrır, gaz yapar ve kabızlık gerginliğe ve korkuya dönüşürdü. Çoğu gece yatakta döner durur, oldukça kalitesiz uyurdum.

Hepimiz yetersiz uykunun özellikle büyüyen, gelişen bir beden için son derece zararlı olduğunu biliriz. Uyurken bedenimiz kendini tamir eder. Mide ve bağırsaklarımız sindirime biraz mola verir, beynimiz kendini "yıkar" ve kalıntıları temizler, hücrelerimiz yenilenir. Uyku, iyileşmenin üst düzeyde olduğu zamandır. Sinir sistemi de dahil olmak üzere vücudumuzun tüm organ ve tüm sistemleri uykudan yararlanır. Bunu depresyondan kardiyovasküler rahatsızlıklara ve hatta kansere, obeziteye ve Alzheimer gibi nörolojik hastalıklarla bağlantılı olan uyku eksikliği üzerine yapılan çalışmalardan dolayı biliyoruz. Kırk beş yaşının üzerinde olup günde altı saatten az uyku uyuyan insanların kalp krizi ve felç geçirme olasılığı, daha uzun uyuyanlara kıyasla % 200 daha yüksektir.

Uyku fiziksel ve zihinsel sağlığımız için çok önemlidir, ama pek azımız ona anlamlı bir şekilde öncelik veririz. Uyku alanlarımızı ve bedenlerimizi, dinlendirici, iyileştirici bir gece uykusuna hazırlamanın bir sürü basit yolu var. İlk adım, gerçekten ne kadar uykuya ihtiyacımız olduğunu belirlemek. Çoğumuz uyuma alışkanlıklarımızdan emin değiliz ve hatta bu konuda neredeyse hayal dünyasındayız. Yatağa gece on birde girebiliriz, ama ışıkları gerçekten söndürene kadar bir saat telefonumuza bakarız. Uyku alışkanlıklarınızı izleyin, not alın. Kişisel uyku düzeninizi / düzensizliğinizi dürüstçe fark etmeye çalışın.

Uykunuzu iyileştirmenin en iyi yolu parasempatik sisteminizin mutlu bir gevşeklik içinde yatışmasına yardım etmektir. Uyku döngümüzün en önemli aşamasını (REM) bozan kahve ve alkol gibi maddeler, dinlendirici bir uyku uyumanın önündeki en büyük fiziksel engellerdir. Alkol ve kafein tüketiminizi belli saatlere kısıtlayın (yatağa girmeden üç saat önce alkolü kesin ve öğleden sonra kahve içmeyin). Tutarlı bir yatak zamanı rutini sürdürmek önemlidir çünkü bedeninizi daha yatağa girerken parasempatik moda girmeye hazırlar. Ben son günlerde, akşamüzeri beş civarında, daha yemeğe başlamadan telefonumdaki uyku uygulamasından yavaşlama ve rahatlama sürecine geçiş için (yatak zamanım dokuz civarıdır) bir bildirim alıyorum. Yatmadan birkaç saat önce ekranlarımı kapatıyorum. Okuyarak veya müzik dinleyerek biraz zaman geçiriyorum ve yatma vaktime dek TV karşısında harcadığım süreyi sınırladığımdan emin oluyorum. Banyo yapmak, partnerinizin size biraz masaj yapması, bir evcil hayvanla oynamak; bunların hepsi sakinleştirir ve uykuya dalıp uykuda kalmanızı kolaylaştırır.

NEFESLE İYİLEŞMEK

Otonom sinir sistemimizin otomatik olduğunu (farkındalığımızın dışında çalıştığını) biliyoruz, ancak bedenimizin bir parçası bilinçli kontrolümüz altındadır. Kalbimize daha yavaş atmasını ya da karaciğerimize bedenimizi daha hızlı detoks yapmasını söyleyemeyiz, ama nefesimizi yavaşlatıp derinleştirebilir, böylece kalp atış hızımızı düşürür ve zihnimizi sakinleştiririz. İçimize daha fazla hava çeker, havanın ciğerlerimizden bedenimizin geri kalanına taşınmasına ve tüm hücrelerimizin oksijenlenmesine yardımcı olabiliriz. Hızlı, kısa, sığ nefesler alıp sempatik tepkimizi uyandırarak bunun tam tersini de yapabiliriz. Nefesimizin gücüyle bunların hepsini tırmandırabilir ve indirebiliriz.

Nefes çalışması yapmak otonom sinir sistemini harekete geçirir; vagus siniri için plank yapmak (yüzüstü yatılarak ön kol ve ayak parmak uçları üzerinde sabit durularak yapılan bir egzersiz) gibidir. Bildiğimiz gibi vagus siniri, sadece beyinle bağırsakları değil, akciğerler, kalp ve karaciğer de dahil, bedenin farklı parçalarını da bağlayan iki yönlü bir bilgi otobanı gibidir. Uyarılma sistemimizi yatıştırmak için nefesimizi kullandığımız zaman beyne tehditkâr olmayan bir çevrede olduğumuzu iletiriz; bu mesaj bedenimizdeki diğer sistemlerle paylaşılır. Bu, polivagal ton ayarlamasının aşağıdan yukarıya uygulanma şeklidir.

Araştırmalarda gündelik nefes egzersizleri ve artan uzun ömür arasında bağlantı bulunmuştur. Bu teoriye göre stres tepkimizi yöneterek enflamasyonlu tepkilerimizi azaltırız ve daha uzun ömürle bağlantılı kromozomları (telomerler olarak bilinirler) destekleyen hormonları uyarırız. *Nefes: Kayıp Bir Sanatın Yeni Bilimi* (*Breath: The New Science of a Lost Art*) adlı kitabında, James Nestor, 5 bin 200 kişi üzerinde yaptığı yirmi yıllık bir araştırmanın sonucunda, "Ömür süresinin en büyük göstergesi pek çok kişinin tahmin ettiği gibi genetik, diyet ya da gündelik egzersiz miktarı değil, ciğer kapasitesidir... Daha geniş ciğerler daha uzun ömür demektir. Çünkü daha az nefesle daha çok hava alırız," demiştir. Sığ nefes (özellikle de ağızdan nefes alıp vermek) yüksek tansiyondan dikkat eksikliği hiperaktivite bozukluğuna (DEHB) kadar birçok hastalığa neden olabilir veya bu hastalıkları kötüleştirebilir. Vücudumuzun gerekli besin maddelerini yok eder ve iskelet yapımızı zayıflatır.

Nefesin gücünü en iyi kullananlardan biri "Buz Adam" olarak bilinen Wim Hof'tur. Wim, buz altında yüzerek, iki saat buz banyosu yaparak, Kuzey Kutup Dairesi üzerinde ayakları ve üstü çıplak şekilde bir maraton koşarak Guinness Rekorlar Kitabı'na girmiştir. "Zihniniz sizi içinizden güçlendirir. Bilge eşlikçinizdir. Zihninizin dümenini ele geçirirseniz gideceği yere yön verebilirsiniz," demiştir.

Basit ifadeyle, Hof'un nefes tekniği burundan nefes almak, ağızdan vermek, ardından nefesi tutmaktır; bu ciğerleri zorlar ve genişletir. Bunu genellikle soğuğa maruz kalmayla birleştirir ki bu da vücudumuzun sınırlarını test eden ve vagus sinirini faydalı bir şekilde zorlayan başka bir tür aşağıdan yukarıya yaklaşımdır.

Ben bu kadar sert değilim, bedenimi daha yumuşak şekilde zorlamayı seviyorum. Keşfedecek çok çeşitli nefes çalışmaları var. Başlangıç için favorim, eğer biraz daha uzun bir alıştırmaya yer ve zaman ayırabilecekseniz şudur:

1. Bunu boş bir mideyle yapın (sabah ya da gece en iyisidir).
2. Etrafta az uyaran olan, rahat bir yere uzanın ya da oturun.
3. Midenizin en alt kısmından derin bir nefes alın.

4. Daha fazla hava alamayacak hale gelince durun ve iki-üç saniye nefesinizi tutun.
5. Kendinizi zorlamadan güzelce ve yavaşça nefes verin. Normal bir nefes akışını tamamlayın (içeri al-dışarı ver).
6. Bunu on kez tekrarlayın.

Ben her sabah uyandıktan hemen sonra bunu yaparak güne başlıyorum. Çoğu gün beş dakika boyunca uyguluyorum, kulağa kısa geliyor, ama özellikle pratikte yeniyseniz aldatıcı bir şekilde zorlayıcı oluyor. Başlangıç seviyesi için en fazla bir dakika sürmelidir. Zamanla daha fazla tekrar ekleyebilirsiniz.

Bu noktaya gelmem yıllar süren günlük pratik sonucu. Başlarda karnımdan nefes almakta zorlanıyordum ve birkaç dakika bile hareketsiz oturmak işkence gibi geliyordu. Zamanla ve istikrarlı uygulamayla normal kısa göğüs nefeslerimin yerine gün içinde düzenli olarak karnımdan nefes alma kabiliyetimi geliştirdim. Zamanla, sinir sistemim "resetlendikçe" daha sakin ve huzurlu olduğumu gördüm ve bu da beni daha derin nefes almaya yöneltti. Bugün, tutarlı pratikle, duygusal olarak aktive olduğum ve ona en çok ihtiyacım olan zamanda bedenimi sakinleştirmek için bir araç olarak kasten derin nefes almayı kullanabiliyorum.

HAREKETLE İYİLEŞMEK

Dr. Porges'in yazdığı gibi, bedenle zihnin güvenli bir yerde birbirine bağlı olduğu herhangi bir aktivite –koşmak, yüzmek, yürüyüş– stres toleransı için "penceremizi genişletmemize" yardım eder. Zihninize ve bedeninize meydan okuyan egzersizler kardiyovasküler hastalıkları ve bunama ihtimalini azaltır ve hatta yaşlanma sürecini yavaşlatır. Fiziksel egzersiz, beyinde dopamin, serotonin, norepinefrin gibi hormonların salgılanmasını sağlayarak uykuyu derinleştirir ve ruh halinizi düzeltir, bunların hepsi sizi daha mutlu ve daha az stresli hissettirir. Genel olarak vücudun her yerinde kan dolaşımını ve oksijeni artıran kardiyovasküler egzersizler, beyinde ölçülebilir değişimler yaratır; organın boyut ve sağlığını artırırken yeni nöron yolları yaratır ve olanları güçlendirir.

Vagus sinirini doğrudan harekete geçirdiği göz önüne alındığında en üst düzeyde "pencere genişleten" egzersiz yogadır. Dr. Porges de yoganın (akademik dergilerde kapsamlı şekilde vagal ton üzerindeki faydaları hakkında yazmıştır) büyük bir savunucusudur. Yoga nefesin düzenleyici gücünü hareketle birleştirerek hem zihni hem de bedeni etkiler. Bu pratikte ilerleyip yeni, zorlayıcı pozlara geçtikçe bedenimizin fiziksel sınırlarını test eder, sistemimizi daha ileri bir strese sokar ve nefesimizin sakinleştirici gücüyle yeniden bağlantı kurma fırsatına sahip oluruz. Düzenli yoga pratiklerinin (muhtemelen vagal tepkiler zaman içinde güçlendiği için) beden üzerinde enflamasyon düzeyini düşürmesi, kan basıncını düzenlemesi dahil olmak üzere oldukça yaygın etkileri vardır. Uygulamayı seçtiğiniz yoga türünün önemi yoktur: Kundalini, Hatha, Ashtanga ve hatta sıcak-yoga.

Dr. Porges 1990'larda, Hindistan'da yoga üzerine çalışmaya başladı ve çoğu yoga pratiğinin, bedenin savaş-kaç-don tepkilerini harekete geçirmek için tasarlandığını keşfetti. Bir söyleşisinde "Yoganın arkasındaki bütün fikir, normalde bayılma ve donmayla bağlantılı hareketsizlik durumlarına eğitim yoluyla daha farkında ve daha az korkmuş olarak girebilmeye başlamanızdır," demiştir. Bunu algılanan bir tehdit karşısında "İnsanın kendi derinliğine inebilme ve kendini güvenli hissetme yeteneği" olarak tanımlar. Bu, iyileşmenin anahtarıdır: dış sınırlarını test ederek bedeninizin ve zihninizin gücünü öğrenmek. Daha derin ve zorlu duruşlara ilerledikçe vagus sinirimiz stres tepkimizi nasıl kontrol edeceğini ve iyileşmenin gerçekleştiği sükûnet ve güvenlik haline nasıl daha çabuk döneceğini öğrenir. Biz de kontrollü fiziksel ve zihinsel güçlükler karşısında nasıl daha hızlı nasıl toparlanacağımızı veya daha esnek ve dayanıklı olacağımızı öğreniriz. Yapılan bir araştırmada, altı yıl veya daha uzun süreyle yoga yapanların, hiç yapmayanlara oranla ellerini buzlu suda iki kat uzun tutabildikleri gözlenmiş. Burada olan şey, yogacıların, yoga yapmayan diğerleri gibi akıllarını acıdan başka yere çelmeye çalışmak yerine aslında bu duyuma eğilmeleri ve bu hissi aşmanın bir yolu olarak –bir direnç egzersizinin özü olan– odaklanmanın ve acıyı kanalize etmenin alternatiflerini bulmalarıdır.

OYUNLA İYİLEŞMEK

Saf mutluluğun ifadesi olan neşe, çoğumuz için ancak bir hatıra gibi. Herhangi bir ikincil kazanç, gereklilik veya dışsal bir motivasyon için değil de sadece yapmak zevk verdiği için bir şeyler yapmanın mutlu özgürlüğünü unuttuk. Çocukken sadece istediğimiz için bir şeyler yapardık. Çoğunuz çocukluğunda böyle hissettiği bir zamanı hatırlayabilir; belki bir dans dersi sırasındadır, sahilde özgürce koşarken veya çizim ve boyama yoluyla kendini sanatsal olarak ifade ederken...

Yetişkinler olarak aynı neşeli özgürlüğü, kendimize oyun oynama izni verdiğimiz zaman hâlâ deneyimleyebiliriz. Bu, ego araya karışmadan dans etmek, oyuncak aletlerle müzik yapmak, giyinip hayali bir dünyaya girmek şeklinde olabilir. Kendimizi bu şekilde kaybettiğimizde bazen, *yapmanın* saf zevkinin "akış hali" diye sözü edilen o duruma girebiliriz. Bu durum, sevdiğimiz biriyle sohbet ederken kaybolduğumuzda, bir âna kapıldığımızda, neredeyse zamanın sınırlarının dışında yaşadığımızda hissettiklerimize benzer. Bu neşe kendi içinde iyileştiricidir ve iyileşmenin kendisidir.

Oyunumuz sosyal olduğu zaman *neuroception*'larımızı (sinir sistemimizin çevreyi tehlike işaretleri için tarayan kısmı) zorlarız. Biriyle aylak aylak dolaşsak, futbol maçı yapsak, hatta video oyununda rekabete girişsek bile savaş/kaç/don modlarına ve sükûnetle güvenliğin emniyetli sosyal hareketlilik moduna girer çıkarız. Bu, yoga pratiği sırasında öğrendiğimiz gibi bedenlerimize nasıl çabuk toparlanacağını öğretmeye yardımcıdır. Dr. Porges, vagus siniri ve oyun üzerine bir makalesinde eğlenceli ve açık bir alanda tehlike ve güvenlik arasında yapay bir değişim yaratmanın "savaş/kaç/don tepkilerini ânında düzenleyen nöral devreleri en yüksek düzeyde iyileştirdiğini" yazmıştır. Bu savaş/kaç tepkilerini nasıl kapatacağımızı ve kronik hastalıkların azalmasına yardımcı olmak için kronik olarak aktif durumda kalmak yerine güvenli temelimize nasıl döneceğimizi öğreniyoruz.

Vagus sinirini harekete geçiren oyun zamanı aktivitelerinden en sevileni şarkı söylemektir. Şarkı söylemek çoğumuza zevkli gelir. Birileri bize detone olduğumuzu söyledikleri için sesimizi kendimize saklamaya koşullanmış olabiliriz. Çocuk olduğunuz zamanlara dönmeye ve şarkı söylemenin çeşitli yollarının özfarkındalık geliştirmek, güven kazanmak ve neşelenmek için kullanıldığını hatırlamaya çalışın. Şarkı söylemenin yararları yetişkinlikte son bulmaz. En sevdiğiniz şarkıyı yüksek sesle söylemek yoga, oyun ve nefes çalışması gibi vagus sinirinizin tonlanmasına yardımcı olur. Başkalarıyla birlikte şarkı söylemenin yararları daha da fazladır; bir oda dolusu şarkı söyleyen insanın birlikte düzenleme (koregülasyon) gücü inanılmaz derecede canlandırıcıdır. Kendi başınızda duşta şarkı söylemek bile iyileştirici olabilir.

Hatırlayacağınız gibi vagus siniri yüzdeki ve boğazdaki gırtlak ve ses telleri dahil birçok kasla bağlantılı. Güven ve emniyetin olduğu bir yerdeyken sesimiz farklı çıkar ve özellikle de insan seslerinde daha geniş bir ton yelpazesi duyarız. Şarkı söylerken ağzımızdaki ve boynumuzdaki kaslar aracılığıyla bu sakinlik hissini yaratmaya yardımcı olabiliriz. Bilim muhabiri Seth Porges (Dr. Porges'in oğlu) orta kulak kaslarımızı (sosyal hareketlilik modunun mutlu fazında olduğumuz zaman aktif olan kaslar) açmak için orta frekanslı müzik dinlememizi önerir. Orta frekanslı müziğin en etkin olduğu yerlerden biri mi? Disney filmlerinin müzikleri. Öyleyse *Aslan Kral*'ın açılış müziğini koyun ve içinizdekileri dökün.

GERÇEK ZAMANDA DUYGUSAL AKTİVASYONU KONTROL ETMEK

Zamanla, kendime verdiğim her küçük gündelik sözle iyileşmek için yeni bir temel oluşturdum. Bu temel, *bedenimin* ve tüm sistemlerinin umutsuzca özlem duyduğu homeostaza dönmesine yardım etti. Bedenimin enerji dolu ve beslenmiş hissedeceği gıdaları seçtim. Uykuya öncelik verdim. Aynı zamanda bilincimi geliştirmek için farklı egzersizler yaptım. Günlük meditasyon ve nefes çalışması ritüeline başladım; yoga pratiğimi derinleştirdim; oyunu yaşantıma kattım; dans etmek, şarkı söylemek ve doğada yürüyüş yapmak için zaman yarattım.

Tüm bunları bir araya getirmek yıllar sürdü. Resmi bir rehber olmadan bağırsaklarımı ve bağışıklık sistemimi düzeltmek için farklı teknikler uyguluyor, uzun süredir kaybettiğim sezgisel sesin şifa yolculuğuma rehberlik etmesine izin veriyordum. Bu iç sesle uzun zamandır ilk defa temas kuruşum kedim George kaybolduğundaydı. Partnerim Lolly ile bir hafta sonu gezisinden eve geldik ve onu bulamadık. Evi oda oda aramıştık; huzursuzlandığımı hissediyordum. Telaşım arttı, "Fırını aç! Fırını aç!" diye bağırmaya başladım; kedinin ölü ve yanmış bedenini bulmayı bekliyordum. Bunları söyleyerek o zamanlar beş-altı yaşında olan ve bizimle eve dönen yeğenimin önünde patladım. Yüzüm kızardı, kalbim kulaklarımdaymış gibi çarpıyordu. Kontrolümü kaybetmiştim.

Beş dakika sonra George'u bulmak için bir plan geliştirecek kadar kendimi toplamıştım; sonunda onu bulana kadar komşuları ve veterineri aradım. Her şey bittikten sonra Lolly'den "Üzgünüm, kendimi kaybettim," diyerek samimi bir özür diledim.

"Anlıyorum, kasıtlı yaptığını düşünmedim," dedi.

İstemediğim bir şekilde davranmış olmak yüreğimde bir şeye dokundu. Özgün bir parçam Lolly'nin haklı olduğunu biliyordu. Öyle kendimi kaybederken bir seviyede tamamen çıldırmadığımı hissedebiliyordum. Sanki bir rol yapıyordum; koşullanmamın aile dinamiklerini dışa vuruyordum, eğitildiğim şekilde kendimden geçiyordum. Benliğimin özgün parçası bunun gerçek olmadığını biliyordu. Kalbim daha hızlı atıyordu elbette ve sanki sempatik tepkimle aktive olmuşlar gibi adrenal bezlerim kortizol salgılıyordu, ama yine de küçük bir parçam Lolly ile aynı fikirdeydi; derinde, söylediklerimi içimden gelerek söylemediğimi biliyordu.

Bu bana derinlerde bir şeyler olduğunu gösterdi; neyin sigortalarımı attırdığına ve bedenimin kontrolünü kaybettiğinde nasıl tepki verdiğine odaklanmamı sağladı. Yılları ileri sarınca çalışmayı yaparken bu kez kedimiz Clark kayboldu. (Gerçekten maceracı kedilerim var!) Daha çok "köpeğe benzeyen" Clark, dışarı çıkmış ve kaybolmuştu. Üzüldüm, ama bu kez onu ararken sinir sistemim hiper aktive olmadı; sakin ve odaklanmış kalabildim. Üç haftamızı alsa da sonunda onu da bulduk ve bu süreçte tekmeler atıp bağırıp çağırarak sevdiklerimi incitmedim.

Bugün kendime hâkimim. Fiziksel benliğimde olmak nasıl bir şey, duyular içimden nasıl geçiyor biliyorum: Sinirli ya da heyecanlı olduğum zaman (aynı şekilde hissettirmelerine rağmen aslında iki farklı his oldukları anlaşılıyor) karnımda kelebekler uçuşuyor; gerçekten yemeğe ihtiyacım olduğu zamanki açlık sancılarını, yeterince yediğimde gelen tokluk hissini tanıyorum. Önceden o kadar kopuktum ki bu duyusal mesajlarla hiçbir zaman gerçek bir bağlantı kurmamıştım.

Kamburum da artık daha az ve genel olarak daha az gerginim. Daha enerjiğim. Sabah 5:00'te kalkıyorum ve kendimi gün boyunca üretken ve açık zihinli hissediyorum. Sözcükleri unutan biriydim. Bayılıyordum. O kadar tıkanmış ve duygularımı bastırmıştım ki bağırsaklarımı bile düzgünce boşaltamıyordum.

Bu artık bir travma tepkisi deneyimlemiyorum demek değil. Her zaman parlak ve açık zihinli değilim ve hâlâ bazen kendimi kaybediyorum. Bunu yapınca kendime nezaket ve şefkat gösteriyorum. Tepkilerimi olduğu gibi görebiliyorum: kendini tehdit altında hisseden aşırı yüklü uyarılmış bir otonomik sistemin sonuçları.

Bedenlerimiz gerçekten inanılmaz. Artık sadece aile bireylerimiz hasta oldukları için bizim de kaderimizin hastalanmak olmadığını biliyoruz. Hiçbir şey taşa kazılı değil. Ana rahmine düştükleri andan itibaren hücrelerimiz çevremize tepki verir. Çocukluk travmalarımızdan seçtiğimiz besinlere kadar çevremizin bizi, özellikle de stres ve travmaya karşılık veren sinir sistemimizi, bağışıklık sistemimizi ve mikrobiyomumuzu nasıl şekillendirdiğini gördük. Otonomik sistemin dünyayı görme ve yaşama biçimimizi nasıl etkilediğini gördük; beynimizden bedenimizdeki her sisteme yolculuk eden vagus sinirinin inanılmaz rolünden haberdar olduk. Buna çok zaman ayırdım çünkü bu süreçleri anlamak bedenin dayanıklılığına ve dönüşüm olanağına bir pencere açıyor.

Bir sonraki adım bu güçlenmiş bilinç durumunu ve dönüşüme olan inancı zihne uygulamak – geçmiş benliklerimizi anlamak, içimizdeki çocukla tanışmak, egomuzla dost olmak ve dünyamızı şekillendirmeye devam eden travmatik bağları öğrenmek. Bu bilgelik bedenlerimizi özgürleştirdiğimiz gibi beynimizi de özgürleştirmemize yardım edecek.

Hadi gidelim.

GBG: NEFES ÇALIŞMASI

İşte gündelik yaşantımda yeni bir nefes egzersizi pratiği oluşturmaya başlamak için her gün kullandığım GBG yönlendirme cümlelerinden bazı örnekler. Her gün defterime aşağıdaki cümlelerin benzerlerini yazarak kendime istikrarlı biçimde değişmek, yeni seçimler yapmak ve zamanla yeni bir alışkanlık oluşturmakla ilgili niyetlerimi hatırlatıyorum.

Bugün ben, bedenimi sakinleştirmeme yardım eden ve içimi güvenlik ve huzur duygusuyla dolduran derin karın nefesleri kullanma **pratiği yapıyorum.**

Bedenimi düzenlemek için yeni bir yol öğrenme fırsatım olduğu için **minnettarım.**

Bugün ben sakinim ve bedenim içinde topraklanmış durumdayım.

Bu alandaki değişim strese daha iyi tolerans gösterebileceğimi hissetmemi sağlıyor.

Bugün ben, kendimi stresli hissetmeye başladığım **zamanlarda** derin karın nefesimi kullanmayı hatırlama **pratiği yapıyorum.**

6

İnancın Gücü

Yaşayabilmek için kendimize hikâyeler anlattığımız söylenir. Bu hikâyeler genellikle kendi gerçek deneyimlerimize dayanır — genç yaşlardan beri romantik olarak peşimizde koşulduğu için arzulanır olduğumuza inanırız. Bazen, genellikle çocuklukta yaratılmış olan bu hikâyeler, hiç güncellenmez ve mevcut gerçekliğimizi yansıtmaz. Benim gibi küçüklüğünde utangaç olan biri, artık hiç de öyle olmadığı ve davranmadığı halde kendini hâlâ utangaç biri sanmaya devam edebilir.

Kendimizi koruma eylemi olarak sık sık kendimize hikâyeler anlatırız. Çocukluğumuzda, ebeveyn figürlerimizin bizim bildiğimizin dışımızda bir hayatları olduğunu, zihinsel ya da duygusal olarak anlama kapasitesine sahip değildik. Çocukken gelişimsel yaşımıza bağlı olarak bilişsel ve duygusal olarak anlayabileceklerimizle sınırlıyız. Bu sınırlamalar dahilinde, öfke kontrol sorunu olan bir ebeveyn bize elini kaldırdığı zaman hayatta kalmamız için bağımlı olduğumuz bu kişinin öfkesini yönetmekte zorluk çektiğini bilmek yerine kendimizin kötü olduğuna inanabiliriz. Bazen de gerçek o kadar acıdır ki ne anlayabiliriz ne de işleyebiliriz ve karanlıkta bize yol göstermesi için alternatif bir hikâye uydururuz. Örneğin ihmal edilen bir çocuk ebeveyninin "çok önemli bir işi" olduğu hakkında bir hikâye uydurabilir ve zor hakikate değinmeden ebeveyninin yokluğu konusunda bir bahane yaratabilir.

Hepimiz gibi ben de böyle bir sürü hikâyeden (ben bunlara çekirdek inançlar diyorum) ibarettim: *Ben melek çocu*ğum. Duygusuzum. Endişeliyim. Çekirdek hikâyeler kendimiz, ilişkilerimiz, geçmişimiz, geleceğimiz ve sayısız başka konularda yaşanmış deneyimlerimize dayanarak uydurduğumuz hikâyelerdir. Yıllarca bilgim olmadan şovu sürdüren en derin anlatılarımdan biri, bilinçli olmak ve iç dünyama tanık olma çalışmalarını yapmaya başladıktan sonra açığa çıktı. Hikâye şuydu: *Ben dikkate alınmıyorum.*

Bu, neredeyse tüm romantik ilişkilerimde sorun olmuştu. Arkadaşlıklarımda ve profesyonel hayatımda beni mesafeli ve patolojik derecede kendi kendine yeten biri yapmıştı; birisi sırada önüme geçse kafamdaki anlatı bana *sen önemsizsin* diyordu. Neden? O anda gerçekten tamamen yabancı birinin beni annem gibi kaale almadığına inanıyordum. Ben içimden geçip gidebilecekleri bir hayalettim.

Bu içgörü parıltısı, bir meditasyon pratiği sırasında zihin gözümün önünde, annemin Philadelphia'daki evimizin mutfağındaki anısı şeklinde belirdi. Dört yaşında olmalıydım.

Babam işten her gün aynı saatte eve dönerdi. O gelmeden bir saat önce annem yemeği hazırlamaya başlardı ki geldiğinde sıcak olsun. Hazırlanırken pencereden babamın otobüs durağından eve yürüdüğü yola bakardı. Eve gelmeden en az beş dakika önce –her akşam tam olarak aynı– gelirken onu görebilirdiniz. Bu öngörülebilirlik ve rutin, annemi, her iki ebeveyninin genel duygusal yetersizliğinden babasının ölümüne kadar, öngörülemezlik ve kıtlıktan ibaret kendi çocukluk travmasından uzakta ve güvende tutuyordu. Babamın katı programlamasının ve "beraberlik" konusundaki ısrarlı tavrının veya ayrı geçirdikleri zamanın çok az oluşunun annemi oldukça rahatlattığından eminim.

Bir gece babam beklendiği gibi gelmedi. On dakika geçti ve gelmemişti. On beş, yirmi, otuz dakika, geç kalmıştı. Mutfak masasının altında en sevdiğim pozisyondan annemin giderek gerginleşmesini izliyordum. O masanın altında saatler geçirdim, küçük scooter'ımın pedallarını itiyor, bacaklarımı kullanarak kendi etrafımda dönüp duruyordum. Orayı güvenli sığınağım, etrafımı çevreleyen kaostan (evin içindeki yüzeysel uyum görünümünün aksine) kaçabileceğim bir yer olarak düşündüm; eklenen enerji sarfiyatı neredeyse hiç kesilmeyen iç kargaşamı hafifletmeye yardımcı oldu.

Zaman geçtikçe annem kaygılı değilmiş gibi bile yapamıyordu. Pencereden dışarı bakıyor, ellerini ovuşturuyordu. Bir şey söylemesine gerek yoktu. Kaygılı olduğunu *hissedebiliyordum*. Annemin kaygısının fiziksel temsili olarak küçük ayaklarım pedalları giderek daha fazla itti. Dile gelmeyen kaygısı arttıkça ayağının altında dolaşan küçük varlığı tamamen unuttu. O anda duygusal olarak bana uyum sağlamadı ve ihtiyaçlarım veya korkularım için hiçbir şekilde orada değildi. Olamazdı. Varlığımı yitirmiştim, tanınmıyordum; kendi kaygısı ve önündeki tehdide odağını daraltan travma tepkisi tarafından tüketiliyordu. Bu evrimsel insanlık deneyimini anlayacak olgunlukta ve bilgelikte olmadığım için acı veren bir gerçekle baş başa kalmıştım. İşte böyle küçük anlarda bu çekirdek inancı yaratmaya başladım: *Dikkate alınmıyorum.*

Birden yolun ucundan babam göründü. Hemen odadaki enerji değişti ve annem yemek hazırlamaya döndü.

Ben de bu anlarda ikinci bir ders aldım: İçsel kargaşanın rahatlamasının yalnızca benim dışımdan gelen bir şeyle olacağını öğrenmeye başladım. Annem gibi ben de hep babamın bir temsilinin bana kendimi güvende hissettirmesini bekledim. Bunu bir partnerime gönderdiğim mesajın yanıtsız kalması halinde duyduğum çılgınca rahatsızlıkta ya da biri duygusal olarak ulaşamayacağım bir durumdaysa sistemimde hissettiğim (yüksek elektrikli) korkuda gördüm. Çaresiz, mantıksız veya sevilmez hissettiğimde, kendimi evimde gibi hissediyordum. Yine mutfakta, penceredeki annemle oluyordum: *Bu kişi beni kaale almıyor, ama yine de yaşamak için ona ihtiyacım var.*

İNANCIN KÖKENİ

Bu hikâyeyi, görünüşte sıradan bir şeyin –babam işten eve geç dönüyor, büyütülecek bir mesele değil– bizi şekillendiren inançlarımıza yerleşen mesajlara dönüşmesine örnek olarak paylaştım.

Bir adım geri atalım. İnanç tam olarak nedir?

Bir inanç, yaşanmış deneyime temellenen bir düşüncenin uygulanmasıdır. İnançlar yıllarca süren düşünce kalıpları üzerine inşa edilir ve gelişmek için hem içeriden hem dışarıdan onay gerektirir. Kendimiz hakkındaki inançlar (kişiliğimiz, zayıflıklarımız, geçmişimiz, geleceğimiz), dünyamızı nasıl gördüğümüzün merceği üzerindeki filtrelerdir. Belirli düşüncelerin pratiğini yaptıkça beynimiz kendini bu düşünce kalıplarına "varsayılan" olarak o kadar çok bağlar. Bu düşünceler stres tepkimizi ve vagus sinirimizi uyarıyorsa bu özellikle doğrudur. Bu, duygusal bağımlılık olarak bildiğimiz koşullu travma tepkisinin tanımı olan, zamanla kolayca takıntıya dönüşebilecek bir içsel kargaşa yaratır. Belli bir düşünceyi defalarca düşünme alışkanlığı beynimizi, sinir sistemimizi ve tüm bedenimizin hücresel kimyasını değiştirir; gelecekte bu düşünce kalıplarının varsayılan olmalarını kolaylaştırır. Başka türlü ifade edersek bir şeyi ne kadar düşünürsek o kadar inanmaya meyilliyiz. Pratiğini yaptığımız düşüncelerimiz hakikatimiz haline gelir. Unutmayın, fizyolojik düzensizliğin koşullanmış kalıplarına sahip olan çoğumuz için derinlere köklenmiş inançlarımızı gerçekten değiştirmeden önce sinir sistemimizi dengeleyen çalışmayı yapmamız gerekli.

Bir inanç tekrar tekrar doğrulanırsa çekirdek inanç denen şey haline gelebilir. Çekirdek inançlar kimliğimizle ilgili en derin algılarımızdır; genellikle yedi yaşından önce bilinçaltımıza yerleşirler. Bunlar kim olduğum hakkında hikâyelerdir –*akıllıyım, cana yakınım, dışadönüğüm, içedönüğüm, matematikte iyi değilim, gece kuşuyum, yalnız biriyim...*– ve kişiliğimizin çerçevesini oluştururlar. Çekirdek inançlarımız bize ait gibi gözükürler çünkü onlara sorgulamadan uyarız, ama aslında ebeveyn figürlerimizden, ev ve toplum ortamlarından ve ilk deneyimlerimizden geldiler. Ne yazık ki çekirdek inançlarımızın çoğunu travmalar şekillendirir.

Bir çekirdek inanç oluştu mu, doğrulama yanlılığı adı verilen bir şeye girersiniz; inancınıza uymayan bilgiler, uyanların lehine yok sayılır veya kenara atılır. Değersiz olduğunuza inanıyorsanız aldığınız bir iş terfisi size yanlışlıkla olmuş bir şey gibi gelir ve bu yanlışın keşfedilmesi sizin için an meselesidir. İşyerinde tesadüfen ya da kendinizi sabote ederek bir hata yaparsanız bu kaçınılmazlık merceğinden süzülür: *Tabii ya, beceremedim, ben değersizim.* Evrensel olarak olumsuzluk yanlılığı diye bir şeye meylederiz; negatif bilgiye pozitife göre öncelik (ve böylelikle değer) veririz. İşte tam bu sebepten, parlak bir performans değerlendirmesi alır ve hemen unutabilirsiniz ama bir meslektaşınızdan aldığınız eleştirinin acısını asla unutmayacaksınız.

Bu yanlılığın oluşması evrimseldir. Türümüzün erken dönemlerinde, hayatta kalma şansımızın fazlalığı bizi mutlu edecek şeylerdense öldürecek şeylere odaklanmamıza bağlıydı. Tıpkı otonom sinir sisteminin savaş-kaç tepkisi gibi bu yanlılık da işletim sistemimizde fizyolojik seviyede yer alır ve büyük oranda bilinçli kontrolümüzün dışındadır. Duyusal girdileri filtreleyemez ve önceliklendiremezsek durmadan üzerimize yağan bilgi saldırısı karşısında eziliriz. Dünyada her zaman çok fazla şey olur. Şimdi çevrenizdeki dünyanın bütünlüğünü kavramaya çalışın. Beyniniz bu kadar uyaranı aynı anda alsaydı çalışamazdı.

Bu bilinçaltı filtreleme, beyin sapında yer alan ve çevremizde olanlara ışık tutup bizim için önemli olduğunu hissettiğimiz şeylere konsantre olmamızı sağlayan bir sinir demeti olan retiküler aktivasyon sisteminin (RAS) işidir. RAS beynin kapı bekçisi gibi çalışır; daha önce oluşturduğumuz inançları kullanarak gelen bilgiyi tarar ve bu inançları destekleyen kanıtlara öncelik tanır. Bu şekilde, RAS, zaten doğru olduğuna inandığımız şeyleri pekiştiren bilgileri aktif olarak işleme alır.

İşte RAS'ın nasıl çalıştığına dair yaygın ve oldukça tanıdık bir örnek: Diyelim yeni bir araba alacaksınız. Galeriye gidiyorsunuz ve istediğinizden neredeyse emin olduğunuz bir model buluyorsunuz. Araba hakkındaki her şeyi internetten araştırıyorsunuz. Birden herkesin bu arabayı kullandığını fark ediyorsunuz; daha önce yolda bir tane bile görmediğinize yemin edebilirsiniz. RAS, evren size bir mesaj yolluyormuş gibi hissettirebilir. Belki de bu kendi inanılmaz beyniniz tarafından tasarlanmış kendi evreninizdir.

RAS, araba alırken doğrulama yanlılığı yaratmaktan daha fazlasını yapar. Bir depresyon teorisi, fazlasıyla basitleştirilmiş olsa da depresif insanların dünyayı negatif bir mercekten gördüğüne inanır. Olumsuz her şeyin birbiri ardında sıralandığı ve hiçbir işinizin rast gitmediği kötü bir gününüzü düşünün. Muhtemelen kendinizi son derece şanssız hissettiniz, gerçi RAS da işbaşındaydı ve günün pozitif, hatta nötr kısımlarını önceliklendirmeyerek gözden düşürüyordu. Bu nedenle bazen kendinizi bir korku sisinin içinden çıkarmak imkânsızmış gibi gelebilir, RAS'ınız buna izin vermez.

Beyin bazen bir savunma mekanizması olarak RAS filtresini kullanabilir. Çocukluklarının toz pembe ve mükemmel geçtiğini iddia eden, aksi yöndeki kanıtlara rağmen herhangi bir olumsuzluk veya zorluk yaşadıklarını kabul etmeyen birçok insan tanıdım. Çocukluğa dair her tür idealize edilmiş görüş, kendini koruma kaynaklı bir çekirdek inanç haline gelir. Gerçek hayatta hiçbir çocukluk mükemmel değildir. Kendimize, geçmiş ve şimdiki deneyimlerimizin tamamına dürüstçe tanık olmak için izin vermek, iyileşmemiz için esastır.

Kitabın ikinci bölümünde *düşüncelerimiz olmadığımızı* öğrendiğimiz üzere söyleyebiliriz ki çekirdek inançlarımız da değiliz. Çekirdek inançlarımız öyle içimize işlemiş ve kimliğimizin ayrılması zor bir parçası olmuştur ki bunu kabul etmek genellikle daha zor gelir. Çocukluk beyni ve bu çekirdek inançların nasıl oluştuğu hakkında daha fazla şey öğrendikçe tanıklık etmek ve farklarına varmakta zamanla çok daha iyi olabilecek ve nihayetinde hangilerini kendinize saklamak ve hangilerini geride bırakmak istediğinizin seçimini aktif olarak yapabileceksiniz.

HAYATTA KALMA DONANIMI

Uçakta ağlayan bir bebeğin yanında otururken veya öfke nöbetleri geçiren bir çocuğa sakinleşmesi için yalvarırken bunu hatırlamak zor olabilir, ama çocukluğun ilk yılları saf ruhsal özün zamanlarıdır. Çocuksu merak, oyun, hakikati söyleme – bunlar özgün benliğin veya benim *ruh* olarak kabul ettiğim şeyin ifadeleridir. Henüz, bizi bu özgün benlikten kopartacak kadar deneyimimiz yoktur. Çekirdek inançlarımızı daha oluşturmamışızdır.

Bir bebeğin beynini bir akıllı telefonun işletim sistemi gibi düşünebilirsiniz – nasıl yürüyeceğinden neye inanacağına, beslenmek için ne kadar uzun süre ağlaması gerektiğine kadar her şeyi sistemine "yüklemek" çocuğa kalmıştır. Bebeklerin dünyaya gerçekten fal taşı gibi açık gözlerle bakmalarına şaşırmamalı; adeta mutluluktan kendilerinden geçmiş, sanki hipnoz halinde gibiler. Sürekli bir alıcılık ve öğrenme durumunda yaşıyorlar.

Bebeklik, sonsuz bir keşif zamanı. Dil, hareket, sosyal etkileşim, neden-sonuç ilişkisi öğreniriz – bunların hepsi hayatta kalmamıza hizmet eder. Beynimizin yapı taşları olan nöronlar birbirleriyle beyin dalgaları adı verilen, senkron elektrik uyarılar aracılığıyla iletişim halindedirler. Bu güzel bir senfonidir, daha önce çalınmamış eşsiz bir şarkı... Hepsi yeni doğan bir bebeğin zihninde olmaktadır.

Artık bunun, benliğimiz ve dünyadaki yerimiz hakkında çekirdek inançlarımızın şekillendiği bir dönem olduğunu biliyoruz. Bu annemizin rahminden çıktığımız anda başlar. Dünyaya girdiğimiz anda beynimizdeki nöral yollar aşırı uyarılmıştır; biz bu tuhaf dünyayı ve onun içindeki yerimizi anlamaya çalışırken oluşur ve bilenirler. Bu korkutucu bir zaman olabilir çünkü tamamen bağımlı durumdayızdır ve bilinmeyen ürkütücüdür. Bu, çocuklar için de farklı değildir. Beyinlerimiz bu bağımlılığın imalarını tam olarak kavrayacak kadar olgun olmadığı halde, kırılganlığımızın doğasında olan korkuyu yine de duyarız. Bu, çevremiz tarafından hem anlık olarak (yiyecek, barınak ve sevgi gibi temel ihtiyaçlar açısından mevcut olan ve olmayanlar) hem de makro anlamda (gelişmekte olan bir ülkede veya sistemik baskı altında veya bir pandemi esnasında yaşamak gibi) artırılmaktadır. Yoğun ihtiyaç halinde olduğumuz zamanda tüm bu faktörler bizim güvenlik ve konfor duyumuzu –ya da yoksunluğumuzu– şekillendirir ve bedenimizde, zihnimizde, ruhumuzda kalıcı izler bırakır.

En belirleyici izler, en bağlı olduğumuz kişilerden gelir: ebeveyn figürlerimiz. Gelişmekte olan bilim dalı, sinirbilim, ebeveyn figürlerinin bebeklerinin beyinleri üzerindeki ezici etkisini desteklemektedir. Bir çalışmaya göre yetişkinler ve bebekler birbirlerinin gözlerine baktıkları zaman beyinleri senkronize olur ve bir "birleşik ağ durumu" yaratır; bu, iki kişiyi sessiz bir iletişim diliyle birbirine bağlar.

Ebeveyn figürlerimiz olmadan sadece fiziksel değil, duygusal olarak da aç kalırız. Temel amacımız sevgi almaktır. Sevilirsek muhtemelen güvende, doyurulmuş ve genellikle "bakılıyor" oluruz. Bu durum çocuklukta beyin gelişimi için en faydalı moddur; Dördüncü Bölüm'de öğrendiğimiz sosyal etkileşim modu. Oynamak, risk almak ve öğrenmek açısından kendimizi emniyette hissettiğimiz huzurlu yer. Nörolojik ve davranışsal gelişim açısından bu güvenli durum son derece gereklidir ve gelişimin yapı taşlarını oluşturur. Bu "öğrenen beyin", şansımızı deneyecek kadar kendimizi güvende hissetmemize izin verir; düştüğümüz zaman kalkarız.

Nasıl bağlanılacağını, dünyada nasıl seyredileceğini ve stresle nasıl başa çıkılacağını (bunun adı koregülasyon, birlikte düzenlemedir, benim mutfak penceresi öykümde gördük) öğrenmek için ipuçlarını ebeveynlerimizden toplarız. Koregülasyon sadece zihnin değil aynı zamanda bedenin de bir öğrenme deneyimidir. Bu, ebeveyn figürlerimizin bize duygusal tepkilerimizi hafifletmeyi ve sosyal hareket modunun temeline nasıl döneceğimizi öğrettikleri zamandır. Bu düzenlemeyi öğrenmediğimiz ya da kendimizi öğrenmeyi deneyecek kadar güvende hissetmediğimiz zaman *neuroception*'larımızın çevreyi tarayıp her yerde tehdit gördükleri savaş/kaç/don aktivasyon durumuna gireriz.

Aktivasyon modunda sıkışıp kaldığımız zaman kaynaklarımızı stresi yönetmeye ayırırız ve basitçe söylemek gerekirse çocuk beynimiz acı çeker. Çocukluk muazzam bir kırılganlık zamanıdır. Kendi başımıza hayatta kalamadığımız için bir ebeveyn figürünün hayatta kalmamızı engelleyecek herhangi bir şeyi bizden esirgediğini algıladığımız zaman bedenlerimizden stres sinyalleri akar. Benim verdiğim adla "hayatta kalma beyni" algıladığı tehditlere aşırı derecede odaklanmıştır; dünyayı siyah-beyaz görür, takıntılı, panik halinde ve döngüsel akıl yürütmelere yatkındır. Stresle karşılaştığımızda dağılabilir veya tamamen kapanabiliriz.

Bu, özellikle bebeğin beyin işlevleri delta durumu adı verilen beyin dalgalarının en yavaş döngüde çalıştığı ve en yüksek genişlikte olduğu, doğumla iki yaş arasındaki zaman için geçerlidir. Yetişkinler olarak tam tersine, sadece derin uykudayken delta durumuna gireriz. Delta durumu bir öğrenme ve kodlama modudur. Eleştirel düşünecek kapasite yoktur ve süngerimsi yenidoğan beyni kendini her şeyi emmeye adamıştır.

Beyin iki yaşla dört yaş arasında daha da gelişir ve beyin dalgaları teta durumuna kayar; bu, yetişkinler hipnoza girdikleri zaman belgelenen durumdur. Teta durumunda çocuklar içeri doğru odaklanırlar. Hayal güçlerine en derin seviyede bağlanmışlardır ve sıklıkla da hayalleri gerçekten ayıramazlar. Çocuklar bu zamanlarda eleştirel düşünce becerileri geliştirseler de hâlâ kendilerininkinden başka bir perspektifi göremedikleri bir gelişim aşaması olan benmerkezci (egosantrik) durumdadırlar.

Bu, yetişkinlikte bencil diye de nitelendirdiğimiz insanlarda gördüğümüz türden bir benmerkezcilik değildir. Çocukluktaki benmerkezcilik, çocuğun kendisiyle başkaları arasındaki farkı anlayabilmekten yoksun olduğu gelişimsel bir aşamadır. Benmerkezcilikte inanç her şeyin *bizim* yüzümüzden başımıza geldiğidir. Beynimizin gelişim seviyesinin bir sonucu olarak dünyayı gerçekten, bu "öteki" ebeveyn figürlerimiz, kardeşlerimiz ya da başka yakın akrabalar olsa bile, bir başkasının perspektifinden göremeyiz. Çocukken fiziksel, duygusal ve ruhsal ihtiyaçlarımızdan herhangi biri sürekli olarak karşılanmadığında, bu ihmalin sorumluluğunu üzerimize alırız ve genellikle yanlış inançları içselleştiririz *(Ben kötü olduğum için kimse bana yardım etmiyor)* ve sonra onları genelleştirir ve genişletiriz *(Dünya kötü bir yer).* Bu benmerkezci (egosantrik) düşünme, ebeveyn figürlerimizle duygusal olarak acı veren deneyimlere anlam vermeye çalışırken görülebilir. İşyerinde stresli bir gün geçirmiş bir babanın bağırdığı çocuk, öfkenin nedeninin kendisi olmadığını anlayamaz.

Beş yaş civarında, bilişsel ve duygusal gelişimin bir sonraki aşamasında analitik zihnimiz işleri ele alır. Neyin gerçek, neyin hayali olduğunu ayırmada zorluklar devam edebilse de çocuklar bu aşamada rasyonel düşünceye geçer ve neden-sonuç ilişkisini anlarlar *(Dinlemediğim zaman ceza alırım).* Bu aşamayı, yedi yaşında girmeye başladığımız beta aşaması izler; en düşük genişlik ve en hızlı dalgalar. Bu aşamada eleştirel, mantıklı ve bağlantılı düşünebilme daha olasıdır. Bu, gelişmekte olan yetişkin zihnidir. Bununla birlikte ne yazık ki artık yetişkinler olarak gündelik hayatlarımızda da devam edecek çekirdek inançlara ve bilinçdışı programlamalara sahibizdir.

SEKTEYE UĞRAYAN ÇOCUKLUK

Beyinlerimiz geliştikçe ihtiyaçlarımız temel gıda ve barınaktan fiziksel, duygusal ve ruhsal bütünlüğün daha geniş ve incelikli gereksinmelerine kayar. Ruhsal olarak bireysel ruhlarımızın üç temel ihtiyacı vardır:

1. Görülmek.
2. Duyulmak.
3. En özgün benliklerimizi benzersiz, bize özgü bir şekilde ifade etmek.

Stresli ebeveynlere sahip olmak bir yana, çok az sayıda insan tüm ihtiyaçlarının sürekli olarak karşılanmasına yetecek araçlara sahipti. Bunu tam anlamıyla kavramış ailelerin bile sınırları vardır. Çocuklar, ihtiyaçları yeterince ve istikrarlı biçimde karşılanmadığında genellikle, bu ihtiyaçların karşılanmasına değer olmadıklarına dair bilinçaltı çekirdek inanç geliştirirler. Duygusal anlamda reddedildiklerinde ya da ebeveyn figürleri tarafından onaylandıklarını veya değerli gördüklerini algıladıklarında, neyin onaylanıp değerli bulunduğuna bağlı olarak kendilerinin bazı parçalarını abartır, bazılarını reddederler.

Kendi duygularının ağırlığı altında ezilen ve rahatsız bir ebeveyn çocuğunu sıkıntılı gördüğü zaman "Amma hassassın!" diyebilir. Ana amacı sevgi almak olan çocuk, bunu alabilmeye devam etmek için hassasiyet olarak algıladığı yönlerini bastıracak veya gizleyecektir. Bu davranış devam eder ve bir kalıba dönüşürse çocuk kimliğinin kabul görmediği çekirdek inancına bağlı olarak "sertleşir" ya da özgün benliğinden koptuğu, onu yok saydığı sahte bir benlik göstermeye başlar. Bunu erkek danışanlarımda ve arkadaşlarımda çok görüyorum. Toksik hiper erillik ortamında yetişen ve duygularını ifade etmemeye teşvik edilen, edince de utandırılan erkekler için bir duygusal dünyaları olduğunu kabul etmek bile zordur. Bu gibi durumlarda sadece ebeveyn figürlerimizin ve aile birliği koşullandırmalarıyla değil, toplumun kendisiyle mücadele halindeyiz.

Bu küçük ve sürekli tekrarlanan mesajlar genellikle çekirdek inançlar olarak içselleştirilir. Kardeşlerinize bakan annenize yardım ederken bazılarınıza, "Ne kadar güzel yardım ediyorsun, bir gün çok iyi bir anne olacaksın," denmiştir. Bunu yeterli sıklıkta duyarsanız çekirdek inancınız "Sevilmek için başkalarına bakmalıyım," olabilir. Zamanla kendinizle ilgilendiğiniz ve hatta ihtiyaçlarınızı kabul ettiğiniz için bile kendinizi bencil hissedebilirsiniz. Bir diğer alternatif olarak sürekli "Keşke sen de kardeşin gibi olabilseydin," denmiş olabilir. Kardeşiniz kadar iyi olmadığınız çekirdek inancı yetersiz benlik duygusuna tercüme olabilir. Kendinizi başkalarıyla kıyaslamaya ve olduğunuz halinizle asla yeterince iyi olmadığınızı düşünmeye yatkın olursunuz. Ya da benim yaptığım gibi çok fazla aktif çalışma yapmadan ödüller ve takdirler alabilirsiniz; bu da sizin, "*Sadece doğal olarak iyi olduğum* şeylerden keyif alıyorum ve bana zorluk çıkartan ya da hemencecik kolay gelmeyen her şeyi bırakacağım" inancını içselleştirmenize neden olabilir. Eskiden bu benim çekirdek inancımın merkezi bir parçasıydı: Sadece kazanacaksam oynamak isterdim.

Ebeveyn figürlerimiz çekirdek inanç sistemimizin çoğunu oluştursa da inançlarımız daha geniş çevremizden de etkilenir. Yaklaşımını bireysel çocuklara göre düzenleme yeteneğinden yoksun eğitim sistemimiz, çocukları başarılı olmak ve kabul edilmek için daha geniş bir kurumun kurallarını kabul etmeye zorlayan "tek yönlü bir öğretim modeli" uygular. Baskı belirli davranışları, tarzları veya görünüşümüzün bazı kısımlarını onaylayan akranlarımız tarafından artırılır. Genellikle "inek", "sürtük", "sporcu" gibi olduğumuz kimlik etrafında anlatılar yaratan kategorilere yerleştirilir ve bunları bilinçsizce içselleştiririz. Pozitif bilimlerde kadınların erkeklerden daha kötü performans gösterdiğine inanan bir kültürde, kendini matematikle zorluk yaşarken bulan bir kız çocuğu, kendisi hakkında yanlış bir hakikati içselleştirebilir. Yeterince güzel veya yeterince zayıf olmadığımız inancını içselleştirdiğimiz zaman RAS'ımız, toplumumuzda bunu doğrulayan bir bilgi kaynağı aramaya devam edecektir.

Yetişkinliğimizde de dünyayı, çocukluğumuzun bu "sünger" yıllarında geliştirdiğimiz temel inançların uyguladığı –genellikle olumsuz– filtreler aracılığıyla görme eğilimindeyiz. Daha doğru, eksiksiz ve güncellenmiş bir anlatım pahasına bu temel inançları güçlendirmeye devam etmek, gerçek benliklerimizden kopukluğun artmasıyla sonuçlanır. Neredeyse her yetişkinin görülmek, duyulmak ve dışarıdan onaylanmak için çaresiz olmasının bir nedeni budur. Onaylanma ihtiyacımız kendini, eş bağımlılık, kronik biçimde insanları memnun etme çabası ve kendini feda etme şeklinde veya yelpazenin diğer tarafında, endişe, öfke ve düşmanlık olarak gösterebilir. Ne kadar kopuk olursak o kadar depresif, kayıp, kafamız karışmış, sıkışmış ve umutsuz hissederiz. Kendimizi ne kadar sıkışmış ve umutsuz hissedersek duygularımızı çevremizdeki insanlara o kadar çok yansıtırız.

İnançlarımız son derece güçlüdürler ve gündelik deneyimlerimize bilinçaltı zihnimizden şekil vermeye devam ederler. Bu inançlar, özellikle de çekirdek olanlar bir gecede oluşmadılar. Bir gecede de değişmeyecekler. Kendinizi verir ve ısrarcı olursanız değişebilirler. Gerçekten değişmek için gerçekten kim olduğunuzu öğrenmek zorundasınız – ve bunun bir bölümüne içinizdeki çocukla tanışmak dahil.

ÇALIŞMAYI YAP: BİR ÇEKİRDEK İNANÇ ENVANTERİ ÇIKAR

Çekirdek inançların hakkında derinlemesine düşünmek ve onları defterine yazmak için biraz zaman ayır. İnanç sözcüğü gözünü korkutuyorsa veya seninkilerin neler olduğundan emin değilsen, olabilir, bunu sorun etme. Unutma, bir inanç sadece pratiği yapılmış düşüncedir. Kendin, başkaları, çevrendeki dünya, gelecek ve bir sürü konu hakkında çekirdek inançlar taşıyorsun. Buna dikkat etmeye başla ve gün boyunca düşüncelerinden akan temaları ve anlatıları fark et. Ortaya çıkan temaların her birini fark et, teker teker not et. Düşünmene yardım etmesi için aşağıdaki yönlendirme cümlelerini kullanabilir, fark ettiğin başka alanları ve temaları ekleyebilirsin.

Gün içinde düşüncelerime tanık olurken farkına vardığım temalar:

Kendim hakkında: ______________________________

Başkaları veya ilişkilerim hakkında: ______________________________

Geçmişim hakkında: ______________________________

Şimdiki anım hakkında: ______________________________

Geleceğim hakkında: ______________________________

GBG: YENİ BİR İNANÇ YARATMAK

Artık inançların sadece uygulamalı düşünceler olduğunu anladığına göre yeni inançlar oluşturmak için yeni bir düşüncenin pratiğini yapmaya başlamak gerektiğini öğrenmek seni pek şaşırtmamalı. Değişmeye başlamak için inanç envanterine yazdıklarından birini seç. Hangisini seçeceğinden emin olamıyor musun? İçinden ilk geçenle devam et. Hâlâ emin değilsen farklı şekilde inansaydın hayatında en fazla fark yaratacak olanı seç.

Değiştirmek istediğin inancı belirledikten sonra ne düşünmeyi tercih edeceğini düşün. Bu, şu anda sahip olduğun inancının tam zıddı kadar basit bir şey olabilir. Örneğin "yeterince iyi değilim" teması düşüncelerinin arasında varsa, ki çoğumuzun vardır, "yeterliyim"e inanmak isteyebilirsin.

Eski inanç: ____________________

Yeni inanç: ____________________

Bu sizin gündelik olumlamanız ya da mantranız olmalı. Şimdi bu yeni düşüncenin pratiğini yapmak isteyeceksiniz. *Hem de çok.* Bazılarınız bu yeni olumlamayı ya da mantrayı bir yere, herhangi bir yere, her yere yazmak isteyebilir. Ne zaman gözünüze takılırsa bu yeni düşünceyi içinizden tekrar edin. Bazılarına sabah ve gece rutinleri gibi günün belli bir zamanında bu alıştırmayı yapmak daha uygun gelebilir.

Bu yeni düşünceyi doğru kabul etmek zor gelirse endişelenmeyin. Aslında, bu düşüncenin doğru olduğunu düşüneceğinizi bir saniye bile düşünmeyin. En azından bunu uzun süre yapmayacaksınız. Alıştırma yapın. Zamanla, beyninizi, bu yeni düşüncenin bir gün hakikatin çok küçük bir parçasını oluşturacağına ilişkin küçük bir olasılığı kaale almaya başlaması için eğiteceksiniz. O günün ne zaman geleceğine takıntılı olmamaya çalışın; bir gün o ışığı bulacaksınız. Bulduğumu biliyorum.

7

İçinizdeki Çocukla Tanışın

Anthony hakkında herkesin fark edeceği ilk şey ağır New York aksanıydı, bana Brooklyn çevresinde metroya bindiğim zamanları hatırlatırdı.

Anthony, sürüyü izlemek için elinden geleni yapıyor olsa da büyük, Katolik, İtalyan ailesinin "kara koyunuydu". Genel bir doğru yanlış algısı öğretilmişti ve bazı yanlışlar dosdoğru cehenneme gitmeyi garantiliyordu.

Küçük bir çocukken bile Anthony kendini erkek kardeşlerinden farklı ya da *kötü* hissediyordu. *"Kötülüğü"* daha okul çağına bile gelmeden, kendi evinde yaşadığı istismarı Anthony üzerinde uygulayan ve kendisi de bir çocuk olan komşusu tarafından taciz edildiğinde başladı. Anthony cinsel tacizi, Tanrı'nın kendisine kötü bir insan olduğunu söyleme şekli olarak aldı; özellikle de bir oğlanla olduğu için. Babasının içtiği zamanlarda başvurduğu fiziksel, sözel ve duygusal şiddetle beraber içsel kötülüğü olduğuna ikna oldu. Bu taciz örnekleri Anthony'nin bir şekilde yumuşak tavırlı duygusal doğasında –onu erkek kardeşlerinden ayıran özellikler– tepki uyandırıyordu. Ev yaşantısındaki artan rahatsızlıktan kaçmak için daha büyük komşu çocuklarla zaman geçirmeye başladı. Zamanla içlerinden biri başka bir cinsel taciz döngüsü başlattı ve Anthony "istediği şeyin bu olduğuna" ve tacizcisiyle karşılaşmalardan zevk aldığına inandı.

Anthony aslında sezgisel olarak tacizin kötü olduğunu, istediği bir şey olmadığını ve acı çektiğini biliyordu. Yakın bir aile üyesine söyleyecek kadar cesaretini topladığında baş belası olduğu söylenerek uzaklaştırıldı. Bu arada babasının fiziksel tacizi ve içmesi, Anthony'nin evden çıkarılıp bir akrabasının yanına yerleştirilmesini gerektirecek kadar arttı. Baba evinden alınınca karanlık bir depresyona girdi ve gizlice içmeye başladı.

Daha sonra cinsel olarak kendini dışa vurmaya başladı; takıntılı bir şekilde pornografi VHS'leri ve yığınlarca pornografi dergisi biriktirdi. Sonunda kendini başkalarından yalıtarak cinsel fantezilerinde yaşamaya başladı. Akrabasının ailesiyle her hafta kiliseye gitmeye devam ediyor ve seksin ve cinselliğin günah ve Tanrı'nın iradesine karşı olduğu mesajları kürsüden üzerine yağıyordu. Bu onu sık ve doymak bilmez cinsel düşünceleri, dürtüleri ve davranışları konusunda daha da utandırdı. Artık saplantılarını ve fetişlerini kimseyle paylaşacak kadar kendini güvende hissetmediği için bu gizliliğini kötülüğünün bir başka göstergesi olarak görmeye devam etti. İyileşmenin sadece duayla, tövbeyle, kendini cezalandırmakla gerçekleşebileceğine inanıyordu ve kendisinin "tamir edilemez" olduğuna hükmetmişti. Üniversiteye uzağa gitmek ve kilisesiyle ailesinin yargılayıcı gözlerinden uzak olmak bitmek bilmeyen ıstırabından kurtulmanın tek yolu gibi göründü. Taşınmasını, geldiği varoluş ve deneyimlerden kaçmak için bir fırsat olarak gördü; sadece içindeki tacize uğramış ve utanç içindeki çocukla birlikte yer değiştirmekte olduğunun hiç farkında değildi.

Görünüşte Anthony kusursuzdu. Çekiciydi, fiziksel anlamda fitti, Wall Street'te acayip başarılı bir borsacıydı. Bu onun lüks içinde yaşamasına ve çevresini güzel şeylerle doldurmasına olanak sağlıyordu. Bu şeylere ek olarak onu yakın arkadaşlarından bile kopuk tutan gölge bir varoluşu vardı. Aşırı stresli ve talepkâr işinin baskısını rahatlatmak için tek başına daha ağır içiyordu; başkalarının onun bir *kötü* alışkanlığını daha görmesini istemiyordu. Bu gizlilik ve tek başına içme zamanlarında derinden hissettiği doyumsuzluğunu nihayet doyurabilmek için porno koleksiyonunun dışında cinsel deneyimler aramaya başladı. Benzersiz cinsel fanteziler sunan internet sitelerini tarıyor, anlamsız ve bazen de rızaya dayalı agresif seks yapabileceği kadınları seçiyordu. Boşalmasının hemen ardından içi kendinden yoğun bir nefretle doluyordu. Bu yaşadıklarının utancı onu yutacakmış gibi geliyordu. Tavana bakarak bağışlanma ve huzur için yalvarıyordu. Anthony'nin çekirdek inançlarından biri "*Ben son derece cinsel, kötü bir insanım*" idi ve bu hikayeyi güçlendirmeye devam ediyordu.

Yıllarca gizli bir hayat sürdükten sonra bir çöküş yaşadı ve bu, arkadaşları ve aile üyeleriyle kalan bağlarını da kesmesiyle sonuçlandı. Aylarca kendini evine kapattı ve başa çıkamadığı dünyayla bağlarını koparttı. Derin bir depresyona girdi ve "normal" olma umudunu yitirdi. Sonunda en derin iç çelişkilerini ele almaya hazır olarak evinin rahminden çıkmaya karar verdi.

Anthony daha önce cinsel saplantılarından ve seks bağımlısı olma kaygısından kimseye söz etmemişti. Çöküşünden ve kendini yalıtmasından önce bunu yapmanın düşüncesi bile güçten düşmesine yetiyordu. Destekleyici bir travma terapistinin yardımıyla gizli cinsel dürtülerinden ve seks bağımlısı olma korkusundan ilk kez söz edebildi. İçinde bir barajın kapakları açılmıştı sanki. Sonunda tacizcileri tarafından eğitilip kurbanlaştırıldığını ve tacizin sorumlusunun kendisi olmadığını öğrendi. Sırrını açıklamıştı ama çok acı çekiyordu.

İşte o zaman içindeki çocukla karşılaşmanın zamanı geldiğine karar verdi.

BAĞLANMA TEORİSİ

İçsel çocuk kavramını tanıtmadan önce erken dönem çocukluk bağlarının önemi konusuna biraz değinmek gerek. En basit ifadeyle birincil ebeveyn figürüyle olan ilişkimiz yetişkinliğimizdeki tüm ilişkilerin dinamiklerinin temelidir. Bu ilişkilere *bağlanma ilişkileri* deriz. 1952 yılında, psikoanalist John Bowlby, Londra'da bir klinikte çocuklar ve anneleriyle ilişkileri üzerinde çalıştıktan sonra bir bağlanma teorisi sundu. Çocuklar ebeveynin dikkatini çekmek için ağlamak ya da gülmek gibi "sosyal çağrılar" kullanıyorlardı. Onların yoğun tepkilerinin hayatta kalma güdüsünden kaynaklandığı sonucuna vardı. Anne ve çocuk arasındaki bağlanma, bunu "insanlar arasında kalıcı psikolojik bağlılık" olarak tanımlıyordu, her iki taraf için de, ama özellikle yaşamak için başkalarına bağımlı olan çocuk açısından "evrimsel olarak yararlıydı". Bağlanmanın bebeklerde sosyal, duygusal ve bilişsel gelişim açısından çok gerekli olduğu sonucuna vardı. Gelişimsel psikolog Mary Ainsworth, Bowlby'nin çalışmalarını sürdürdü ve Tuhaf Durumlar Sınıflandırmaları'nı yarattı. Bu teknik, annesinin kısa bir süre odada (bazen bir yabancıyla) bıraktığı çocuğun, anne geri döndüğünde verdiği tepkileri gözleyerek farklı bağlanma tarzlarını değerlendiriyordu. İdeal olarak var olan bir ebeveyn figürü, çocuğun kendini gezinmekte, oynamakta ve keşfetmekte özgür hissedeceği, çocuk için güvenli bir liman görevindedir. Durum her zaman böyle değildir. Ainsworth ve meslektaşları hayatın ilk on sekiz ayında ortaya çıkabilecek dört farklı bağlanma tarzı gözlediler ve belirlediler.

1. **Güvenli.** Güvenli bir şekilde bağlanan bebek, annesi odadan çıktıktan sonra kısa bir süre mutsuz olabilir, ama çabucak kendini toplar. Annesi döndüğü zaman çocuk yeniden bir araya gelmeye açık ve alıcıdır. Anne, çocuğun keşfedebileceği ve etkileşim kurabileceği güvenli bir temel alan görevi gören pozitif, istikrarlı bir ortam sağlamış gibi görünüyor. (Daha önce öğrendiğimiz fiziksel terimlerle ifade edersek güvenli bağlanma çocukların özgürce sinir sisteminin sosyal etkileşim moduna girmelerini sağlar.)
2. **Kaygılı-dirençli.** Kaygılı-dirençli bebek, annesinin yokluğun-

dan o kadar strese girer ve kaygılanır ki annesinin olmadığı tüm süreyi mutsuz geçirir. Anne dönünce çocuğu rahatlatmak kolay olmaz, annesine yapışır ve hatta gittiği için onu cezalandırmaya bile kalkabilir. Bu, çocuğun ihtiyaçlarıyla ebeveynin dikkati arasındaki uyumsuzluğun tipik neticesidir; çocuğun annesinin dönüşüyle kolay yatışamaması veya güvenlik hissine dönememesiyle kendini gösterir.

3. **Kaçıngan.** Bu kategorideki çocuklar anne terk ettiği zaman stres tepkisi göstermezler ve geldiği zaman da hemen hiç tepki vermezler. Bu çocuklar rahatlamak için annelerini aramazlar. Bazıları aktif biçimde annesinden kaçınır. Bu, tipik olarak çocuğu duygularını kendi başına yönetmeye bırakan bağlantısız bir ebeveyn figürünün (bir spektrum boyunca uzanan kopukluk) ürünüdür. Bu çocuklar duygusal durumlarıyla ilgili yardım almak amacıyla ebeveyn figürlerine gitmezler çünkü ebeveyn figürleri bu desteği gerçekten sunamazlar.
4. **Düzensiz-yönünü şaşırmış:** Bu çocuklar öngörülebilir bir karşılık modeli göstermezler. Bazen aşırı huzursuz ve stresli olurlar; bazen de hiç tepki göstermezler. Bu, tümünün içinde en tuhaf bağlanma türüdür ve tipik olarak ciddi taciz, ihmal gibi çocukluk travmalarıyla bağlantılıdır. Çocuğun dünyası o kadar öngörülemezdir ki bedenleri nasıl tepki vereceğini veya güvenlik bulacağını bilemez.

Çocukla ebeveyn figürleri arasındaki bağ ne kadar güvenliyse çocuk genel olarak kendini dünyada o kadar güvenli hisseder. Araştırmalar, bebeklik döneminde güvenli bağlar kurmuş bireylerin yetişkinliklerinde de güvenli bağlara sahip olma eğiliminde olduklarını defalarca göstermiştir, bu da ebeveyn bağlarımızın olağanüstü ve ömür boyu süren etkilerini açığa çıkarmaktadır. Beyin taramaları da bu sonucu destekler; on beş aylıkken güvenli bağları olan çocukların daha fazla gri maddesi (beynin hücreleri ve sinir liflerini içeren bölgesi) vardır ve bu da daha sağlıklı beyin işlevleri demektir. Çocuklukla güvenli bağlar kuramamış olmaksa sosyal kaygı, davranış bozuklukları ve başka psikolojik teşhislerle ilişkilendirilir.

Son yıllarda, bazı araştırmacılar ve klinik çalışanları bağlanma teorisi fikrini ebeveyn figürünün ötesinde daha geniş aile birimine genişletmişlerdir. Bunun bir örneği, kardeşler ve yakın akrabalar da dahil tüm aile birimine bağlanma teorisini geliştiren Dr. Murray Bowen tarafından sunulan aile sistemleri teorisidir. Bu bana kalırsa oldukça önemli bir ilavedir çünkü varoluş ağlarımızı bireyler olarak bizden dışarıya, yakın çevremize ve daha büyük toplumlara, oradan da dünyaya genişletir.

Etiketlere itibar etmesem de hangi bağlanma tarzının sizde yankı bulduğunu keşfetmenin faydalı olacağını düşünüyorum. Dünyanın her yerindeki evlilik ve çift terapistleri bağlanmamızın içimizde yaşadığını söyler; özellikle de romantik ilişkilerimizde. İçimizdeki çocuğun yetişkinliğe taşınan yaraları genellikle bağlanmaya dayandığından aynı zamanda izlenecek çalışmanın deneysel temelidir.

İÇİMİZDEKİ ÇOCUĞU TANITMAK

Çocukken hiçbir zaman bunalmış görünmezdim. Hiçbir şey canımı sıkamazmış gibi görünürdüm. Gözlerimde uzak bir bakış olurdu; fiziksel olarak mevcut olsam da sanki Nicole odayı terk etmiş gibiydi. Aslında o kadar büyük duygularım vardı ki neredeyse gözeneklerimden taşıyordu. Bu güçlü duygularla başa çıkmayı bilmiyordum ve bir hayatta kalma mekanizması olarak kendimi onlardan nasıl uzaklaştıracağımı öğrenmiştim.

Koptukça iç dünyamı inkâr etmekte de o kadar ustalaştım. Kendimi kendimden, bedenimden, duyularımdan, hislerimden uzaklaştırıyordum. Kendimi bunaltıcı deneyimlerden korumak için “uzay gemime” biniyordum. Herkes beni soğuk ve mesafeli olarak tanımlıyordu. Bu tanımları içselleştirdim. Gerçekten duygusal olmayan biri olduğuma inandım; etkilenmemek benim özvarlığımın bir parçasıydı. Derinde yanan bir ateş vardı ve ona ulaşamıyor, hatta tanımlayamıyordum bile. Bunun yerine kendimi kopuk, uzak hissediyor, hiçbir şeyde keyif, neşe bulamıyordum. Ergenliğimin başlarında, plastik nargileden ilk marihuanamı çekip ilk viskimi içtikten sonra devam edecek ve gerçeklikten kopukluğumu dışarıdan yaratacak maddeler kullanacaktım.

Duygusal olarak ne kadar alıcı olduğuma inansam da kendimi insanlara bağlı hissedemiyordum. Partnerlerimle öfkeli çıkışlar yaşasam da (pencere önünde babamın hiç gelmemesi ihtimalinden dehşete düşmüş annem gibi) genellikle kopuk, çekingen ve kayıtsızdım. Sanki hiçbir şeyi çok sevmemeyi öğrenmiştim çünkü bir şeyi çok seversem benden alınabilirdi. Bu sadece bir kayıp ve terk edilme hissi değildi; belli bir kişi olmazsa *hayatta kalamayacağım* korkusuydu. Ben de kendime kimsenin içine giremeyeceği bir kabuk ördüm. Kendimi sadece kendi ihtiyaçlarını bilmeyen değil, ihtiyacı olmayan birine dönüştürdüm.

Kendime tanık olma pratiğini yaptıkça düşüncelerimi fark etmeye başladım ve bu kopukluğun farkına vardım. Bu yolda sürekli aynı anlatıları tekrarlıyordum: bildik *kimse beni kaale almıyor* teması; çocukluğumda mutfak masasının altında gizlenirken hissettiğim duygu. İnanç tutarlıydı; onu neredeyse deneyimlediğim her şeyde, duygusal tepkilerimde, içimi öfkeyle dolduran ve beni kendimden kopartan şeylerde görebiliyordum. Burada bir hikâye anlatılıyordu, ama ben henüz mesajı almaya hazır değildim.

Sonra tüm kariyerini madde bağımlılığı sorunları olan insanların içlerindeki çocuk hakkında konuşmaya adamış olan terapist John Bradshaw'un çalışmalarına rastladım. Bradshaw alkol bağımlılığıyla mücadele eden bir babayla geçirdiği çocukluğundan örnekler veriyordu. Ebeveynleri madde kullanan birçok çocuk gibi Bradshaw da içki kullanmaya başlamıştı. Kendisinin ve danışanlarının aile hikâyelerini izledikçe her birinin derinden yaralı bir içsel çocukla alakalı olduğunu görmüştü. *Eve Dönüş: İçinizdeki Çocuğu Geri* Çağırmak ve Onurlandırmak adlı harika kitabında çocuklukta meydana gelen travmaları hiç ele almadığımız için çoğumuzun "zehirli" (onun kelimesi) ilişkiler kurduğumuza dair ikna edici bir fikri ortaya koydu. "Geçmişin bu ihmal edilmiş, yaralı içsel çocuğunun, insanlığın ıstırabının ana kaynağı olduğuna inanıyorum," diye yazmıştı.

Kendi kapsamlı eğitim ve çalışma hayatımda, onun söylediklerine benzer kalıplar gözledim ve hepimizin çocuksu bir parçası olduğunu anladım. Bu parça özgürdür, hayret ve huşu doludur ve özgün benliğimizin iç bilgeliğine sahiptir. Sadece güvenli bir şekilde sinir sistemimizin sosyal bağlanma alanındayken kendiliğinden ve açık hissedebildiğimizde ulaşılabilir. Oyuncu ve rahattır, çekinmez; o kadar andadır ki adeta zaman mefhumu yok olur. Her birimizin içinde bulunan bu çocuksu parça kabul görmediği zaman genellikle verdiği güdüsel ve bencil tepkilerle yetişkin dünyamızı altüst edebilir.

Bu tepkiler çocukluk travmasına bir karşılık olarak içimizdeki çocuğun acısını çektiği önemli yaralardan kaynaklanır. İçsel çocuk yaraları şu anki benliğimizi etkilemeye devam eden, bilinçaltımız aracılığıyla ifade bulan çocukluğumuzdan beri sürekli olarak karşılanmamış fiziksel, duygusal ve ruhsal ihtiyaçlardır. Ne yazık ki başka bir insanın tüm ihtiyaçlarını karşılamak neredeyse olanaksızdır; özellikle de iki kişi de kendi çözülmemiş travmalarıyla uğraşıyorsa. Çoğumuz kendimizi görülmüyor, duyulmuyor ve sevilmiyor hissederiz, bu yarayı yaşam boyu içimizde taşırız. Narsist diye nitelediklerimiz bile gerçekte bir aşırı özsevgi durumunda yaşamazlar; hem de hiç. Aslında çok derinden acıyan bir içsel çocuk yarasına tepki gösteren büyük çocuklardır.

Romantik partnerlerimiz yaralarımızı en yoğun seviyede aktive etmeye daha yatkınken hayatımızda yaralarımıza dokunan herhangi bir kişi tarafından da harekete geçirilmemiz mümkündür. Arkadaşlarla ve partnerlerle yüksek sesle tartışabilir, kapıları çarpabilir ya da tepinebiliriz (bu bir çocukluk öfkesidir). Kelimenin tam anlamıyla "oyuncaklarımızı" alır ve "kum havuzunu" terk ederiz (işteki bir başarıyı paylaşmayı reddetmek, daha az yediğimiz bariz olan bir yemekte gelen hesabı eşit paylaşmak konusunda gücenmiş hissetmek). İçimizdeki çocuk, duygusal başa çıkma becerilerimiz sınırlı kaldığında oluşan ruhumuzun taşlaşmış bir parçasıdır. Bu nedenle çoğumuz tehdit edildiğimizde ya da üzüldüğümüzde çocuk gibi davranırız. Gerçek şu ki çoğumuz bu çocuksu duruma sıkışmış kaldık. Yetişkin bedenindeki küçük çocuklar olduğumuz için duygusal anlamda cahiliz.

İçimizdeki çocuk durumlarımızı tipik olarak tanımlayan kişilik arketipleri vardır; çoğumuz birden fazlasına çekiliriz, ama yine de içimizdeki çocuk tepkilerindeki farklılıkları belirlemekte yardımcı olurlar. Benim en çok gördüğüm yedi tip, özdeğeri başkalarına bakmaktan gelen "bakıcı"dan güvenli ve mutlu gözüken, ama bütünlüklü hissetmek için sürekli dışarıdan onaylanması gereken "ortamın neşe kaynağı"na kadar uzanan bir diziyi kapsıyor. Bu arketiplerin ortak noktası hepsinin içlerindeki çocuğun duyulma, görülme ve sevilme isteğidir. Şu arketip anlatılar karşılanmamış ihtiyaçlar tarafından yaratılmıştır.

YEDİ İÇSEL ÇOCUK ARKETİPİ

Bakıcı. Tipik olarak eş bağımlı dinamiklerden gelir. Kendi ihtiyaçlarını ihmal ederek bir kimlik duygusu ve özdeğer kazanır. Sevgiyi alabilmenin tek yolunun kendi ihtiyaçlarını yok sayarak başkalarına hizmet etmek olduğuna inanır.

Aşırı başarılı. Bir şeyler yaparak ve başararak görüldüğünü, duyulduğunu ve ona değer verildiğini hisseder. Dışarıdan gelen takdiri düşük özdeğerle başa çıkmanın bir yolu olarak kullanır. Sevgiyi alabilmenin tek yolunun başarıdan geçtiğine inanır.

Aşırı başarısız. Eleştirilmekten ve başaramamanın utancından korktuğu için kendini küçük, görülmez ve potansiyelinin altında tutar. Daha oyun oynanmadan kendini duygusal oyunun dışına çıkartır. Sevgiyi alabilmenin tek yolunun, görünmez kalmak olduğuna inanır.

Kurtarıcı/koruyucu. Özellikle de kendi çocukluğundaki savunmasızlığından iyileşme çabasıyla çevresindekileri kurtarmaya uğraşır. Başkalarını çaresiz, yetersiz ve bağımlı görür; sevgisini ve özdeğerini bir güç sahibi olmaktan alır. Sevgiyi alabilmesinin tek yolunun, başkalarının ihtiyaçlarına ve arzularına odaklanarak onların sorunlarını çözmekte yardım etmek olduğuna inanır.

Ortamın neşe kaynağı. Bu, asla acı, zayıflık veya kırılganlık belirtisi göstermeyen mutlu ve neşeli tiptir. Teflon gibidir, üstüne hiçbir şey yapışıp kalmaz. Muhtemelen bu içsel çocuk duygusal durumu nedeniyle utandırılmıştır. Kendini iyi hissetmenin ve sevgiyi alabilmesinin tek yolunun çevresindeki herkesin mutlu olması olduğunu sanır.

Her şeye evet diyen. Her şeyi bırakmıştır ve başkalarına hizmet etmek uğruna kendi ihtiyaçlarının tümünü ihmal eder. Muhtemelen çocukluğunda bakımından sorumlu olan kişilerden derin eş bağımlılık ve kendini-feda-etme kalıplarını kendine model almıştır. Sevgiyi alabilmesinin tek yolunun iyi ve özverili (kendini düşünmeyen) olmak olduğuna inanır.

Kahramana tapınan. Takip edeceği birine veya guruya ihtiyaç duyar. Muhtemelen süper insan, kusursuz biri olarak algıladığı bir ebeveyn figürü tarafından açılan bir içsel çocuk yarasından ortaya çıkar. Sevgiyi almanın tek yolunun kendi ihtiyaçlarını ve arzularını reddederek nasıl yaşanacağını öğrenmek için başkalarını bir model olarak görmek olduğuna inanır.

ÇOCUKLUK FANTEZİLERİ

Karşılanmamış çocukluk ihtiyaçlarının ıstırabına karşı ortak bir savunma idealleştirmedir. Bu bazen kendini pembe bir RAS filtresi olarak ortaya koyar; çevremize bakar ve negatif her şeyi bloklarız ve imkânsız derecede iyimser bir sonuca varırız: *Kusursuz ailem var! Çocukluğum aşırı mutluydu!* Ailemizin mükemmel olduğu sonucuna makul bir şekilde varamadığımızda alternatif, hayali başa çıkma yollarına başvurmaya başlarız. Bunlardan biri kahraman temelli fantezilere sahip olmak veya ancak birinin gelip/bir şeyin olması durumunda kurtulacağımızı ve hayatımızın değişeceğini hayal etmektir.

Kendini İyileştirenler (SelfHealers) topluluğunun bir üyesi olan ve çocukken gündüz düşleri kurduğunu anlatan Nancy'nin Duran Duran grubunun bir limuzinle gelerek onu mutsuz evinden aldığına dair bir hayali vardı. Bunun nasıl olacağını, kendini ne kadar iyi hissedeceğini, kaçışın hayatını nasıl değiştireceğini ve onu özlemini duyduğu bir insana dönüştüreceğini hayal ederdi: sevilen bir insan.

Nancy daha sonra Duran Duran'ı fanteziden çıkarttı ama hayalperest kahraman sevdasını durdurmadı. Büyüdükçe bu sorumluluğu beğendiklerine, sonra sevgililerine taşıdı; hepsi onları yerleştirdiği ulaşılmaz kaidenin gereklerini yerine getiremeyerek başarısız oldular. Kaçınılmaz olarak onu hayal kırıklığına uğrattıklarında hayalini kuracağı başka birini buluyordu. Bu onu duygusal ve fiziksel ilişkilere sürüklüyor ve hepsi kendini tastamam aynı yerde bulana kadar sürüyordu: mutsuz, tatminsiz, yeni bir kaçış peşinde.

Gündüz düşlerinin, doğası gereği yanlış olan hiçbir tarafı yoktur. Farklı bir hayat hayal etmenin aslında verimli bir düşünce egzersizi olduğunu düşünüyorum. Nancy'nin fantezileri yaratıcı değildi; tüm değişim umudunu dış bir figüre yüklemesini sağladılar. Romantik ilişkileri bir kaçış sunuyordu ve aynı ilke diğer takıntıları için de geçerliydi: İnsanlar iyi bir işleri olunca, ev alınca, çocuk sahibi olunca... "kurtulabileceklerini" veya tatmin olacaklarını düşünürler. Tüm kutuları işaretlerler, ama amaçlarına ulaşınca kendilerini mutsuz, belki de daha mutsuz bulurlar – gelsin orta yaş krizi.

İçimizdeki yaralı çocuk, tüm bu saplantıları yetişkinliğe taşır. Bu güçsüzlüğü taşırız; başkalarının koşullarımızı değiştirmesini ve bizi mutlu etmesini umarız; çabuk dışsal düzeltmelere ya da alternatif gerçekliklerin gündüz düşlerine başvururuz. Kendimizi iyi hissetmek için başkalarının onayını ararız. O anda acımızı uyuşturmak ve zevk hissetmek için alkol, uyuşturucu, seks gibi hızlı çözümler seçeriz. Gerçek uzun vadeli hedefimiz bu güveni kendi içimizde bulmaktır. Yapacağımız çalışma, yeterince iyi olma hissini, başkalarına bağlı olmayan bir tamam olma halini içselleştirmektir. Oraya gitmeye nasıl başlayabiliriz? İçimizdeki çocuk çalışmamızın kalbindeki soru budur.

İÇİNİZDEKİ ÇOCUKLA TANIŞMAK

İçinizdeki çocuk çalışmasına başlarken ilk adım, yetişkin hayatınızda varlığını koruyan bir içsel çocuğunuz olduğunu kabul etmektir. Çocukluğunuzun büyük kısmını hatırlayamıyor (benim gibi) olsanız bile bu içinizdeki çocuğa ulaşamayacağınız anlamına gelmez. Her gün yaptıklarınızın, hissettiklerinizin ve düşündüklerinizin bir şekilde bu geçmiş deneyimlerin yaşayan bir kopyası olması çok muhtemeldir. Bu gündelik deneyimler aracılığıyla *hepimiz* içimizdeki çocuğumuza ulaşabiliriz.

İkinci adım, içimizdeki çocuğun yaralı olduğunu kabul etmektir. Bu basit görünür, ama aslında epey zordur. Üçüncü Bölüm'de öğrendiğimiz gibi bir "öncesi-sonrası" ânı gösteremiyor olmanız travmalarınızın olmadığı ve bu travmaların sizinle birlikte yaşayan yaralar yaratmadığı anlamına gelmez. "Çocukluğum o kadar da kötü değildi, şikâyet etmemeliyim," bile diyebilirsiniz; bunu çok duyarım. Şunu hatırlatayım: Yetişkin beyninizin bakış açısıyla her şeyi uygun perspektif ve hizalamaya getirebilecek farkındalık ve olgunlukla zamanda geriye doğru bakıyorsunuz. Çocuk beyinlerimiz bu yeteneklere sahip değildi. Her şey şimdi hayal edebileceğimizden daha büyük, daha yoğun, daha uçtu. İçinizdeki çocuğa, yaralarını kabul etme armağanını verin.

İçinizde yaralı bir çocuk olduğunu kabul etmek, o "tıkanıp kaldığınız" değişememe konusundaki utancınızı ve hayal kırıklığınızı aşmanıza yardım edecek. İlerleyememenizin veya değişememenizin nedeni kendiniz değil, çocukluğunuzda geliştirdiğiniz çekirdek inançların ve koşullu kalıpların bir uzantısı. İçinizdeki yaralı çocuk hâlâ acı çekiyor. Bu, kalbinizin atması gibi bir gerçek.

Utanılacak bir şey değil.

İçinizdeki çocuğu, sizin sadece bir parçanız olduğu şeklinde kabul etmek önemli. Özünüz, sezgisel benliğiniz değil. O yaralı yerden tepki verdiğiniz zaman meraklı bir açıdan tanık olmaya başlayın. Amacınız bilgi toplamak. Anneniz yeni saç kesiminizi eleştirdiğinde içinize kapandığınız zaman içinizdeki çocuk size ne anlatıyor? İşe giderken biri yolunuzu kestiğinde parlarken içinizdeki çocuk neyi iletmeye çalışıyor? İçinizdeki çocuğun size söylemeye çalıştığını onurlandırın. Bu deneyimi onurlandırın.

Yanıtlara sahip olmanıza gerek yok; sadece soruları dinlemeye başlayın. Dinledikçe daha mevcut olacak ve farkına varacaksınız. Bunlar arttıkça içinizdeki çocuğun tepkileriyle özgün benliğinizinkiler arasındaki farkı daha iyi anlayacaksınız. Daha iyi fark edecek ve nasıl davranacağınıza dair daha iyi seçimler yapacaksınız. Bu mesafe size tepki göstermek istediğiniz yolu gösterecek.

ANTHONY'NİN İÇİNDEKİ ÇOCUK

İçsel çocuk çalışmasını yapmak sizi içinizdeki çocuktan kurtarmaz. Geçmişin yaralarını tam olarak da iyileştirmez. Anthony topluluğa katıldığında John Bradshaw'un içsel çocuk iyileştirme çalışması hakkında araştırma yapmış ve benim bu konudaki tartışmalarımın bazılarını faydalı bulmuştu. Kendisi hakkında içsel çocuğunun süzdüğü çekirdek inançları bir araya getirmeye başladı. Bu onun, cinsel davranışlarını ve yakın zamandaki içmesini çevreleyen utanç temelli anlatıları çözmeye başlamasını sağladı. Sadece çocuk beyniyle gördüğü için uzun süredir bir gerçek olarak kabul ettiği, çocuklukta gördüğü cinsel tacize sözde katıldığı konusundaki inançlarını çözdük. Bilge içsel ebeveyn figürünün mantığını uyguladığı zaman bu deneyimin gerçekliğini bir yetişkin perspektifinden gördü: Çocuk tacizcisi biri tarafından yetiştirilmişti.

Anthony içindeki çocuğu yaşadığı bütün acılı deneyimlerle kabul etmeye başladığı ve ne kadar incindiğini gördüğü zaman bu acının onu artık kendisine hizmet etmeyen anlatılara göre davranmaya nasıl ittiğini anlayabildi.

Aynı zamanda aşırı başarılı arketipini de tanımlayarak sevgiyle başarıyı nasıl eşleştirdiğini fark etti. Sonunda, iş dünyasındaki yüksek kademeli işini bıraktı. Başarı takıntısının duygusal dünyadan kopmasına nasıl yardım ettiğini görmüştü – tıpkı çocukluğundaki gibi bağlantısının kesilmesine nasıl izin verdiğini fark etti.

Hikâye burada bitmiyor. İşler hiçbir zaman göründüğü kadar basit değil. Anthony içindeki çocuğu paketleyip bir yere kaldırmadı. Bu aşamada insan kendine, "İçimdeki çocuğumla karşılaştım. Şimdi daha iyiyim. Devam etme zamanı," demeye yatkın olabilir. Gerçek şu ki çalışma hiçbir zaman bitmiyor.

Anthony için gerçek değişim, içindeki çocuğun her zaman orada ve şimdiki benliğiyle sürekli diyalog halinde olacağını kabul etmek oldu. Cinsel dürtüleri ve madde kullanımı konusunda daha açık bir şekilde konuşarak içindeki çocuğun yıllardır tekrarladığı utanç ve başa çıkma davranışlarından oluşan kısırdöngüyü (ya kendini maddeyle uyuşturmak ya da cinsel olarak dışarı vurmak) gördü.

Anthony çok küçükken bir gün eve gelip neden o kadar üzgün olduğunu soran babasıyla okul bahçesinde uğradığı zorbalığı paylaştığını hatırladı. Babası sadece pireyi deve yaptığını söylemekle kalmamış, Anthony arkadaşlarının önünde nasıl ağladığını anlatırken yüzünü buruşturmuştu. Bu etkileşimle Anthony babasının oğlundan ve tepkilerinden utandığını fark etmişti. Bu, midesine yumruk yemek gibiydi – utançla ilk acı veren deneyimi.

Nasıl aşacağını bilmiyordu, ama bu anısı terapisinde öne çıkıp duruyordu. Ancak içindeki çocuğu kabul etmeye başladıktan sonra onun içinde bir yara açtığını ve uğradığı tacizin bunu derinleştirdiğini görebildi. Okulda özellikle zor bir gününden sonraki babaoğul etkileşimi, ona hiçbir zaman açık ve dürüst olmaması, zayıflık göstermemesi gerektiğini, yoksa en sevdiklerinin ondan utanacağını öğretmişti. En yakınları uğradığı cinsel tacizi inkâr ettiklerinde ve küçük gördüklerinde giderek daha çok parçasını çevresindekilerin gözlerinden gizlemeye başlamıştı. Bu derinlere kök salan utançla başa çıkmak için biriken acısını gizlice uyuşturmaya başlamış, anlık rahatsızlığını giderecek ne varsa başvurmuştu.

Merkezinde Anthony kendisi değersiz –*kötü* biri– hissediyordu; bildiği tek yoldan başa çıkmaya çalıştı ama her hareketiyle utancı pekişti. Zamanla ilerleyebilmesi için içindeki çocuğun en önemli yaralarına erişmesi ve ilgilenmesi gerektiğini kavradı. Utancı aktive olduğu zamanlarda uyguladığı en iyi stratejinin, bir sese ihtiyacı olan parçasına kendini ifade edeceği güvenli bir yer sunmak ve böylelikle sürekli utanç ve sorunlu başa çıkma döngüsünü kırmak olduğunu öğrendi.

Anthony ve benim gibi içinizdeki çocuğunuzla bağınızı yeniden kurmaya başlamanızı isterim. Sizde en fazla yankı uyandıran arketiple bir diyalog başlatmak için aşağıdaki yönlendirme cümlelerini kullanabilirsiniz.

ÇALIŞMAYI YAP: KENDİNE İÇİNDEKİ ÇOCUKTAN BİR MEKTUP YAZ

1. Adım. Gün içinde içindeki çocuğa tanık olmak ve onu derinlemesine düşünmek için biraz zaman ayır; hangi içsel çocuk arketiplerinin daha sık aktive olduğunu not et. Başta birçoğu yakın gelebilir ancak başlamak için birini seçmeye gayret et. Hangisinin daha iyi uyduğuna dair içgüdülerini izle, daha sık olduğunu düşündüğüne veya şu anda hangisinin aktif olduğuna bakarak ilerleyebilirsin. Burada yanlış bir yanıtın olmadığından emin olabilirsin. Zamanla bu arketiplerin her birini ziyaret edebilir ve çocuk benliğinin yaralı her bir parçasını tanımak için vakit ayırabilirsin.

- **Bakıcı.** Tipik olarak eş bağımlı dinamiklerden gelir. Kendi ihtiyaçlarını ihmal ederek bir kimlik duygusu ve özdeğer kazanır. Sevgiyi alabilmenin tek yolunun kendi ihtiyaçlarını yok sayarak başkalarına hizmet etmek olduğuna inanır.

Sevgili küçük bakıcı Nicole,
Çevrendeki herkese bakman, onlara kendilerini iyi hissettirmen ve herkesin seninle mutlu olmasını sağlaman gerektiğini hissettiğini biliyorum. Bunun seni gerçekten yorduğunu ve her zaman insanları daha iyi hissettiremeyeceğini biliyorum. Artık bunu yapmak zorunda değilsin. Kendine bakmaya, kendinle ilgilenmeye izinlisin. Seni temin ederim ki başkaları seni yine de sevmeye devam edecek.

Seni görüyorum, duyuyorum ve her zaman seviyorum.
Bilge, yetişkin Nicole.

- **Aşırı başarılı.** Bir şeyler yaparak ve başararak görüldüğünü, duyulduğunu ve ona değer verildiğini hisseder. Dışarıdan gelen takdiri düşük özdeğerle başa çıkmanın bir yolu olarak kullanır. Sevgiyi alabilmenin tek yolunun başarıdan geçtiğine inanır.

Sevgili küçük aşırı başarılı Nicole,
Seni sevmeleri için başkalarını mutlu edecek, gurur verecek şeyleri kusursuzca yapmaya ihtiyaç duyduğunu biliyorum. Bu sana kendini bu halinde yeterince iyi değilmişsin gibi hissettiriyor. Artık bunu yapmak zorunda değilsin. Her şeyi mükemmel yapmak için kendini bu kadar zorlamayı bırakmaya izinlisin. Seni temin ederim ki tam olarak olduğun halinle fazlasıyla yeterlisin.

Seni görüyorum, duyuyorum ve her zaman seviyorum.
Bilge, yetişkin Nicole.

- **Aşırı başarısız.** Eleştirilmekten ve başaramamanın utancından korktuğu için kendini küçük, görülmez ve potansiyelinin altında tutar. Daha oyun oynanmadan kendini duygusal oyunun dışına çıkartır. Sevgiyi alabilmenin tek yolunun, görünmez kalmak olduğuna inanır.

Sevgili küçük aşırı başarısız Nicole,
Başkalarının duygularını incitmemek için iyi olduğun bazı şeyleri, elde

ettiğin başarıları ve diğer iyi yanlarını saklamak zorunda hissettiğini biliyorum. Bu nedenle seninle ilgili iyi şeylerin kutlanmasına izin vermediğini ve hatta bunun onlar hakkında kendini kötü hissetmene sebep olabileceğini biliyorum. Artık bunu yapmak zorunda değilsin. Başkalarının, senin gerçekte ne kadar iyi olduğunu görmelerine izin vermek için izinlisin. Seni temin ederim ki ne kadar iyi olduğunun ortaya çıkmasına izin verebilir ve yine de sevilebilirsin.

Seni görüyorum, duyuyorum ve her zaman seviyorum.
Bilge, yetişkin Nicole.

- **Kurtarıcı/koruyucu**. Özellikle de kendi çocukluğundaki savunmasızlığından iyileşme çabasıyla çevresindekileri kurtarmaya uğraşır. Başkalarını çaresiz, yetersiz ve bağımlı görür; sevgisini ve özdeğerini bir güç sahibi olmaktan alır. Sevgiyi alabilmesinin tek yolunun, başkalarının ihtiyaçlarına ve arzularına odaklanarak onlara sorunlarını çözmekte yardım etmek olduğuna inanır.

Sevgili küçük kurtarıcı/koruyucu Nicole,
Etrafındakiler ne zaman mutsuz, üzgün ya da yardıma muhtaç olsa hemen onları kurtarma ihtiyacı hissettiğini biliyorum. Bu seni yoruyor, hayal kırıklığına uğruyorsun ve her zaman da kendilerini daha iyi hissetmelerini sağlayamıyorsun. Artık bunu yapmak zorunda değilsin. Başkalarının sorunlarını çözmeye bir ara vermek için izinlisin. Seni temin ederim ki kendine odaklanmaya başlayabilir ve yine de sevilebilirsin.

Seni görüyorum, duyuyorum ve her zaman seviyorum.
Bilge, yetişkin Nicole.

- **Ortamın neşe kaynağı.** Bu asla acı, zayıflık veya kırılganlık belirtisi göstermeyen mutlu ve neşeli tiptir. Teflon gibidir, üstüne hiçbir şey yapışıp kalmaz. Muhtemelen bu içsel çocuk duygusal durumu nedeniyle utandırılmıştır. Kendini iyi hissetmenin ve sevgiyi alabilmesinin tek yolunun çevresindeki herkesin mutlu olması olduğunu sanır.

Sevgili küçük ortamın neşe kaynağı Nicole,
Her zaman mutlu olmak, başkalarını neşelendirmek veya "güçlü" olmak zorunda olduğunu hissettin. Başkalarının senin üzgün, öfkeli ya da korkmuş olduğunu görmelerinden korktuğunu ve böyle hissedince kendini *kötü* hissettiğini biliyorum. Artık bunu yapmak zorunda değilsin. Her şekilde, nasıl istersen öyle hissedebilmeye izinlisin. Seni temin ederim ki tüm duygularını hissederken güvendesin ve yine de sevilebilirsin.

Seni görüyorum, duyuyorum ve her zaman seviyorum.
Bilge, yetişkin Nicole.

- **Her şeye evet diyen.** Her şeyi bırakmıştır ve başkalarına hizmet etmek uğruna kendi tüm ihtiyaçlarını ihmal eder. Muhtemelen çocukluğunda bakımından sorumlu olan kişilerden derin eş bağımlılık kalıplarını ve kendini-feda-etme kalıplarını kendine model almıştır. Sevgiyi alabilmesinin tek yolunun iyi ve özverili (kendini düşünmeyen) olmak olduğuna inanır.

Sevgili küçük her şeye evet diyen Nicole,
Birileri senden onlarla takılmanı, en sevdiğin gömleğini ödünç vermeni, onlar için bir iyilik yapmanı istediklerinde kendini evet demek zorunda hissettiğini biliyorum. Gerçekten hayır demek istediğinde bunun seni kötü bir insanmışsın gibi hissettirdiğini biliyorum. Artık bunu yapmak zorunda değilsin. Ne istediğine ve nasıl hissettiğine göre evet veya hayır diyebilirsin. Seni temin ederim ki hayır desen de yine sevilebilirsin.

Seni görüyorum, duyuyorum ve her zaman seviyorum.
Bilge, yetişkin Nicole.

- **Kahramana tapınan.** Takip edeceği birine veya guruya ihtiyaç duyar. Muhtemelen süper insan, kusursuz biri olarak algıladığı bir ebeveyn figürü tarafından açılan bir içsel çocuk yarasından ortaya çıkar. Sevgiyi almanın tek yolunun kendi ihtiyaçlarını ve arzularını reddederek nasıl yaşanacağını öğrenmek için başkalarını bir model olarak görmek olduğuna inanır.

Sevgili küçük kahramana tapınan Nicole,
Başkalarının senden daha iyisini bildiklerine inandığını ve karar vermene yardım etmeleri için hep onlara baktığını biliyorum. Bunun sana yeterince zeki değilmişsin gibi hissettirdiğini ve seçim yaparken kendine güvenmediğini biliyorum. Artık bunu yapmak zorunda değilsin. Cevaplar için başkalarına bakmadan düşünebilir ve seçimler yapabilirsin. Seni temin ederim ki kendine güvenebilir ve yine de sevilebilirsin.

Seni görüyorum, duyuyorum ve her zaman seviyorum.
Bilge, yetişkin Nicole.

REHBERLİ İÇİMİZDEKİ ÇOCUK MEDİTASYONU

Rehberli içimizdeki çocuk meditasyonuyla ilgilenenleriniz varsa internet sitemi ziyaret edebilirler: yourholisticpsychologist.com

8

Ego Hikâyeleri

Her zaman gevşek ve stressiz olmayı istedim; başkalarının "hippi ruhlu" diye tanımlayacakları türden biri. Bazı açılardan bu insanım.

Sonra her zaman yıkanacak lanet bulaşıklar vardı.

Lavaboda kirli tabak ve tencere yığınını görünce kendimi kaybediyordum. Kör bir hiddetten bahsediyorum. Geçmişte bazen o kadar tepkisel olurdum ki ellerimi tezgâha vurur, tepinir, bağırırdım. Ardından tam bir stres tepkisi gelirdi: Vagus sinirim sinir sistemimin stres tepkisini aktive eder, bedenime savaş/kaç/don mesajları gönderirdi. Fizyolojik olarak kendimi kirli bulaşıkların saldırısından "kurtarmak" için ormanda üstüme bir ayı atlamış gibi tepki verirdim.

Bazen farklı olurdu. Bir şeyleri fırlatmaz ya da sinirlenmezdim. Taş kesilir, iç çalkantıma teslim olurdum ve bu saatler sürerdi. Kaçınıp mesafeli davranarak partnerimin bana soru yağdırmasına neden olurdum:

"İyi misin?"

"Hıı," derdim ölü gibi.

"Emin misin?"

"Haaa, iyiyim ya."

Her iki durumda da (savaş ya da don) sonuç aynı olacaktı: partnerimle kavga.

Sanırım çoğunuz kirli bulaşığa ne kadar aşırı tepki verirmiş, diye düşünüyorsunuz. (Eminim ki aranızda benim gibi tepki verenler vardır!) Gerçek şu ki duygusal durumumu düzenleyemiyordum çünkü bulaşıklar içimde henüz farkında olmadığım derin bir şeye dokunuyordu. Ben dinlemek istesem de istemesem de benimle iletişim kuran bilinçaltı zihnimdi.

EGOYLA TANIŞ

Ancak şimdi, geriye dönüp baktığımda, lavabodaki o bulaşıkların bir anlatısı olduğunu görüyorum: *Partnerim bana aldırmıyor.* Bu, kendim hakkındaki çekirdek inançlarımdan biriydi *(kimse bana aldırmıyor)*, çocukluğumdan geliyordu. Bu, sevgili arkadaşlar, bir ego hikâyesidir.

Yaşamlarımızdaki önemli etkisine rağmen çoğumuz egonun ve davranışlarımızı nasıl yönettiğinin farkında olmayız. İçimizdeki çocuğun büyük koruyucusu olan ego, "ben" kimliğidir. Ben sözcüğünü izleyen her şey egonun bir uzantısıdır: *Ben akıllıyım. Ben sıkıcıyım. Ben seksiyim. Demodeyim. İyiyim. Kötüyüm.* Ego kendilik duygumuz, kişisel kimliğimiz, özdeğerimizdir. Ego usta bir hikâye anlatıcısıdır. (Partnerim lavaboda kirli bulaşık bırakırsa bu benim dikkate alınmadığım anlamına gelir.) Olduğumuza inandığımız kişi hakkında anlatılar yaratır ve sürdürür. Egonun kendisi iyi ya da kötü değildir; nasılsa öyledir.

Çocuklukta gelişen ego, bilinçaltımızda yaşayan ebeveyn figürlerimizin, arkadaşlarımızın, yakın çevremizin ve daha geniş çevremizin –kişiliğimiz ya da özkimliğimiz dediğimiz– bize aktardığı inançlar ve fikirlerle oluşturulur. Ego inançları durup dururken ortaya çıkmaz, yaşanmış deneyimlere temellenirler.

Yaşamlarımızda, geçmiş deneyimlerimize bağlı olarak kim olduğumuz hakkında bir hikâye yaratırız. Bu anlatı kimliğimizin, fikirlerimizin ve inançlarımızın yönlerini taşır. Ego, bizi bu tanıdık anlatılar içinde yaşamaya devam ettirir, çünkü çoğu zaman acı verici olsalar bile öngörülebilirlerdir. Bu da bilinmeyenin belirsizliğine göre daha güvende hissetmemizi sağlar.

Fikirlerine, görüşlerine ve inançlarına bağlı olan ego, bizi kendi kimliğimize kilitlenmiş tutan sonsuz düşünceler akışı olarak ilerler. Egonun ana amacı, kimliğimizi her zaman ve ne pahasına olursa olsun korumaktır. Bu katılık egonun savunmasının bir parçasıdır. Daha yumuşak ve savunmasız parçamızın (içimizdeki çocuk) güvende olması için egonun esnek olmayan bir koruyucu olması gerekir. Egonun bu kadar savunmacı ve korku temelli oluşunun sebebi budur. Her şeyi katı bir ikilem bağlamında görür: iyiye karşı kötü; doğruya karşı yanlış. Düşüncelerine bağlıdır ve bizlerin düşüncelerimiz olduğumuza inanır. Her türlü anlaşmazlığı ya da eleştiriyi doğrudan varoluşumuza bir tehdit olarak algılar. Bu nedenle egosal bir durumda olduğumuz zaman inançlarımız ve düşüncelerimiz *kim olduğumuzdur*; bu anlatıları sorgulayan her şey düşmancadır. Düşüncelerimiz sorgulandığı zaman ego çekirdek benliğimizin tehdit edildiğine inanır.

Egoya tanık olma pratiği yapmazsak ego bizi savunmak için fazla mesai yaparken kendini göstermek ve egemenliği altına almak için mücadele eder; güvensizlik hissi ve düşük özdeğere yol açar. Bu iğnenin acısını hissettiniz mi? Bir çalışma arkadaşınızın yaptığı ve tepenizi attıran o küçük baltalayıcı yorum. Savunma, suçlama ve kazanma arzusu? Haklı çıkma ve ne pahasına olursa olsun son sözü söyleme arzusu? Hemen yargılamaya ve küçümsemeye dönüş? Kıyaslama ve zıtlaştırma ihtiyacı? Yeterince .... (siz doldurun) olmadığınız duygusu? Bu, tepkisel durumdaki egodur. Egomuz aktive olduğu zaman her şey kişiseldir (çocukluktaki benmerkezci durumda olduğu gibi her şeyin *bizim hakkımızda* olduğu zaman), *size* olan her şeyin sizin *yüzünüzden* olduğunu farz eder. Bu yüzden birçok insanın takıntısı başkalarını memnun etmek ya da etkilemektir – ve kendimizi "tıkanmış" hissetmemizin ana nedenlerinden biridir.

Şöyle bir şey olabilir:

1. Duygusal olarak aktive olduğum zaman öfke hissediyorum.
2. Partnerim mesajlarıma yeterince hızlı yanıt vermediği zaman duygusal olarak aktive oluyorum.
3. Partnerimin mesajlarıma yeterince hızlı yanıt vermemesi dikkate alınmaya değer olmadığımı gösteriyor ve bu da beni öfkelendiriyor.
4. Öfkelendiğim zaman sevdiklerime bağırıp çağırıyorum ya da onlara buz gibi davranıyorum. Egom değersizliğin temel yarasını hissediyor ve onu dışa yansıtıyor; acı verici değersizlik duygusunu deneyimlemek yerine duyguyu başkalarına boşaltmayı tercih ediyor.
5. Sonuç: Ben değersiz ve öfkeli biriyim.

Bu elbette ki hakikat değildir, ama egomuzu ne kadar fazla dinlersek bu anlatılar o kadar fazla bizim gerçekliğimiz haline gelir. Diyelim ki günlük tutmaya başlamak istiyorsunuz ve egonuz "Bu zaman kaybı. Yapacak çok daha önemli işlerin var!" diyor. Böylelikle egonuz sizi başarısızlık ihtimalinden ya da ortaya çıkarabileceğiniz şeyin korkusundan korumanın bir yolunu bulmuş oluyor. Ya da kendinizi olası bir reddedilme acısından korumak için fazlasıyla yeterli olduğunuzu bildiğiniz halde bir terfiye başvurmuyorsunuz. Biz ne kadar utanç içindeysek egomuz da gelecekte utanacağımız veya daha derin bir acı duyacağımız durumlardan o kadar kaçınmak ister. Ego bir daha incinmeyeceğinizden emin olma çabasıyla bariyerler kurar – çünkü her pozitif değişim fırsatında, başarısızlık acısı ihtimali de vardır.

EGO AKTİVASYONU

Ego aşırı gözlemcidir, her zaman bir koruma görevindeymiş gibi hareket eder. Serttir, karşı görüşlere genellikle düşmanca davranır; uzlaşmayı, şefkat sunmayı reddeder. Ego neredeyse sürekli savunma halindedir, bir muhalefet gördüğü anda eyleme geçmeye hazırdır. Ego benliğimize yönelik tehditler aşağıdakiler gibi olabilir:

- "Herkes iş başına" veya güçlü duygusal tepkisellik (koruyucu bir yaranın kendini dışa vurması.)
- (Bazılarının narsisizm adı verebileceği) Sahte güven; bu, sıklıkla özgün benlikle bağlantı olmaması nedeniyle oluşan güven eksikliğinden kaynaklı bir cesaret gösterisidir.
- Düşüncelerde nüans olmaması – her şey doğru ya da yanlıştır; gri alan yoktur.
- Aşırı rekabetçilik (başkalarının başarılarının sizinkileri baltalayacağı ya da onlarla çatışacağı inancı).

Bu tepkiler, fikirleriniz, düşünceleriniz ve kendiliğiniz arasında bir füzyon olduğu zaman meydana gelir. Bu nedenle ego hikâyeleri bir ölüm kalım niteliği kazanır; biri sizinle aynı fikirde olmadığı veya uzlaşmadığı zaman bu kişinin fikirleri belirli konuyla sınırlı kalmaz, temelde *sizin kim olduğunuzla* ilgili hale gelir. Bir inanç tehdit edildiği zaman biri sizin sevdiğiniz filmden nefret etmişse (aptal bir örnek ama egosal davranıyorsak bizi sinir edebilir) tüm varlığınız tehdit edilir.

Çoğu zaman bir anlaşmazlık meydana geldiğinde amaç, paylaşılan bir gerçeğe yaklaşmaya çalışmak değil, birbirinin gerçekliğini geçersiz kılmaya, kendi değerini ve gücünü göstermek için ötekini mahvetmeye çalışmak olur. Bu nedenle anlaşmazlıklar hemen çirkinleşir. Bu nedenle kimse diğerini dinlemez. Çünkü inandığınız şey *kim olduğunuz* ise konuşmak ya da düşünmek için yer yoktur. Gelişmeye ve uyuma alan yoktur. Bazen tartışmaları izlediğimde sadece egosal koruyucu duruşlar görüyorum; sahnedeyse çocukluğun tüm yaraları ve aktivasyonları sergileniyor.

EGO YANSITMALARI

Egomuz kim olduğumuza dair algısını savunmak için fazla mesai yapar. Bunu, iyi ya da arzulanabilir olmak ve olabildiğince çok sevilmek için kötü veya yanlış olduğunu hissettiğimiz duyguları inkâr ederek ya da bastırarak yapar. Bizim bu kötü veya yanlış yanlarımızdan bazen "gölge benlik" adıyla bahsedilir.

Yetişkinler bazı şeylerin gizli olması, bazılarının övülmesi gerektiğini söyleyerek çocuklara bu baskıyı uygularlar. Çocukken son derece bağımlı olduğumuz için bağlantılarımızı, cankurtaran halatlarımızı korumayı ve kabul edilebilir olmayı öğreniriz. Bu, bir hayatta kalma mekanizmasıdır; olgunlaşmanın ve dünyayla nasıl etkileşime girileceğini anlamanın evrimsel olarak avantajlı bir parçasıdır. Sevgi görmek için özgün benliğimizin bir parçasını istikrarlı biçimde bastırdığımız zaman bu baskı bir ego hikâyesine dönüşür; olmamız gerektiğine inandığımız kişi oluruz.

Bu süreç, bildiğimiz gibi bilinçsizdir. Gölge benliğimizin parçalarını ne kadar çok inkâr edersek o kadar fazla utanç duyar, sezgilerimizden o kadar kopuk oluruz. Bu utanç ve kopukluk başkalarına da yansıtılır. Birdenbire kendimizle ilgili hissettiğimiz hata ve eleştiri oklarını başkalarına fırlatırız. Kendimizden ne kadar utanır ve koparsak başkalarında da aynı şeyi o kadar çok görürüz.

Değerli, güvenli, iyi bir insanmış gibi hissedebilmek için kendimize *ben onlar gibi değilim*, deriz. Gerçekte özümüzde aynı "hatalara" sahibizdir. Diyelim ki kahve almak için sıra bekliyorsunuz. Bir kadın önünüze girdi. Köpürürsünüz! *Kendini ne sanıyor! Tam bir küstah, salak! Bencil, kaba! Kötü biri! Benim gibi değil!* Bu, bir ego hikâyesidir. Hiçbirimiz başkalarının zihnini görme yeteneğine sahip değiliz.

Önümüze giren kadının ne düşündüğünü bilemeyiz. Ama hemen tamamen geçmiş deneyimlerimiz tarafından çizilen masalı canlandırabiliriz. Ego yansıtmamız, diğer kişiyle doğrudan temas kurmadan bilinçsizce kalıpları tekrar yaratır. Belki bir ebeveyn figürü kendimizi ileri sürdüğümüzde bize küstah olduğumuzu söylemiştir; bu yüzden ihtiyaçlarımızı bastırmaya ve çevremizdekilerin ihtiyaçlarının polisliğini yapmaya başlamışızdır.

Ego hikâyeleri bize doğal olarak gelir çünkü belirsizlik korkutucudur. Bir insanın neden bizi üzecek, öfkelendirecek ya da rahatsız hissettirecek şekilde davrandığını bilmediğimiz zaman ego yönetimi ele alır, nedenini bulmaya çalışır ve bizim asla böyle korkunç bir şey yapmayacağımız konusunda ısrar ederek bizi güvende tutmaya çalışır. O kişi *kötü* olduğu için *kötü* bir şey yapmış, ben *iyi* biri olduğum için asla öyle bir şey yapmazdım. Başkalarını yargılamanın bu kadar bağımlılık yapmasının nedeni de budur; bizi egonun utançla sürdürdüğü iç mücadeleden kurtarır. Başkalarının hatalarını tanımladığımız zaman kendimizinkileri yok sayabilir ve hatta kendimizi üstün olduğumuza ikna edebiliriz. Bunların hiçbiri yanlış ya da kötü değildir (bu egosal konuşma!); bu, sadece insan olmanın bir parçasıdır.

EGOYLA ÇALIŞMA İŞİ NASIL YAPILIR

Artık egonun rolünü öğrendiğimize göre *ego çalışmasını* yapma sürecini başlatma zamanı geldi demektir. Bu çalışmanın amacı egomuzun tepkilerini dünyaya boşaltmak yerine farkında ve bilinçli olabilmektir. *Çalışma* sadece tanık olmakla başlar. Otopilotta olduğumuz zaman egomuz dizginleri ele alır; bu nedenle bilinçli zihni aktif olarak dahil etmek egonun gündelik varoluşumuz üzerindeki baskısını hafifletebilir. Farkında ve bilinçli olduğumuz zaman egomuzun düşünce kalıplarını, korkularını ve öfke nöbetleriyle yaptığı savunmaları yargılamadan görmeye çalışabiliriz. Egomuzun savunuculuğu ve kırılganlığı içimizdeki çocuğunkine benzer: Her ikisinin de yargılamadan görülmesi ve duyulması gerekir. Egomuzun yerleşeceği bir alana, gevşeyip rahatlayabileceği bir yere ihtiyacı vardır.

1. Adım: Egonun kendini tanıtmasına izin ver.

Buradaki amaç egonu kendinden ayrı görmek ve nötr bir tanık olmanın pratiğini yapmaktır. Aşağıdaki kısa yönlendirmeyle egonu kendinden ayırma eylemine başlayabilirsin. Yaklaşık bir ya da iki dakika alır.

1. Dikkatini dağıtmayan, belki daha önce bilinç egzersizleri yaptığın, sessiz ve sakin bir yer bul.
2. Gözlerini yum ve derin, abartılı bir nefes al.
3. Şu olumlamayı tekrarla: *Güvendeyim, kendimi egomdan ayrı olarak deneyimlemek için yeni bir yol seçiyorum.*

Uyarıyorum: Bu ilk adım hızlı ve kolay görünmesine karşın genellikle en zorudur. Ego kendisine tanık olunmasını sevmez; bu ilk gözlem seviyesinde onunla ilişki kurmak çok rahatsız edici olabilir. Sinirli olma hali, hatta mide bulantısı hissedebilirsin. Egon sana bu çalışmayı neden yapmaman gerektiğine dair hikâyeler anlatır çünkü çok zordur. Bunların hepsi sürecin normal parçası. Devam et. Bu rahatsızlıktan kurtulmak çaba gerektirir, kendine karşı sabırlı ol.

2. Adım: Egonla dostane bir karşılaşma yaşa.

Şimdi senden "Ben" sözcüğünü kullandıktan sonra söylediklerine dikkat etmeni istiyorum. Bu sözcükleri söylediğin ya da onları düşündüğüne tanık olduğun zaman onları, ardından gelen kalıpları izlemek için birer ipucu olarak kullan. Örneğin *Ben her zaman..., Hatırlamak konusunda korkuncum, Her zaman kaybedenleri kendime çekiyorum.* Yargı yok, umutsuzluğa kapılmak yok, hayal kırıklığı yok. Sadece zihinsel notlar al, hatta daha iyisi, düşüncelerini bir deftere veya telefonuna yaz. Kendin hakkında ne sıklıkta konuştuğuna dikkat et. Kendinden konuşmak için kaç konuşmadan uzaklaşıyorsun? Duygularını tartışmaktan kaçınıyor musun? "Ben" sözcüğünün ardından gelen sözcüklerin ne kadar olumsuz?

Bu konuşan senin egondur. Bu anlatıları o kadar uzun zamandır tekrarlıyorsun ki farkında bile olmayabilirsin; tekrarları görmüyor veya gerçekliklerini sorgulamıyor olabilirsin. Bu adım seni aşina olduğun kalıpların konforundan uzaklaştıracaktır. Ego tepkilerinin farkına varmadan önce bilinçsizce bu kalıpları, koşullanmaları ve çocukluk yaralarını yaşadın. Ego çalışması sana yeni bir anlatı seçme fırsatı tanır. Bu alıştırmaları ne kadar çok yaparsan o kadar iyidir (kendimi ne zaman aktive olmuş bulsam ben de yapıyorum). Zamanla ve tekrarla beyinde yeni birincil yollar oluşacak ve gözlem kolaylaşacaktır.

3. Adım: Egona isim ver.

Bu kulağa aptalca gelebilir, ama egona isim takmak, ondan ayrılmak için güçlü bir harekettir. Onu görebilip adlandırabildiğimiz zaman sezgisel benliğimizi ego tepkisinden ayırabilir veya en azından bunu yapabilmeye bir adım daha yaklaşmış oluruz.

Ben egoma "Jessica" derim. Gelir, gider. Bazen birkaç saat yok olur, sonra huzursuz bir terk edilmişlik duygusuyla geri püskürür. Bazı şeylerin Jessica'yı daha hassas hale getirdiğini fark ettim – *ve bunda sorun yok.*

Bazen aktive olduğumda ve egomun zihnimin dizginlerini ele almaya başladığını fark ettiğimde, bir öfke nöbeti geçirmek ya da münasebetsiz bir şey söylemek üzereyken ona sahip çıkarım. "Jessica kendini gösterecek," derim. Bu sözcükleri yüksek sesle söylemek ve kendime nefes alacak bir zaman tanımak, Jessica'nın istediği şekilde davranmayı mı, yoksa onu kontrol altında tutmayı mı istediğime karar vermek son derece yardımcı oluyor.

İnsanlardan egolarına verdikleri eğlenceli isimlere dair bir sürü mesaj alırım. Seninkinin adı nedir?

4. Adım: Aktive olmuş egoyu karşılamak.

Bilinçli farkındalığımız geliştikçe anlarız ki biz ego hikâyelerimiz değiliz. Düşüncelerimiz vardır. Kim olduğumuz hakkında bir şey anlatmazlar. Onlar sadece egomuzun kimliğimizi savunma ve bizi acıdan koruma girişimleridir.

Bu gözlemsel ego durumunda, egomuzun güvenlik duygusuna yönelik saldırılarını kabul edebilir ve hatta hoş görebiliriz. Bir dahaki sefer kendini dışarıda ve duygusal olarak aktive olarak bulduğunda bu gerçeği not et. Bu, ilk adımın uzantısıdır. Sonra kendini rahatsız veya öfkeli hissettiğin anların kaydını tut. Yüzeyde söylenen neydi? Hangi kısmı bir ego hikâyesini aktive etti?

Bir örnek:

> Kız kardeşin, "Yorgun görünüyorsun," der. Alaycı bir tonda şu yanıtı verirsin: "Elbette yorgun görünüyorum. Haftada altmış saat çalışıyorum ve bir çocuk yetiştiriyorum. Bir sürü boş zamanın olması eminim güzeldir. Merak etme, bir daha görüştüğümüzde mükemmel görüneceğim!"
>
> *Kız kardeşin nesnel olarak ne dedi:* Yorgun görünüyorsun.
>
> *Egon ne duydu:* Her zaman kaba ve küçümseyici. Neler çektiğimi, ayakta kalmak için nasıl da çalıştığımı asla kabul etmiyor.

Burada ego temel bir duygu hisseder (değersizlik). Bu acı vericidir ve duygularını işlemeyi hiç öğrenmediğin için egon bunu kız kardeşine yansıtarak seni korumaya gelir. Bildiğimiz gibi ego, acı verici duygularıyla baş başa kalmak yerine onları başkalarına aktarmayı tercih eder.

Kız kardeşinin yorumunu idare etmenin bir şekli seni incittiğini kabul etmektir, onu gömmek değil. Şu yanıtı verebilirsin: "Ooo! Bu canımı acıttı. Sanırım senin kastettiğinden farklı ve kişisel alıyorum."

Egoyu daha güçlü bir şekilde yönlendirdikçe sorgulandığımızda ya da bize meydan okunduğunda zorlayıcı bir konuşmayı kendimizi tehdit altında hissetmeden yapabiliriz. Bu farkındalığın pratiğini yaptıkça egomuz yumuşar; kendimize güvenimiz arttıkça ego sakinler, yerleşip bütünleşebilir. Bu aşamalar, bu bölümde düzgün bir şekilde ortaya konmuş olsa da doğrusal olmaktan uzaktır. Önce ilerleyip sonra geri kayarak bu aşamaların içine ve dışına girip çıkacaksın. Egon her zaman orada.

Özgerçek Kavramı

Dikkate yönelik kontroller oluşturdukça ve kendine tanıklığı geliştirdikçe davranışlarınıza daha objektif bakmaya başlayacaksınız. Kendine tanıklık tek başına yeterli değildir, gözlemledikleriniz hakkında dürüst de olmanız gerekir. İçinizdeki –hepimizin içindeki– gölge benlik hakkında açık ve dürüst olmanın faydasını göreceksiniz ve özgerçekle yüz yüze geleceksiniz.

Gölge benliğimiz, ilişkilerimiz, geçmişimiz, utandığımız ve inkâr etmeyi denediğimiz ebeveyn figürlerimiz hakkındaki tüm tatsız yanlarımızdan oluşur. Egomuz bu gölgeleri görme becerimizi karartma mücadelesine çok zaman harcar. Egonuzu sorgulamayı öğrendikçe bu parçalarınız genellikle başkalarını yargılamalarınız ve onlara yansıtmalarınız aracılığıyla görünür olacaktır. Egonuzdan ne kadar ayrı olursanız olayları uzaktan görme beceriniz de o kadar gelişecektir.

Yansıtmalarımız, başkalarında dışsallaştırdığımız iç duygularımız, gölge benliklerimizden gelen mesajlardır. Bir dahaki sefere birdenbire maruz kaldığınız eleştirinin veya yargının sesinin farkına varın. Size kendiniz hakkında ne söylüyor? Ego hikâyelerimi görmeye dair ilk girişimlerimden biri, dans ederken çekilmiş fotoğraflarını Instagram'da yayınlayan insanların neden beni aşırı derecede rahatsız ettiklerini sorgulamaya başlamamdı. Beni öfkelendiriyorlardı. Zihnim, kendilerine olan takıntıları, sahne ışıklarına olan ihtiyaçları... gibi hikâyeler uydurup duruyordu. Gerçek başkaydı. Ben kendimi başkalarının önünde rahat bırakmakta sorun yaşıyordum ve çocukluğumdan beri toplum içinde dans etmeyi reddetmiştim. O iletilerde gördüğüm neşeyi ve özgürlüğü kıskanıyordum.

Egomuz sürücü koltuğundaysa zihnimiz bastırmak, kaçınmak veya yok saymak için oldukça sağlam çaba harcar. Bir kez var olana izin verdiğinizdeyse kendinize daha nesnel, daha dürüst bakabilir ve en nihayetinde daha şefkatli olabilirsiniz.

Ego Bilinci Kavramı

Düşüncelerimizin, kalıplarımızın ve davranışlarımızın bilincinde ve farkında olmadan yaşamak, kim olduğumuza dair egosal kavramımızla tamamen özdeşleşmektir. Otomatik yanıtlarımız rahatsız duyguları dışsallaştırır, herkesi suçlar ve enerjiyi dışa boşaltır. Bu bilinç durumuna aynı zamanda "ego bilinci" adı verilir; bizi kendi seçimlerimizi yapmak için güçsüz bırakır. Sorumluluk duygumuz ve içsel bilişimiz olmaksızın yoğun şekilde çevremizin kaprisine maruz kalırız.

Örnek olarak kendi bulaşık yıkama deneyimimi kullanacağım. Bir lavabo dolusu kirli bulaşık gördüğümde ve öfke sarmalımı hissettiğim zaman tanıklık sürecine başladım. Beden tepkilerimi fark ettim: hızla atan kalp, kanın yüzüme hücumu, sıcak hissetmek, yerinde duramama, patlamaya hazır olma. Tepkilerimi izledikçe ve onları "aşırı tepkiler" diye küçük görmek yerine onlara nefes alacak alan açtıkça onlardan öğrendim. Bana anlattıkları hikâyeyi dinlemeye başladım. Kendime biraz daha nesnel düşünmek için izin verdim. Kalbim çarpıyor, kan yüzüme hücum ediyordu. Tedirgin hissediyordum. Bunu biraz daha uzaktan, öfke ya da kopukluk sarmalına hemen kapılmadan, içsel dünyamın bir tür içgörüsü olarak gördüm.

Bir saniye durdum ve daha da ötesine baktım. Midemde bir rahatsızlık vardı. Spazm. Bunu çocukluğumdan tanıyordum ve aşina olduğum travma tepkisine doğru çekimi fark ettim. Bilinçaltım çocukluğumdaki stres döngüsüne girmek için can atıyordu. Farkına vardım ki öfke ve hiddet sadece kirli bulaşıklar ya da partnerimle ilgili değil, anneme de yönelikti. Onun duygusal mesafesine. Aklı dağınık oluşuna. *Görülmeyişime.* Kirli bulaşıklar beni Philadelphia'daki masanın altına, annem pencereden dışarıya dalmış babamın gelişini beklerken oyuncak arabalarımla oynamaya götüren bir tür zaman makinesiydi. Görülüp duyulmadığım tüm o zamanlara, unutulmama, yok sayılmama, korku dolu annemin bana rahatlık ve güven sunamadığı döneme götürüyordu. Egom bu acıyı yeniden hissetmekten beni korumak için bir hikâye yaratmıştı. Bu yüzden egosal davranmamın anlamı, diğer kişiyi olabildiğince dramatik ve agresif şekilde kendimden uzağa itmek anlamına geliyordu.

Daha önce kendimi bu sonuca varacak kadar açıkça ve dürüstçe görememiştim. Şimdi kirli bulaşıklarla ilişkimi değiştirmek için aktif bir çaba harcayabilirdim.

Yıllar aldı ve şimdi bulaşık yıkamaktan keyif alıyorum. Onları değersizliğimin tanığı olarak görmüyorum. Bu değişim bir gecede olmadı ve şöyle başladı: Bulaşıklar hakkında yeni düşüncelerin pratiğini yaptım. Bilinçaltım gözlerini devirse de kendime "*Dikkate alınıyorsun, sen önemlisin!*" diyerek sıcak suyu akıttım ve sabunlu suyun kaygan tabakları ve elimi kaplamasını hissettim.

Sonra bulaşık yıkamayı beni mutlu edecek bir ritüele dönüştürdüm. Bitirince ardından sadece kendim için bir şey yapacaktım. Belki yarım saat odamda yalnız başıma kitap okurdum. Ya da köpeğimle yürüyüşe çıkardım. Zamanla bu düşüncelerin pratiğini yaptıkça bilinçaltım sessizleşti ve bu düşünceler inançlara dönüştü. Hep yaşayacak olduğumuz gibi ben de hâlâ duygusal aktivasyon yaşıyorum ve artık duygusal aktivasyonumu dikkate alınan eyleme yönlendiriyorum.

Artık koşulların kurbanı değilim. Başkalarının kendi bulaşıklarını yıkayıp yıkamayacakları üzerinde bir kontrolüm yok ve araya girip anlatıyı değiştirebilirim. Hislerimi ayarlamak için dışsal bir şeye güvenmiyorum. O kirli bulaşıklar beni güçlendiriyor çünkü bana, onları bitirince biraz kendime zaman ayırma ve onları yıkarken kendimi onurlandırma seçeneği veriyorlar.

Yıllarca ego çalışmasını yaptıktan sonra hâlâ aktive oluyorum, özellikle egomun kış uykusundaymış gibi göründüğü uzun dönemler geçirdiğim zamanlarda. Ya da fiziksel ve duygusal kaynaklarım hayatın stresleri ve genellikle bu gibi dönemlere eşlik eden uykusuzluk yüzünden düşük olduğunda. Çalışmanın tüm yönleri gibi bu bir süreç de devamlı. Asla bitmez. Bu uygulamanın kendisi dönüştürücüdür. Ne kadar ego farkındalığına sahip olursak o kadar zarif, mizah yönü kuvvetli, kendimizle –ve sonrasında başkalarıyla– empati kurabilen biri oluruz.

Nihai hedefimiz, ego çalışmasının gerçekten son adımı, bilinci güçlendirmeyi veya egoyu anlayıp kabullenmeyi geliştirmektir. Pratik yaptıkça bu bilinç durumu bir farkındalık alanı yaratacak ve aşırı ego tepkiselliği olmadan seçimler yapmanıza olanak verecektir. Bu tutarlı yeni seçimler gelecekteki dönüşümlerinize giden yolu açacaktır. Popüler inanışın tersine amacınız "ego ölümü" değildir. Egonuz, ona hâkim olduğunuzu hissettiğinizde bile (ki bu başlı başına bir ego savıdır) her zaman sizinle birlikte olacaktır. Arada kendini gösterecek ve en beklemediğiniz anlarda ortaya çıkıp sizi şaşırtacaktır.

Açık olmak gerekirse bilinçlerimiz güçlendiği halde çoğumuzun baskıcı yaşam koşullarında yapısal ve nesnel bir değişimi gerçekleştirme ayrıcalığı yok. Çoğumuz, kaçışın bir seçenek olmadığı yerde yoksulluk, ırkçılık tehdidi altında yaşıyoruz. Sistemik olarak baskıcı çevrelerden ego çalışmasıyla çıkamayız. Bununla birlikte çevremize rağmen hayata kalmamızı sağlayacak araçlarla kendimizi güçlendirebiliriz. Umudum, gecikmiş yapısal sistemik değişim için çalışmaya devam ederken ne zaman mümkünse, ne kadar küçük olursa olsun, seçimle kendimizi güçlendirebilmemizdir.

ÇALIŞMAYI YAP: GÖLGENLE KARŞILAŞ

Gölge benliğinle karşılaşmak için şu yönlendirme cümlelerini kullanarak derinlemesine düşünmeye ve yazmaya biraz zaman ayır.

Kıskançlık hissettiğin zaman kendine şunu sor: Benim eksikliğini duyduğum şeye başkası sahip olduğunda ne hissediyorum?

Başkalarına ne sıklıkta tavsiye veriyorsun ve bunu neden yapıyorsun? (Net kalıplar olacaktır.) ____________________

Başkalarına kendinden nasıl bahsediyorsun? (Benlik anlatılarını ve sınırlayıcı inançlarını anlamana yardım edecektir.) ____________________

Etrafta olmadıklarında başkaları hakkında nasıl konuşuyorsun? (İlişki anlatılarını ve bağlanmalarını veya ruhsal travmayı anlamana yardım edecektir.) ____________________

Ne zaman egomuz ya da kendimiz hakkındaki hikâyemiz tehdit edilse duygusal olarak tepkili oluruz – savlarımız hakkında münakaşa ederiz, başkalarını eleştiririz ve öfke nöbetlerine kapılır ya da koparız (genellikle üzgünken). Bu tepkileri yöneten derin inançları keşfetmeye ve tanımlamaya başladığında, bunların bir gecede yok olmayacaklarını anlamalısın. Bu kitaptan öğrendiğin gibi ego hikâyelerimiz ve gölge benliğimiz bilinçaltımızın derinliklerinde saklanır, tepkilerimizi günlük olarak yönetir ve hemen değiştirilemezler. Bu çalışmaya başlayınca egonun, ona bağlı tepkilerinin ve hatta o eskisi gibi davranma dürtünün farkında olmaya devam edeceksin. Ve çoğu zaman yine eskisi gibi davranacaksın da. Bu olabilir, sorun yok.

GBG: EGO BİLİNCİNDEN GÜÇLENDİRME BİLİNCİNE

Egonun koşullanmış alışkanlıklarından ve kalıplarından kurtulmak üzere kendini güçlendirmek için içgüdüsel olarak eski ego tepkilerine dönmeyeceğin bir alan yaratmaya başlamak isteyeceksin. Bu süreçte yardımcı olması için aşağıdaki örneği kullanabilirsin (ya da bir benzerini yaratabilirsin):

Bugün duygusal tepkiselliğin eski alışkanlıklarını kırmaya çalışıyorum.
Gündelik hayatıma yeni karşılıklar seçme fırsatım olduğu için **minnettarım**.
Bugün ben olduğum yerde, sakin ve huzurluyum.
Bu alanda bir değişim, seçimlerim üzerinde daha fazla kontrol sahibi olmamı sağlıyor.
Bugün ben tepkilerimi sakinleştirmek ve yeni, bilinçli seçimler için yer açmak üzere nefesimi kullanırken pratik yapıyorum.

9
Travma Bağları

Büyürken en sık söylediğim söz "sıkıldım" idi. Her zaman kortizol hız treninin o sarhoş edici yüksekliğinin peşindeydim. Evin dışında veya kendi başımayken bile bu stres döngüsünü yeniden yaratabiliyordum. Bazen uyuyamadığım zamanlarda, ailemin ölebileceği tüm yolları –yangın, sel, bir ev soygunu– listeleyerek kendimi (tanıdığım stres döngüsünün içine atarak) yatıştırırdım.

Daha sonra romantik partnerlerim olduğunda aynı stres döngülerini aradım. Duygusal olarak mesafeli ve büyük ölçüde erişilemez kalıyordum; çocukluğumda annemden öğrendiğim bir modeldi bu. Kendimin de katkısı olan kopukluğumdan ve mesafemden yalnızca onları sorumlu tuttuğum için zamanla gücenmeye başlıyordum. Ne zaman yaklaşmaya çalışsalar, yakınlığa, samimiyete aşina olmadığım için onları itiyordum. Gittikleri zaman da paniğe kapılarak çocukluğumdan tanıdık *("hep bir şey olur")* stres döngüsüne giriyordum. Kız arkadaşımın beni ihmal ettiği tüm yollar aklıma üşüşüyordu; yanıtlanmayan bir mesaj, düşüncesiz bir hediye, onaylamadığına ilişkin yorumlar... Ne olursa olsun beni strese sokacak bir şey bulurdum. En huzurlu zamanlarda bile zihnim gagalardı: *Bir şey yanlış. Belki bu kişiden o kadar da hoşlanmıyorum. Belki bu ilişki benim için bitti.* Hissetmek için bu stres yanıtına ihtiyacım vardı. O olmadan sıkılıyordum! Ve neticede sevgilimi uzaklaştırıyor veya terk ediyor, *her zaman yalnız olacağıma* inancımı pekiştiriyordum.

Geriye bakınca kız arkadaşım Sara'ya ilk önce bana tam da o lunapark hız treni belirsizlik hissini verdiği için ilgi duydum. Onunla nerede durduğumu hiçbir zaman bilemezdim ve bu (düzensiz sinir sistemime tanıdık) rahatsızlık heyecan verici geliyordu. İlişkimizde birkaç yıl sonra Sara'nın beni ortak bir arkadaşımızla aldattığından (sezgim bir şeyin yanlış olduğunu söyledi) kuşkulanmaya başladım. Onunla yüzleştim. İddialarımı reddettikten sonra beni paranoyakça diyerek başından savmasına izin verdim. Çünkü sezgisel sesime, bir rehber olarak onu dinleyecek kadar inancım yoktu. Daha sonra beni o arkadaşımızla aldattığının doğru olduğunu öğrendiğimde içimdeki çocuk bir kayanın altında ezilmiş gibi oldu. Canımı en çok yakan aldatma değildi; benim gerçekliğimi inkâr etmişti; cinselliğim dahil, her şeyin halının altına süpürüldüğü çocukluk yıllarımdan kalan yaralarımdan biri. Kendi gerçekliğime ve benliğime hiç güvenmiyorken kendimi onunkine inanırken bulmuştum.

Geriye dönüp bakınca ilişkimizin sonlanmasına varan kopukluğa olan katkımı görebiliyorum. O zamanlar ne kadar kopuk (dissosiye) yaşadığımı şimdi biliyorum. Mağduru oynuyordum ve hakikat şu ki ben hiç orada değildim. Parmağımı ona doğrulttuğum süre boyunca ilişkimizde krater büyüklüğünde boşluk bırakan duygusal bir mesafede duruyordum. İnsan başkalarına, ancak kendine olduğu kadar bağlı olabilir.

İlişki kaçınılmaz olarak patlak verdiğinde, benden yaşça büyük bir kadınla paylaştığım üç yatak odalı bir daireye taşındım. Kısa sürede çekiciliğe dönüşen yoğun bir arkadaşlığımız oldu. Sıcacık bir duşun eşdeğeri bir ilişkiydi, yatıştırıcı ve davetkârdı. Ancak şimdi, geriye dönüp bakınca bu güvenlik hissinin çocukluğumun tanıdık kalıplarından ortaya çıktığını görebiliyorum.

Ortak anksiyete (endişe) deneyimi bağımız etrafında birlikte daha fazla vakit geçirdikçe birbirimize çabuk bağlandık. Bu çok tanıdık bağın dışında duygusal olarak bir mesafede kaldım. Her zaman yaptığım gibi etrafımdakileri memnun etmek için çırpınıyordum ama hepsinin en çok istediği şey olan o özgün bağı kuramıyordum.

Sara evlilikten söz etmeye başlayınca hoşuma gitmişti. Kendimi çok özel hissetmiştim. Onunla kendimi hemen rahat hissetmiştim. Evlenmek bir sonraki mantıklı adım gibi göründü. New York'ta henüz yasal olmadığı için başka bir eyalete giderek evlendik.

Evlendikten kısa süre sonra New York'tan Philadelphia'ya taşındık; rutinimizi ve son derece hareketli sosyal hayatımızı geride bıraktık. Yeni evimizde aklımızı dağıtan şeylerin daha az oluşu, gelişmiş kopukluğumuzun derinliğinde bir el feneri yakmış gibi hissettirdi. Sürekli kopma (dissosiyasyon) durumundaydım, ona ihtiyacı olduğunu hissettiği şeyi veremiyordum ve kendim de tatminsizdim. Yılların karşılanmamış ihtiyaçları ona yansıdı ve artan gücenme, koşullu kopma kalıbım ile yatıştırılıyordu. Benim kontrollerim, onun endişesini daha da aktive ediyor, ilişkideki güvenlik arayışını yükseltiyordu ve beni kendi düzensizliğim ve mesafem içinde daha da uzağa gönderiyordu. Bu, birlikte çalıştığım çiftlerde sıkça gördüğüm ve birçoğunu umutsuzluğa sürükleyen, zamanla da boşanmaya giden bir döngü.

Ekstra duygusal geçen bir iş gününün ardından eve geldim ve kendimi gerçekten hasta hissetmeye başladım; kalbim hızlı atıyordu ve bir an yanıyor, hemen ardından donuyordum. Kalp krizi geçirdiğimi zannederek kabanımı ve kotumu giydim; hastaneye gitmem gerektiğini düşündüm. Aslında o sırada içimdeki klinik uzmanın bile ayırt edemediği bir anksiyete (endişe) atağı geçiriyordum. Bir top gibi kıvrıldım ve ileri-geri sallanarak kendime acının içinde nefes almayı telkin ettim. Neyse ki bir kalp krizi değildi; ruhumun acil bir mesajıydı. Zihnim gerçekten o kadar uzun süredir kaçınıyordu ki bedenim işleri eline almıştı. Sevmeyi seçtiğim insanların rastlantısal olmadığını fark ettim. Hepsi bir kalıbın, çocukluğumdaki bağlanmalarımla başlayan daha derin bir hikâyenin parçasıydı. Şimdiki ilişkim bir kalıbın parçasıydı ve evliliğimiz özgün bir bağlanmanın sağlam temeli üzerine kurulmamıştı.

Ortaya çıkan acı gerçeğimle geçen birkaç kederli aydan sonra hayatımın şu âna kadar verdiğim en zor kararını verdim: Hakiki benliğimi belki de ilk kez dinledim ve ona uygun hareket ettim: Karımdan boşanmamızı istedim.

YETİŞKİNLİKTE BAĞLANMA TEORİSİ

Hayatta kalmak ve başarılı olmak için başkalarına bağımlılığımız çocuklukla bitmez; yetişkinler olarak bağlılık aramaya devam ederiz, öncelikli olarak romantik ilişkilerimizde. 1980'lerde, araştırmacı Dr. Cindy Hazan ve Dr. Phillip Shaver, katılımcıların yetişkinlikteki ilişkilerinde, kendilerini çocukluklarına kıyasla ne kadar güvende hissettiklerini değerlendiren bir "sevgi testi" ile bağlanma teorisini romantik partnerlerde uyguladılar. Araştırmalarının sonucu psikoloji çevrelerinde uzun zamandır varlığından kuşkulanılan bir şeyi doğruladı: Erken bebeklik/çocukluk bağlanması, yetişkinlikteki romantik ilişkilerin temelini oluşturuyordu. Bu kesin bir kural değil ama tipik olarak çocuklukta destekleyici, sevgi dolu bağlar kurduysanız yetişkinliğinizde de sevgi dolu bağlar kurduğunuzu söylersiniz; yaşadığınız mesafeli, dengesiz ya da istismara dayalı bir ilişkiyse yetişkinlikte benzer türde bağları aramanız muhtemeldir.

İhanet Bağı: Sömürücü İlişkilerden Kurtulmak (*The Betrayal Bond: Breaking Free of Exploisive Relationships)* adlı kitabın yazarı Dr. Patrick Carnes bu araştırmaya, güvensiz bağlanmaya sahip iki kişi arasındaki ilişkiyi tanımlamak için *travmatik bağlanma* terimini katarak devam eder. Bu, ödülün (sevgi) ve cezanın (sevginin geri çekilmesi) nörokimyasal ifadeleriyle pekiştirilen sorunlu bir bağdır. Dr. Carnes, travmatik bağlanmanın aşırı vakalarına –ev içi şiddet, ensest, çocuk istismarı ve hatta kaçırılma, tarikatlar ve rehin alınma vakalarında "Stockholm sendromu" yaşayanlara– odaklandı. Bu tanımda, travmanın kaynağında

–bu durumda bizi istismar eden ya da canımızı yakan kişi– rahatlama aradığımızda travmatik bir bağa gireriz. Travmanın kaynağı bağımlı olduğumuz bir kişi olduğunda, kendimizi bu bağa kenetleyerek nasıl baş edeceğimizi (bu durumda sevgi alma) öğreniriz. Dr. Carnes bunu, bir başkasını karmakarışık etmek için "korkunun, heyecanın, cinsel hislerin ve cinsel fizyolojinin yanlış kullanımı" olarak tanımlar.

Benim daha geniş tanımımda, bir travma bağı, özgün benliğinizi ifade etmenizi desteklemeyen dinamiklerin içinde sıkışmış tutan ilişki kalıbıdır. Travma bağları genellikle çocuklukta öğrenilir, koşullanılır ve sonra (arkadaşlar, aile, romantik, profesyonel) yetişkin ilişkileriyle tekrarlanır. Bunlar en erken dönem ve genellikle karşılanmamış ihtiyaçlarımıza dayanan ilişki kalıplarıdır.

Travma bağları sadece romantik ilişkilere has değildir ancak en çok bu ilişkilerde göze batarlar. Hepimiz travma bağlarına katkı sağlarız ve büyük olasılıkla size özgü ihtiyaçlarınız –fiziksel, duygusal, ruhsal– her zaman istikrarlı biçimde karşılanmadılar.

Hepsini kapsamasa da bir travma bağında tanık olacağınız ortak noktalar şunlardır:

1. İlişkinin uzun vadede sorunlu sonuçlara yol açacağını bildiğiniz halde belli ilişkilere takıntılı, saplantılı bir çekim duyarsınız. Genellikle travma bağıyla ilişkili bu yoğun duygular, sevgiyle karıştırılır. Bu, korku ve terk edilme duygularının heyecan verici bir "kimya" gibi göründüğü bir itme-çekme dinamiğinde kendini gösterir. Bu dinamikte madalyonun diğer tarafında, kayıp tehdidinin yarattığı heyecanı kaybeden "güvenli" bir ilişkinin can sıkıntısıyla sonlanması yer alır. Heyecan birçok insanın geri dönmesini sağlayan önemli bir motivasyondur.
2. *Belli ilişkide ihtiyaçlarınız seyrek olarak karşılanır veya siz herhangi bir ilişkide ihtiyaçlarınızın neler olduğunun farkında değilsinizdir.* Her çocuğun fiziksel ve duygusal ihtiyaçları vardır. Birincil ebeveyn figürlerimiz aracılığıyla bu ihtiyaçların

nasıl karşılanacağını öğreniriz. Onlar kendi ihtiyaçlarını karşılayamadıkları için sizinkileri de karşılayamamış olabilirler. Bu, benzer şekilde yetişkinlikte sizin de kendi ihtiyaçlarınızı karşılayamamanıza neden olacaktır. Korku veya utanç kaynaklı bir şey isteyememe veya "hayır" diyememe şeklinde görünebilir. Hayat boyu karşılanmayan ihtiyaçlar nedeniyle kendinizi içerlemiş, tatminsiz veya muhtaç hissedebilirsiniz.

3. *İhtiyaçlarınızı karşılamak ve özgüven eksikliğinize bağlı olarak belli ilişkilerde kendinize ihanet etmeyi sürdürürsünüz* Kendinize güvenmediğiniz zaman değerinizi başkaları üzerinden karşılamaya çalışırsınız. Bunu yaptığınızda kim olduğunuza dair başkalarının algılarına kronik biçimde bağımlı olursunuz. Kendi içsel bilginize dayanan kararlar vermek veya seçimler yapmak yerine onları bir başkasının perspektifinden yapar ve başkalarının sizin gerçekliğinizi geçerli ya da geçersiz kılmasına izin verirsiniz. Bu, bazılarının "delilik" hissi olarak tarif ettiği, sürekli dengenizi bozan ve özgün benliğinizin iç rehberliğinizle kopukluğunuzu sürdüren bir kısırdöngüdür.

Travma bağları, çocuklukta yaratılan benlik hikâyelerine dayanan ve yetişkinlik ilişkilerimizde ortaya çıkan ilişki dinamiklerinin sonucudur. İçsel ihtiyaçlarımızın karşılanmaması durumunda nasıl uyum sağladığımızın (veya başa çıktığımızın) uzantılarıdır. Ego koruma hikâyeleri (benim *dikkate alınmıyorum* hikâyem gibi), zor duyguları yatıştırmak ve travmayla başa çıkmak için hayatın erken dönem adaptasyon tedbirleridir. Bu uyum stratejileri birincil bağlanma figürlerimizle olan sorunlarda hayatta kalmamıza yardım ettiği için yetişkinliğe adım atıp da başka bağlarda "tehditler" algıladıkça yine onlara sıkıca tutunuruz. İçimizdeki çocuğun yaralarının asla yeniden açılmaması için onları kendimizi koruma kalkanı olarak kullanırız.

Bu kalıplara doğru bilinçdışı çekim o kadar kuvvetlidir ki travma bağlantısına temellenen bir ilişkiyi korumak için hemen her şeyi yaparız – genellikle sevgi için kendimize ihanet ederiz. Bu, çocukluğumuzda sevgi görmek için bazı parçalarımızın "kötü", sevilmeye değmez olduğu söylendiğinde ve özgün benliğimizin bu yönlerini bastırdığımızda ya da yok saydığımızda öğrendiğimiz ihanetin aynısıdır. Amaç her zaman sevgi almaktır çünkü hayatta kalışımız kurduğumuz bağlara bağlıdır. Sevgi yaşamdır.

UTANÇ, BAĞIMLILIK VE TRAVMA BAĞLARI

Travma yaşamış insanlar için zihinsel ve fiziksel aktivasyon hissini özgün, gerçek bağlantıyla karıştırmak kolaydır. Stres tepkileri bilinçaltı tarafından homeostatik "evimiz" olarak tanımlandıysa kimya ve cinsel çekimle tehdit ve stres işaretlerini karıştırabiliriz. Zamanla, bizi döngülerde tutan bu yüksek duruma duygusal bir bağımlılık geliştiririz ve kendimizi her daim aynı partner veya farklı kişilerle aynı ilişki dinamiklerinin döngüsünde sıkışmış buluruz. Bu travmatik bağ bir bağımlılıktır ve bizi benzer bir biyokimyasal hız trenine bindiren diğer bağımlılıklar kadar gerçek ve tüketicidir.

Çoğumuz için bu özel yakınlık ve ret döngüsü en erken dönem ilişkilerimizin bir parçası olarak çocuklukta başladı ve bu koşullu döngüyü yansıtan yetişkin ilişkileri bulmaya mecburduk. Çocukluğumuzun, sevgisini ifade etmekte tutarsız, bir an ilgi gösterip hemen ardından tamamen ilgisiz olabilen bir ebeveyn figürüyle geçmiş olduğunu varsayalım. Sevgiye hasretizdir ve küçük beyinlerimiz duruma nasıl adapte olacağını öğrenir. Ebeveyn figürümüz yaramazlık yaptığımız zaman (negatif bile olsa) ilgi gösteriyorsa daha fazla ilgi çekmek için kasıtlı olarak sorun çıkartırız. Bu, ihtiyaçlarımızın karşılanması anlamına gelmese de çocukluğun temel ihtiyaçlarından olan ilgi ve görülme ihtiyacını karşılar. Fiziksel, duygusal ve ruhsal ihtiyaçlarımızın karşılanması için çocukluğumuzda yaptığımız girişimler (her ne kadar noksan, gayri şahsi veya kendine ihanet eden şeklinde olsa da) yetişkin ilişkilerimizde aynı ihtiyaçları karşılama biçimimizin temelini oluşturur. Sonucu ne olursa olsun tanıdık dinamiklere çekiliriz.

Öyleyse stresli ve kaotik ortamlarda doğan çocukların, yetişkinliklerinde de benzer ortamlar arayışına girmesi şaşırtıcı değildir. Bir korku durumunda yaşadığımız zaman (fiziksel zarar, cinsel taciz ya da terk edilme) bedenimiz moleküler, nörokimyasal ve fizyolojik seviyelerde değişir. Stres hormonlarının salgılanmasının neden olduğu his ve sinir sistemimizin tepkisi, eğer onları "sevgi" deneyimiyle ilişkilendirmeye koşullanmışsak bağımlılık yapabilir. Bu, doğrudan beynimizin nöral yollarının ateşlenmesi ve bağlanmasıyla homeostaza dönüşür. Bilinçaltımızla hep geçmişimizi yeniden yaşamanın peşindeyizdir çünkü konfor seven varlıklarız ve geleceği tahmin etmeye bayılırız; bu gelecek kesinlikle acılı, mutsuz ve hatta korkutucu olsa bile bilinmeyenden daha güvenlidir.

Cinsel kimyanın da kuvvetli fizyolojik etkileri vardır. Romantik bir ilişki aşırı yüksek ve alçak iniş-çıkışlar üzerine inşa edildiği zaman genellikle cinsel açıdan da iniş-çıkışlıdır ve bu da kendimizi aşırı şekilde *canlı* hissettirir. Seks sırasında salgılanan hormonlar güçlüdür; oksitosin bağlanma hissini artırır ve ağrı kesici görevi görür, duygusal ve fiziksel incinmeleri anlık olarak uyuşturur; dopamin ruh halimizi iyileştirir ve östrojen kadınlara her yönden genel bir destek verir. Bunlardan daha fazla istememize şaşırmamalı – özellikle de çocukluğumuzun koşullanmış dinamikleriyle iç içe geçmişlerse. Dalgalar bu kadar güçlü olunca kafayı suyun üstünde tutmak zordur.

Bu nedenle sorunlar romantik ilişkilerin erken döneminde yoğun seks yaşanan cicim aylarından sonra ortaya çıkar. Bu aşama geçildikten sonra genellikle sıkıntıdan yakınır veya partnerimizin hatası olarak algıladığımız şeye aşırı odaklanarak kendi stresimizi yaratmaya başlarız. Sevgiyi bir travma tepkisiyle ilişkilendirmeye koşullanmışsak o olmadan kendimizi uyuşmuş ve donuk hissederiz. Bu döngüyü yaşadım. İlişkimde huzur varsa, acil müdahale gerektiren bir kriz yoksa kendimi sinirli ve huzursuz hissederdim ve kesinlikle bir stres başlatırdım. Geçmişime bağımlı olduğum için onu geleceğim yapardım. Sonra da aynı hataları tekrarlamaktan dolayı utanırdım.

Utanç, daha iyisini bilmemiz gerektiği duygusundan kaynaklanır; ancak mantıksız ve hep güçlü bilinçaltımız bizi "daha iyi", daha rasyonel yolu tutturmaktan alıkoyar. Kendilerini travma bağlarının çekim/utanç döngüsünde sıkışmış bulan pek çok danışanla çalıştım. Genellikle bununla bir geçmişimiz olduğunu ve belli kalıplar içinde davrandığımızı biliriz; tipik olarak bunu kaybetmiş değilizdir. Kırmızı bayraklar her zaman görünürdedir. Öyle olmasa bile çoğumuzun onları gören ve nazikçe (bazen de değil), iyi niyetle bizi uyarmaya çalışan arkadaşları veya aile üyeleri olur.

Travma bağıyla ilişkili olduğumuz zaman rasyonel zihnimizden tepki vermeyiz; geçmişimizin bilinçaltı yaraları tarafından çekilir, tanıdık olana köklenmiş otopilot kalıplarıyla yaşarız. Bu koşullu kalıpların farkında değilseniz mükemmel (sizin için anlamı neyse) partneri sıvı kırmızı bayrakla da bulsanız ilişkinizde önemli bir şey eksikmiş gibi hissedeceksiniz. Hiçbir *bağlantı* olmayacak çünkü travma bağlantılı durumdasınız ve hiçbir sağduyu sizi oradan çıkartmaya yetmeyecek.

Tüm bunları travma bağlarının utanılacak bir şey olmadığını göstermek için anlatıyorum. Bedeninizden akan bir fizyolojik tepki şelalesi var, sizi tam da olduğunuz yerde tutmaya uğraşıyor. "Ayrıl gitsin" veya "Böyle olacağını tahmin etmeliydin" gibi travmanın dinamiklerinin anlaşıldığı bir yerden gelmeyen tavsiyeler yardımcı olmaz. Travma bağı, bilmekten vazgeçilip sil baştan öğrenilmesi gereken bir süreçtir. Bu, zaman ve sebat ister; çalışma gerektirir.

TRAVMA BAĞLANTISI ARKETİPLERİ

Bu kitaptaki her gelişme ihtimalinde olduğu gibi travma bağı kalıplarını kırmanın ilk adımı onlara tanık olmaktır. Şimdi Üçüncü Bölüm'de sözünü ettiğim çocukluk travmalarını, yetişkin ilişkilerimiz üzerindeki etkileri açısından yeniden ele alacağız. Bunun tam, eksiksiz bir kontrol listesi olmadığını bilin. Birçok insan bu arketiplerin birkaç tanesiyle özdeşlik kurar; çok azı hiçbirinde kendini göremez. Travma tepkilerimiz bu listeyle net bir şekilde uyumlu olmayabilir; hayattaki hiçbir şey değildir. Buradaki amacımız kendinize geriye dönme ve şunu sorma izni vermenizdir: O *zamanlar olan neydi, beni nasıl incitti ve şimdi ilişkilerimde nasıl başa çıkıyorum?*

Gerçekliğinizi inkâr eden bir ebeveyne sahip olmak. Bir çocuğa ne zaman düşündüklerinin, hissettiklerinin ya da dünyayı deneyimleyişinin geçerli olmadığı söylenirse benliğinde bir boşluk yaratılmış olur. Bu yaraya sahip olanlar, uyumu korumak için genellikle kendi gerçekliğini inkâr etmeye devam ederler. Bu kişiler kendi ihtiyaçlarını bilemezler veya patolojik şekilde yumuşak başlı, geçinmesi aşırı kolay olabilirler. Bu insanlar kendilerini feda etmeye yatkındırlar; helak olana dek başkaları için çabalayabilirler. Genellikle çatışmadan kaçınırlar ve "sen iyiysen ben de iyiyim" mantrasını benimserler. Gerçeklik reddi yarası olanlar, çok uzun zamandır sezgilerinden kopuk ve onlara güvenmez oldukları için kendi gerçeklikleri hakkında bile kafa karışıklığı yaşayabilirler. Kararlarını ve ihtiyaçlarını çevrelerindekilere bırakırlar. İhtiyaçları sürdükçe ve gücenmeleri, kızgınlıkları arttıkça kendilerini çevrelerindeki herkesi seçimlerinden sorumlu tutarken bulurlar.

Sizi görmeyen veya duymayan bir ebeveyne sahip olmak. Ebeveyn figürlerinin duyulma ve görülme konusundaki temel ihtiyaçlarını yok saydığını ya da ihmal ettiğini hissedenler, sevgi almak için gerçek doğalarını susturmaları gerektiğini çok erken öğrenirler. Duygusal olarak olgunlaşmamış üyelerin olduğu ailelerde yaşayanlarda da benzer tepkileri (soğuk davranmak, dışlamak veya ceza olarak "sessizce bozuk mu atıyorlardı?") sık sık görürüz. Sevgi çoğu zaman ya kıttır ya da koşulludur ve böyle bir ortamdaki insanlar alabilecekleri ne varsa alacaklarından emin olmak için ihtiyaçlarını ve arzularını neredeyse tamamen yok ederler. Oyunda genelde bir davranış biçimlendirmesi de vardır. Sık sık dışlananlar tehdit edildikleri zaman başkalarını dışlarlar. Bu yara kendini "büyük kişilikli" partnerler seçenlerde de gösterir. Birlikte çalıştığım bir danışanım genellikle güçlü, çok başarılı, girdikleri odanın havasını gerçekten "emen" partnerlere çekiliyordu. Bu insanların çekirdek yarası *–görülmüyorum, duyulmuyorum–* olur ve bu ana yaranın ifadesini sürdürebilecekleri partnerleri seçerler ve bir kez daha aşina küçümsenmek ya da görünmezlik durumuna doğru çekilirler. Ancak bu rolü oynamak, görülmemek ve duyulmamakla ilişkili tüm rahatsız duyguları aktive eder. Bu kadın ne zaman böyle büyük bir kişilik seçtiyse hep başarısız oldu çünkü bir süre sonra ilk başta onu çeken nedenler yüzünden partnerine kızmaya, içerlemeye başlıyordu.

Dolaylı olarak içinizde yaşayan ya da sizi kalıba döküp şekillendiren ebeveyn. Ebeveyn figürümüz doğrudan ya da dolaylı olarak inançlarımız, isteklerimiz ve ihtiyaçlarımız konusunda tercih beyan ederse bu bizde kendimizi özgün biçimde ifade edebilmek için bir alan eksikliği yaratır. Bu durumun kendini gösteren yolları çeşitlidir; çoğu zaman hayatın büyük küçük hemen her karar aşamasında bilgi ve yorum almak için partnerlerden, arkadaşlardan ve hatta akıl hocalarından gelen dış rehberliğe ihtiyaç şeklindedir. Bu kişiler nasıl "hissettiklerini" anlamak için olanları her zaman –bazen birden fazla kişiyle birden çok kez– konuşmaya ihtiyaç duyarlar. Ne hissettikleri, düşündükleri, nasıl olmaları gerektiği onlara her zaman söylenmiş olduğundan sezgisel rehberleriyle hiçbir bağlantıları yoktur. Bu onları sürekli olarak bir guru veya rehber aramaya veya yeni fikirlere ve gruplara körlemesine inanmaya sürükler.

Sınır koymaya model olmayan bir ebeveyne sahip olmak. Çoğumuz ebeveyn figürlerimizin kendileriyle ilgili net sınırlara sahip olmadığı evlerde büyümüş olsak da çocuklar sezgisel olarak sınırları anlarlar. Bazılarımızın ebeveyn figürleri "kibar" ya da "iyi" olmak uğruna rahat hissetmediğimiz şeyleri yapmamızı isteyerek bilinçsizce sınırlarımızı aşmış olabilir. Bu deneyimler sezgimizi ve doğuştan gelen sınırlarımızı çiğneyerek içsel mesajlarımızı sorgulamamıza neden olur. Yetişkinlikte kendimizi ilişkilerde ihtiyaçlarımızın üstünü çizerken ve sürekli olarak sınırlarımızın aşılmasına izin verirken bulabiliriz. Zamanla bu ihtiyaçların böyle inkâr edilmesi öfkeye ya da gücenmeye dönüşür – hor görme diye bilinen ve önemli çift terapisti Dr. John Gottman tarafından geniş araştırmalarda gösterilen ilişki katili konsepti. Güceniriz ve şaşırırız: "Neden insanlar beni kullanıyor?" ya da "Neden insanlar beni takdir etmiyorlar?" Bu, sınır ihlallerine normal bir karşılıktır. Anlayamadığımız şey, bunun yaşamımız boyunca başkalarına harcadığımız duygusal kaynaklar, enerji, zaman için sınır koymamış olmamızla ilgisidir.

Dış görünüşe aşırı odaklı bir ebeveyne sahip olmak. Çoğumuz ebeveyn figürlerimizden fiziksel olarak (kilomuz, saçımız ya da giysilerimiz) nasıl göründüğümüz ve hatta ailemizin başkaları tarafından nasıl algılandığı konusunda doğrudan ve dolaylı mesajlar almışızdır. Yetişkin olunca duygusal iyilik halinin yüzeysel görünümün çok daha derine indiğini anlamadan yüzeysel ölçütlere uyup uymadığımızı görmek için kendimizi başkalarıyla kıyaslama alışkanlığı geliştirebiliriz. Böyle dış görünüşe bu denli bağlı olmak, dışarıya sunduğumuz imajımıza aşırı derecede odaklanmamıza neden olur. "Mükemmel" görünümünü korumak için yaşadığımız zorlu sorunları inkâr eder ve hatta kasıtlı olarak saklayabiliriz. Güzel fotoğraflarımızı yayınlayıp durduğumuz sosyal medya, çoğumuz bu görünümün ardında derin bir acı çekerken bize hiç de yardımcı olmaz.

Duygularını düzenleyemeyen ebeveynlere sahip olmak. Ebeveyn figürlerimizin duygularıyla patlayarak veya kendilerini çekerek başa çıktıklarını görmek bize kendimizi duygusal olarak bunalmış hissettirir. Yetişkinlikte uyarlanabilir duygusal başa çıkma becerilerimiz ve genel olarak duygusal dayanıklılığımız eksiktir. Çoğumuz ebeveynlerimizin gösterdiği aynı duygusal tepkiselliği ya da tutukluğu gösteririz. Bazılarımız duygularını patlamakta bulur ve herkese bağırır, kapıları çarpar. Bazılarımız yoğun duygularıyla mesafe alarak mücadele eder. Bu, kaçınan ya da çatışma istemeyen biri gibi görünebilir. Daha aşırı uçta, bu insanlar kopma (dissosiyasyon) yaşarlar. Bazıları bu durumu yaratmak için dış yardımlara başvurur: uyuşturucular, alkol, kendini sosyal medya ile oyalamak, yiyecekle sakinleşmek... Bağın kendisi de uyuşturan bir araç olabilir, kafamız bir ilişkiyle meşgul olduğu zaman kendimize daha derin bir şeyin bizi mutsuz edip etmediğini sormamıza gerek yoktur.

Bu genel arketipleri aklınızda tutarak hayatınızdaki insanların etrafında bedeninizin nasıl hissettiğine dikkat edin. İlişkilerimiz, zihin sağlığımızın durumunu belirlememizi sağlayan bir rehberlik sistemidir. En yakın ilişkide olduğunuz birkaç kişinin ismini yazın. İsimlerin altına onlarla etkileşimde olduğunuz sırada kendinizi en sık nasıl hissettiğinizi yazın. Gergin, kaygılı mısınız? Ya da özgür, güvende mi? Bu size, çocukluk deneyimlerinizle öğrendiğiniz bazı ilişki kalıpları hakkında farkındalık vermeye başlayacaktır.

TRAVMA BAĞLANTISI TUZAĞI

Çoğu zaman ilişkideki her iki birey de bir yandan kendine özgü çocukluk travmalarının sonraki etkileriyle mücadele ederken aynı zamanda birlikte yaşamaya, sevmeye ve hayata tutunmaya uğraşır. Kimse bir ilişkinin kolay bir şey olduğunu söylemez.

Kendisi de terapist olan danışanlarımdan biri kocasıyla olan inişli çıkışlı ilişkisi konusunda yardım istemişti. Her travma bağında olduğu gibi bağlarının bazı yönleri son derece onlara özgü, bazıları daha genelleştirilebilirdi. Joshua ve Shira'nın ilişkisi kişisel olanın sıklıkla nasıl evrensel de olabileceğini gösterir.

Joshua ve Shira, Ortodoks Yahudi topluluğunun aktif birer üyesidirler. Aile, ritüeller ve gelenek ikisi için de çok önemlidir. Bu paylaşılan değerlerin dışında, kumaşları bu kadar farklı olamazdı. Shira'nın ebeveynlerinin ikisinin de özel ihtiyaçları vardı, ona bakamıyorlardı ve bu sorumluluğu daha geniş aile, özellikle teyzeler ve nineler yüklenmişti. Shira'dan ebeveyn figürlerinin özel ihtiyaçları olduğu hiç gizlenmemişti ve kız onların veremeyeceği bir bağın derin özlemini çekiyordu. Bu duygusal terk nedeniyle kendini sürekli sevgisiz hissediyordu. Başa çıkmak için herkesi mutlu eden birine dönüştü; sürekli sevilmeye değer olduğunun dışarıdan doğrulanmasını istiyordu.

Joshua tersine, sekiz çocuklu bir aileden geliyordu. Annesi çok benmerkezciydi ve duygularını düzenlemekte zorluk çekiyordu. Onun ihtiyaçları çocuklarınkinden önce geliyordu ve en büyük çocuk olan Joshua hayatta kalabilmek için annesini stabil tutması gerektiğine inanıyordu. Zamanla bunu yapmanın en iyi yolunun sessiz kalmak ve kendi duygusal dünyasını bastırıp saklamak olduğunu öğrendi. Muhtemelen tahmin edebileceğiniz gibi bu, kopma (dissosiyasyon) ile sonuçlandı.

Aile çevresiyle erkeklerin duygusal olmaması gerektiği kültürel mesajı birleşince, Joshua başarı aracılığıyla "sevgiyi" dışarıda aradı. Ülkenin en iyi okullarından birinde tıp okudu ve bir cerrah oldu.

Shira bana geldiğinde, Joshua onu güçten düşüren, bıktıran ve bazen bir cerrah olarak işini yapmasını inanılmaz derecede güçleştiren fiziksel acılar yaşıyordu. Fiziksel acı başladığından beri ilişkide süregiden tüm sorunları kötüleştirmişti. Joshua duygusuzdu, stres ve çatışma anlarında içine kapanıp mesafe alıyordu, bu da Shira'nın terk edilme yaralarını açıyor, kadın kendini umutsuz, korku dolu ve muhtaç hissediyordu. Joshua zor bir günün ardından yorgun argın eve geldiğinde uzaklaşıp kapanıyordu. Bu bağlantı eksikliğini hisseden Shira duygularını açığa vuruyordu.

"Ne oldu? Bana kızgın mısın?" ilgi avı başlıyordu.

Sonra suçlamalara dönüşüyordu: "Beni sevmiyorsun! Başka bir ilişkin var!"

Panik içindeki son derece yalnız Shira, Joshua'yı fiziksel olarak takip ediyor, elli kere arıyor, işyerine gidiyor, mesafeli davranışları hakkında aile üyeleriyle konuşuyordu. Kendini gerçekten güvende hissetmesinin tek yolunun, aralarındaki algılanan boşluğu azaltmak olduğunu hissediyordu.

Joshua kendini güvende hissetmek için duygularını daha da bastırıyor, Shira'nın yakınlaşma girişimlerini tehdit olarak algılıyor, annesinin duyguları kendi duygularının önüne geçtiği zaman hissettiklerine benzer hissediyordu. İlişkileri klasik yaklaşma/çekilme kalıbının bir örneğiydi: Adam sevgisini göstermedikçe kadın kendini terk edilmiş hissediyor, anlaşılır bir şekilde derinden inciniyor ve duygusal güvenliğine kavuşmak için daha da yanaşıyordu. O ne kadar yakınlaşırsa adam o kadar itiyor ve kadının endişesi daha da artıyordu. İkisinin de ihtiyaçları karşılanmıyor ve ikisi de diğeri yüzünden acı çekiyordu. Travma bağı dinamiğinin özü budur. İhtiyaçlar sürekli karşılanmadıklarında ardından gücenme/kin gelir. Gücenme/kin bir ilişkinin katilidir.

ÖZGÜN SEVGİ

Travma bağlarına sahip olmanız ilişkinizin kaderine terk edileceği anlamına gelmez. Travma bağları hep sahip olduğumuz ilişki kalıplarını ortaya çıkaran ve değişim için üzerinde çalışacağımız alanları görebilmemizi sağlayan öğretmenlerdir. Neyse ki bu kalıplar hakkında kesin, değişmeyecek hiçbir şey yoktur. Buraya kadar öğrendiğimiz her şey gibi onların farkına bir kez vardıktan sonra değişim süreci başlayabilir.

Joshua ve Shira travma bağlarını tam olarak iyileştirdiler diyemem, ama ikisi de çocukluklarının ilişkileri üzerindeki etkilerini kabul ederek kendileri ve ilişkileri üzerinde çalışmaya karar verdiler. İtme-çekme travma bağı tuzağı ortaya çıktığı zamanlar Shira anlaşılır duygusal tepkiselliğiyle şefkatle başa çıkmanın yollarını öğrendi; kendisini içgüdüsel tepki verme ihtiyacından ayırabilmek üzere nefes çalışması ve meditasyonla ilgilenmeye başladı. Joshua duygusal olarak kopmaya başladığı zaman kendini ifade etmeyi öğrendi, eşine "İçime kapandığımı hissediyorum," ya da "Bu durum beni bunaltıyor," demeye başladı. Dışarıdan bakan birine çok bir şey değilmiş gibi gelebilir, ama Shira açısından partnerinin iç dünyasının deneyimini söze döktüğünü duymak kendini duygusal olarak daha bağlı hissetmesine yardım etti; terk edilme tehdidi korkusunun sinir sistemi üzerindeki aktivasyonunu yatıştırabildi. Kocasının kendini ifade ettiğini duyduğu zaman özlemini duyduğu bağlantıyı sağlamış oldu ve ona duygusal olarak ihtiyaç duyduğu alanı verebilecek kadar kendini güvende hissedebildi.

Lolly ile ben de bir travma bağıyla başladık. Boşanmamın ardından tekrar biriyle çıkmaya hazır olduğuma sonunda karar verebildiğimde bağlandık. Kendine güveni beni hemen ona çekti. Son derece kendinden emin görünüyordu ve bu enerji son derece çekiciydi.

En kendinden emin görünen insanların bile yaraları vardır. Lolly'nin kendi travma geçmişi vardı ve aşırı duygusal bir çocukluk ortamıyla Joshua gibi başa çıkmıştı. Başa çıkabilmek için bağlanmaktan kaçınıyordu ve özellikle romantik ilişkilerde buna korku da ekleniyordu: *Beni terk etmenden korkuyorum; kalmandan korkuyorum.* Bir gün ilgili ve tutkuluyken ertesi gün, çatışma çıktığında kaçıyordu. Bu da beni duygusal olarak son derece aktive ediyor ve aynı zamanda ona bağlı tutuyordu; ilişkimizin ilk döneminin iniş-çıkışları çocukluğumun stres ve kaosunu son derece yansıtıyordu. İşler kötü giderken düzelene kadar duygu fırtınaları, kaygı dalgaları yaşıyordum ve o noktada da bir başka olay çıkmasını bekliyordum. Farkına bile varmadan her şeyin kötü gitmesini kesinleştirecek şekilde çatışmaya başladık. Bu bir stres treniydi ve ikimiz de ona bağımlıydık. İkimiz de dinamiklerimizin farkında değildik.

Lolly her zaman değişiklikten yanaydı. Hiç durulmak istemiyordu ve ilişkilerin yürümesi için sürekli evrilmesi gerektiğine inanıyordu. Mevcut durumun rahatlığını tercih etmektense büyümek ve genişlemek istiyordu. Ben de geçmiş ilişki kalıplarım hakkında yeni kazandığım farkındalığımdan öğrendiklerimle kendimi geliştirmek istiyordum.

Lolly ile Philadelphia'da bulunduğum bir dönemde karşılaştığımız için ailemle daha fazla zaman geçiriyordum. Onları görme sıklığıma bağlı olarak –bunu kabul etmek istesem de, istemesem de– geçmişin birçok kalıpları yüzeye çıkıyordu. Lolly hepimizle daha fazla zaman geçirmeye başlayınca kibarca gözlemlerini paylaştı. Ailemi görmeye giderken daha kaygılı ve içime kapanık olduğumu, sonrasındaysa yüksek duygu durumunda, kavgaya hazır ve günlerce huzursuz olduğumu söyledi. Bu onu da huzursuz ediyordu çünkü duygusal enerjimi ona boşaltıyordum.

Bunu başta göremedim. Aslında başta bu gözlemlere açıkça düşmanlık gösterdim. Zamanla, farkındalığım derinleştikçe ve kendi hakikatime, özgerçeğime ulaştıkça şimdi çok rahat görebildiğim koşullu karşılıkların hepsini görebildim. Lolly bana ışığı görmemde yardım etti. Beni uzaklaştırmak ya da cezalandırmak yerine olumlu bir değişimin kışkırtıcısı oldu.

Çalışmada derinleştikçe gelişme arzumuz daha da genişledi. İkimiz de her gün kendimizi göstermeye ve birlikte çalışarak kendimizi iyileştirmeye söz verdik. Daha erken yattık. Spor yaptık. Sabah rutinleri edindik. Günlük defter tuttuk. Beslenmemizi değiştirdik ve kimyasallarla dolu bedenimiz için detoks yaptık. Başta tüm bu farkındalık ve değişim duygusaldı. Bazen yerlere yatırıp ağlatacak kadar ağırdı. Birlikteliğimiz iyileşme yolculuğunu daha dönüştürücü kıldı. Bazı günler yapmayı hiç istemesem de yine de çalışmada kendimi gösterdim çünkü *o* yapıyordu. Zamanla bunu *kendim* için istediğimden yapmaya başladım.

Ebeveyn figürlerinin neden olduğu boşluğu ya da yaraları dolduracak bir araç olarak kullanılan bir ilişki yürümez. Sağlıklı bir ilişki karşılıklı evrim için alan sağlar. Bu, özgün sevginin özüdür; iki insan birbirlerine tam olarak görülecekleri, duyulacakları ve kendilerini ifade edecekleri özgürlüğü ve desteği verirler. Özgün sevgi duygusal bir lunapark treni gibi hissettirmez; huzurludur ve her iki taraf da karşılıklı saygı ve hayranlık duyarak kendilerini göstermeyi seçerler. Özgün sevgi güvenlidir. Karşınızdaki kişinin mülkiyetinin size ait olmadığı farkındalığına temellenir; o sahip olunacak bir şey veya ebeveyniniz değildir; partneriniz sizi tamir edecek ya da iyileştirecek biri değildir.

Bu, sevginin "romantik komedi" tarifi değildir. Özgün sevgi her zaman "iyi", hatta romantik bile hissettirmez. Romantizmle ilişkilendirdiğimiz duygusal bağımlılık döngüleri aktive değildir, terk edilme ya da destek ve sevginin çekilmesi korkusundan doğan heyecan yükü yoktur. Ayakları yere basar. Sevgiye kavuşmak için bir şekilde davranmanız ya da kendinizin bazı yönlerini saklamanız gerekmez. Yine de sıkılmış ve huzursuz hissedeceksiniz. Başka insanlara yine çekim duyacaksınız ve hatta bekâr hayatınızın yasını bile tutabilirsiniz. Bilinçli ilişkiler peri masalları değildir. "Sen beni tamamlıyorsun" diye bir şey yoktur. Gülümse ve *puf! Sonsuza kadar mutlu yaşamadılar!* Buraya kadar gördüğünüz her şey gibi özgün sevgi için de çalışmak gerekir. İleriye giden yol, travma bağlarınızdaki kendine ihanetin ve kendi ihtiyaçlarınızı onurlandırmada oynayabileceğiniz rolün farkına varmaktan geçer.

ÇALIŞMAYI YAP: TRAVMA BAĞLARINI TANIMLA

Çocukluk yaralarının ya da bastırdığın duygularının yetişkinlikte de seni ve ilişkilerini nasıl etkilediğini fark etmek için aşağıdaki yönlendirme cümlelerini kullanarak düşünmeye ve yazmaya zaman ayır. Üçüncü Bölüm'de tamamladığın defter tutma egzersizine bak; deneyimlediğin çocukluk yaralarını not etmeyi unutma.

GERÇEKLİĞİNİ İNKÂR EDEN BİR EBEVEYN FİGÜRÜNE SAHİP OLMAK

Biri düşüncelerini, duygularını ve deneyimlerini inkâr ettiğinde nasıl tepki verdiğin üzerine düşün ve yaz. Kendine tanık olarak biraz zaman geçir ve ne tür deneyimlerin bu duyguları aktive ettiğini keşfederek tepkilerini not al. Şu yönlendirme cümlelerini kullanabilirsin:

Bugün (gerçekliğinin inkâr edildiğini hissettiğin bir deneyim yaz) zaman kendimi ______________ hissettim (hissediyorum) ve ______________ şeklinde tepki verdim (veriyorum).

SENİ GÖRMEYEN VE DUYMAYAN BİR EBEVEYN FİGÜRÜNE SAHİP OLMAK

Kabul görmediğini hissetmenle sonuçlanmaya devam eden deneyimlerine tanık ol. Yetişkinliğindeki görülme ve duyulma yollarını fark et. Örneğin, kendini başkalarının seni görmesi ve duyması için umutsuzca çabalarken mi buluyorsun, yoksa genel olarak kabul görmediğine dair derin bir his mi taşıyorsun? Takdir görmek için ilişkilerinde rol yapıyor musun? Başkalarının onaylamayacağını düşündüğün bazı düşüncelerini, hislerini veya bazı yönlerini saklıyor musun? Yetişkinlikte kabul edilmemeye karşı nasıl tepki veriyorsun? Şu yönlendirme cümlelerini kullanarak defter tutabilirsin:

Bugün (kendini görülmemiş ve duyulmamış hissettiğin deneyimini yaz) olduğu zaman kendimi ______________ hissettim (hissediyorum) ve ______________ şeklinde tepki verdim (veriyorum).

DOLAYLI OLARAK İÇİNDE YAŞAYAN YA DA SENİ KALIBA DÖKEN VE ŞEKİLLENDİREN BİR EBEVEYN FİGÜRÜ

Arkasında gerçek bir tutku veya kişisel bir amaç olmaksızın davranışta bulunduğun anlara, ilişkilere ve deneyimlere tanık ol. Utanç, kafa karışıklığı, tatminsizlik gibi hislerin var mı? Bu genellikle gerçek doğamızın ve amacımızın dışında yaşadığımızda olur. Başkalarının dile getirdiği isteklere, övgülere, hayali korkularına (değişirsem beni sevmezler) veya dış etmenlere dayalı seçimler yapmaya devam ettiğin farklı yolları fark edip not almak için biraz zaman ayır.

Kim olduğun (ya da olmadığın) konusunda başkalarından aldığın mesajlara ne kadar bel bağladığına ve onlara göre nasıl değiştiğine dikkat et. Bu mesajlarda kabul gören yönlerini ifade etmeye nasıl devam ediyorsun ve kabul görmeyen yanlarını nasıl bastırıyorsun? Gerçekte kim olduğundan henüz emin değilsen endişelenme, bunu çoğumuz bilmeyiz çünkü çok küçük yaştan itibaren kim olduğumuz bize hep söylenegeldi.

Şu yönlendirme cümlelerini kullan:
Bugün şu şekillerde başkaları için yaşamaya/dış etmenlere dayanan günlük seçimler yapmaya devam ettim: _______________
Bugün, mevcut davranışlarımı şekillendiren şu mesajları almaya devam ediyorum _______________

SINIR KOYMAYA MODEL OLMAYAN BİR EBEVEYN FİGÜRÜNE SAHİP OLMAK

Kendini yargılamadan ve eleştirmeden başkalarıyla (arkadaşlar, aile, romantik partnerler) ilişkilerini gözlemlemeye biraz zaman ayır. Aşağıdaki yönlendirme cümleleri bu ilişkilerdeki sınırlarının farkına varmanı sağlayacaktır. Hiç sınırın olmayabilir; kendimden biliyorum, bir zamanlar benim yoktu. Bunun farkına vardıkça kendi sınırlarımız ve başkalarınınkilere nasıl karşılık vereceğimiz hakkında yeni seçimler yapabiliriz. Unutma, bu bir uygulama; sınırlarından konuşabilmen ve bu konuda kendine güven duyman vakit alacaktır.
"Hayır" demekte rahat mısın, yoksa bunu yaparken suçluluk veya korku mu duyuyorsun? _______________
Bir durum hakkında sınırlarını ve gerçek hislerini belirtmekte özgür müsün?

_______________---
Bilinçsizce başkalarını kendi bakış açını ve fikirlerini benimsemeye zorlamaya çalıştığın oluyor mu?

DIŞ GÖRÜNÜŞE AŞIRI ODAKLI BİR EBEVEYN FİGÜRÜNE SAHİP OLMAK

Yargılamadan ve eleştirme olmaksızın fiziksel görünümünle olan ilişkini gözlemlemek için biraz zaman ayır. Fiziksel olarak kendin hakkında nasıl hissettiğin, hem kendinle hem de başkalarıyla olan ilişkilerine yansır. Fiziksel görünümün hakkındaki anlatılarının çoğu bilinçdışıdır; onların farkına varırsan güncel hikayelerini anlayabilir ve yenilerini yaratabilirsin. Bu yönlendirme cümleleriyle çalışırken kendine karşı nazik ve şefkatli olmayı unutma. Burada yargılamıyorsun. Amacımız nesnel olmak ve meraklı kalmak.

Kendimle bedenim hakkında nasıl konuşuyorum? ______________

Arkadaşlarımla bedenim hakkında nasıl konuşuyorum? ______________

Ne sıklıkta kendi fiziksel görünümümü başkalarınınkiyle kıyaslıyorum? ______________

Başka insanların fiziksel görünümleri hakkında nasıl konuşuyorum? ______________

DUYGULARINI DÜZENLEYEMEYEN EBEVEYN FİGÜRLERİNE SAHİP OLMAK

Şimdi, yetişkinliğinde duygularını nasıl düzenlediğini gözlemlemeye biraz zaman ayır. Duygularını nasıl deneyimlediğine ve onlarla nasıl başa çıktığına tanık ol. Gündelik hayatında ya da genel olarak hayatının birçok alanında bazı duyguları nasıl inkâr etmeye devam ettiğini fark etmeye özellikle dikkat et. Her zaman pozitif ve ortamın neşe saçan kişisi olmaya mı çalışıyorsun? Arkadaşların ve partnerlerinle hislerin hakkında iletişim kuramıyor musun? Bazı duygularını tam olarak ifade edebilirken bazılarını saklıyor musun? Şu yönlendirme cümleleri eşliğinde derinlemesine düşünebilirsin:

Güçlü duygusal deneyim yaşadığın zaman nasıl karşılık veriyorsun? ______________

Duyguların nedeniyle stres altında kaldığın zaman bir başa çıkma stratejin var mı? Nedir? ______________

Güçlü bir duygusal deneyim yaşadığın zaman bunu çevrendekilere nasıl iletiyorsun? ______________

Güçlü bir duygusal deneyimin ardından kendine özen, bakım gösteriyor musun, yoksa verdiğin karşılık nedeniyle utanç mı duyuyorsun? ______

Bugün duygularımı şu şekillerde inkâr etmeyi sürdürdüm (sürdürüyorum): ______________

10

Sınırlar

Danışanım Susan, benimkine benzer şekilde "tipik" bir orta sınıf "aile her şeydir" evinde yetişmişti. İyileşme yolculuğunun başında ailesini idealize ediyor ve ebeveynlerinin sağladığı geniş destek ve verdiği büyük sevgiden başka bir şeyden söz etmeyerek zayıflığı fazlasıyla telafi etme çabasına girişiyordu. Duygularıyla mücadelesini kaybettikçe ve tatminsiz kaldıkça, "Neden böyleyim bilmiyorum, ne istersem oldu," diyordu. Ebeveynlerinin sağlam bir evliliği vardı. Okulundaki her aktiviteye katılmışlardı. Onu ilgiye boğuyorlardı.

Susan özellikle annesini idealize ediyor, ona neredeyse bir kahraman özellikleri atfediyordu. İçimizdeki çocuk çalışmasını ilk duyduğu zaman saçmalık olduğunu söyleyerek yanaşmadı. Kendi travmalarından duyduğu korku aşırı hayranlıkla telafi ediliyordu ve geçmişini tartışırken en küçük bir rahatsızlığa izin vermiyordu. Kendisine daha dürüstçe tanık olmaya başladıktan sonra daha kritik bir portre ortaya çıktı. Annesi genellikle yönlendirici ve kontrolcüydü. Çocukluğunda çok fazla bilinçsizce kalıba dökme ve şekillendirme vardı ve annesi kendisinin hiç yaşamamış olduğu hayatı kızının yaşamasını istiyordu. Bu dinamik Susan birbirlerine bağımlı oldukları yuvayı terk ettikten sonra yoğunlaşmıştı.

Annesi günde birkaç kez arıyor ve Susan telefonunu açmazsa ya da çağrısına kadını tatmin edecek kadar hızlı dönmezse suçluluk silahını kullanıyordu.

Susan'ı asıl rahatsız eden, annesinin haber vermeden sık sık evine gelmesiydi; geliyor ve Susan'ın onun için her işini bırakmasını istiyordu. Bu Susan'ı acayip öfkelendiriyor ve annesinin odasına daldığı, günlüklerini okuduğu çocukluk anılarını canlandırıyordu. Yine de Susan hiç şikâyet etmiyordu – daha açık bir ihlal olduğu zaman bile. Bakıcı içsel çocuk arketipine uyan Susan, her daim annesini hoşnut etmeye çalışmıştı. Hayatta anne rolünü üstlenmişti, kendi anne/çocuk dinamiğinde olmayan sabrı herkese gösteriyor ve sınırsız sevgiyi veriyordu.

İlginç olan Susan'ın iyileşme yolculuğuna, yıllarca umutsuzca başkalarıyla bağlantı kuramadığını hissetmesinden sonra başlamasıydı. Sık sık arkadaşları için bir "paspas" olduğunu düşünüyor ve kendini öyle tanımlıyordu. Çevresindekilerin tüm streslerini ve sorunlarını dinleyip akıl veriyordu (buna duygusal boşaltım diyorum, bu bölümde göreceğiz). Özellikle bir arkadaşı kaotik romantik ilişkisinde algıladığı her felaket için onu arayarak şefkatinden ve sabrından açıkça faydalanıyordu. Bu arkadaş gecenin bir yarısında rahatlamak için onu aramaktan çekinmiyordu ve Susan bunun uygunsuz olduğunu düşünse de her zaman telefonu açıyordu. Arkadaşının telefonunu reddetme düşüncesi bile onu fiziksel olarak hasta ediyor, içi suçluluk ve utançla doluyordu. *Arkadaşının ona ihtiyacı vardı.*

Susan her zaman "iyi arkadaş", "iyi yürekli", "her zaman hazır olan"dı. Onun hikayesi buydu ve buna bağlı kaldı. Telefonu her zaman açmaya devam etti. Kendisine karşılık vermeyenlere zamanını ve duygusal kaynaklarını vermeye devam etti. Onu tüketen ilişkilerini sürdürüyor, aynı zamanda bu etkileşimlerin tek yanlı, adaletsiz ve hatta sığ olduklarını düşünmekten kendini alamıyordu. *Arkadaşlarından herhangi biri onun hakkında gerçekten bir şey biliyor muydu?* Kendini görünmez hissediyordu. Seanslarımızda çoğunlukla ağlardı. "Beni gerçekten sevecek birini bulabilecek miyim?" diye sorardı.

Zamanla, Susan'ın annesiyle ilişkisi stres yaratmaya devam ettikçe annesinin ona kendini güvensiz hissettirdiğini fark etti. Kendini gerçek duygularını ifade etmekte özgür hissetmiyordu; annesinin arzularını yerine getirmek için kendi arzularını sürekli yok sayıyordu. Annesini bu kadar sık ziyaret etmek *istemiyordu*, ama bunu suçluluk, utanç ve korkudan dolayı yapıyordu, tıpkı arkadaşları aradığında telefonu her defasında açtığında olduğu gibi. Kimliğini başkalarını memnun etmekte bulmuştu ve onu korumakta sınır tanımıyordu; o kadar fazla başkalarının hizmetindeydi ki özgün benliğiyle tüm bağlantısını yitirmişti.

İÇ İÇE GEÇMİŞLİK

Çoğumuz sınırlarla tanıştığımız zaman ufkumuz açılır. Sizi (düşüncelerinizi, inançlarınızı, ihtiyaçlarınızı, duygularınızı, fiziksel ve duygusal alanınızı) başkalarından ayıran açık ve net sınırlar, özgün ilişkiler geliştirip sürdürebilmek için gereklidir. Net sınırlar koyabilmek ve onları zaman içinde koruyabilmek genel iyilik halimiz açısından çok önemlidir.

Çocukluktaki sınır eksikliği yetişkinlikte sınır koymada benzer zorluklar olarak kendini gösterir. Ayrılığımızı –ayrı duygular, ayrı fikirler, ayrı gerçeklikler– çocuklukta ifade edecek alanımız olmamışsa ya da sık sık ailemizle "grup halinde" düşünmüşsek *(Biz şöyle yaparız, böyle yapmayız. O insanları sevmiyoruz. Biz böyle bir aileyiz)* özgün benliğimizi ifade edecek bir fırsatımız olmamış demektir. Bazı ebeveyn figürleri, kendi yaşanmış deneyimlerine bağlı yaraları nedeniyle bilinçsizce çocukları kendi ihtiyaçlarını karşılama aracı olarak görürler (çocuğa sırlarını açmak, onu "en iyi arkadaşı" olarak tanımlamak).

Bu dinamikte, ailede kimsenin özerklik geliştirecek ya da özgün benliğini ifade edecek alanı olmadığı için duygusal çizgiler bulanır. Buna iç içe geçip birbiri içinde dağılan ilişki tipi diyebiliriz. Bu durumda tam bir ayrı olabilme özelliği yoksunluğu vardır. Ebeveynler çocuklarının hayatına fazla yatırım yaparlar; duygusal aktivasyon tüm aileye yayılır; diğer aile üyelerinden ayrı zaman geçirmek teşvik edilmez ve hatta cezalandırılır. Neredeyse sürekli temas olmasına rağmen (çoğunlukla teması kesmek herkese korku verdiği ve duygusal aktivasyona neden olduğu için) ebeveyn figürleri çocuğu kontrol edememekten ve çocuk da aile birliğinden dışlanmaktan korkar. Bu hakiki bir bağlantı değildir; ruhların birleşimi yoktur çünkü hiç kimse tam anlamıyla kendisi değildir. Böylesi iç içe geçmişlik kalıpları olanlar, aile birliğiyle sahte bir yakınlık ve samimiyet duygusuna sahiptirler. Yüksek duyguları paylaşmak grubu bir arada tutar ve sınırların olmayışı paylaşılan bir gerçekliği güçlendirir. Bu sahici bir bağlanma değildir çünkü gerçek yakınlık, sizin de keşfedeceğiniz gibi açık, net sınırlarla karşılıklı paylaşımı ve aynı anda ayrı gerçekliklerin var olabilmesi özgürlüğünü içerir.

Susan'la gördüğümüz gibi iç içe geçip dolaşmış ilişkilerden kaynaklanan çocukluk yaraları yetişkinlikte başkalarıyla ilişki kurma biçimimizi şekillendirir ve bizi içsel değil dışsal rehberlik sistemlerini izlemeye yöneltir. Kendimizle güvenli bir ilişkimiz olmadığından ve sürekli kendi ihtiyaçlarımızı inkâr ettiğimiz için bırakın ihtiyaçlarımızı açıkça iletmeyi, onların ne olduklarını bile bilmeyiz. Susan böyle bir ailede yetişmiş bir çocuğun klasik örneğidir: İnsanları memnun etmek için çırpınır; birçok nedenle hep kendini feda eden biridir; karşılığında bir şey istemeden duygusal, psikolojik ve ruhsal sağlığından fedakârlık yapar çünkü çocukluğunda sevgi görmek için böyle davranması gerekmiştir. Zamanla değersizlik duygusu, neşesiz bir ruh hali ve depresyon ortaya çıkar. Zamanla, temel ihtiyaçlarımız sürekli olarak karşılanmadıkça öfke ve gücenme başlar. Tüm bunlar suçluluk ve terk edilme korkusuyla iç içe geçer, bizi duygusal olarak bağımlı biçimde bir kısırdöngünün içine hapseder.

Hakiki yakınlık, göreceğimiz gibi anlaşılır sınırlar koyarak ve karşılıklı paylaşımla mümkündür. Sınırları belirlemeyi bir kez öğrendiğimizde, gerçekten kendileri olan kişilerle gerçekten kendimiz olabileceğimiz alanlarımız olur.

SINIRLARA GİRİŞ

Sınırlar şu âna kadar öğrendiğimiz çalışmanın her yönünü somutlaştırır. Bir kavramı "en önemli" diye etiketlemekten nefret ederim, ama bu kitabı okurken bir şey aklınızda kalacaksa onun bu bölüm olmasını dilerim. Sınırlar sizi korur. Fiziksel olarak dengede tutar. Sezgisel benliğinizle bağlantı kurmanıza yardım eder ve sahici sevgiyi deneyimlemek için kritik öneme sahiptir.

Sınırlar her ilişkiniz ve özellikle de kendinizle ilişkiniz için gerekli bir temel teşkil eder. Uygunsuz, kabul edilemez, sahte, sıradan ya da arzulanmayan şeylerden sizi uzak tutan koruyucu duvarlardır. Sınırlar yerinde olduğu zaman özgün ihtiyaçlarımızı ve isteklerimizi daha kolay ifade ederiz. (Güvenlik sağlayan sınırlarımız olduğu için sosyal etkileşim bölgesinde daha tatminkâr yaşayarak) Otonom sinir sistemi tepkimizi daha rahat düzenleriz ve temel ihtiyaçlarımızı inkâr etmekten doğacak kızgınlık ve gücenmeden kurtuluruz. Sınırlar şarttır – ve o kadar az bulunurlar ki; özellikle de sınırların hiç olmadığı ya da sürekli aşıldığı iç içe geçen ilişkilerin oluşturduğu bir aile dinamiğinden geliyorsak.

Çoğumuz "hayır" demeyi hiç öğrenmedik. Bunun sonucu olarak da çok fazla "evet" diyor, çok fazla talebi yerine getiriyor ve bir kırılma noktasına geliyoruz. Bundan sonra yaşadığımız ani patlamalar için suçluluk ve utanç duyuyoruz. Özür diliyoruz, ihtiyaçlarımızı bir kenara atıyoruz ya da durumu gereğinden fazla açıklıyoruz. Kendinizi bunlardan herhangi birindeyken bulursanız hayatınızda ekleyeceğiniz birtakım yeni sınırların yüksek faydasını görmeniz kuvvetle muhtemeldir.

Sınır çalışmasının önündeki ilk engel, yeniden değerlendirilmesi gereken bir karakter özelliği olan "hoşluk" kavramıdır. Kendine güven uzmanı Dr. Aziz Gazipura, *Hoş Değil: İnsanları Memnun Etmekten, Sessiz Kalmaktan, Kendini Suçlu Hissetmekten Vazgeçmek... ve Konuşmaya Başlamak, Hayır Demek, Doğrudan Sormak ve Mahcup Olmadan Kendin Olmak* (*Not Nice: Stop People Pleasing, Staying Silent & Feeling Guilty... and Start Speaking Up, Saying No, Asking Boldly, and Unapologetically Being Yourself)* adlı kitabında hoşluğun doğru olmayan şu formüle temellendiğini söyler: "Başkalarını memnun edersem... benden hoşlanırlar, beni severler, onay ve istediğim diğer her şeyi verirler." Gazipura'nın "hoşluk kafesi" adını verdiği bu olguda değerli görülme saplantısı bizi kendi kurduğumuz bir tuzağa düşürür. Gerçek şu ki "hoş olmamak" (yani özgün benliğinize dürüst olmak) kendi değerimizi teyit eder. Bu, kaba, küstah veya düşüncesiz olmak değildir; ne istediğinizi, sınırlarınızı bilmekle ve bunu iletmekle ilgilidir. Kendinizi geri istemenin önemli bir parçası "hayır" demeyi öğrenmek ve her zaman uyumlu olmamaktır. Hayır demeyi öğrenmek, genellikle kendiniz ve sevdikleriniz için yapabileceğiniz en nazik şeydir.

Çoğumuz geçirgen ya da hiç olmayan sınırlarla mücadele ederken azımız da öbür uçtadır: Fazlasıyla katı sınırlar yaratırız: Hiçbir karşılıklı bağlılığa izin vermeyiz, başkalarından ayrı olmak için duygusal olarak içimize kapanır ve çevremize duvarlar öreriz. Duvarı geçenlerin tutum ve davranışları hakkında katı kurallarımız vardır. Bir sınır çocukluğumuzda birincil bağlanma figürlerinden biri tarafından sürekli ihlal edilmişse diğer ilişkilerimizde de kendimizi güvensiz hissetmeye devam ederiz. Bazıları için duvar, iç içe geçip dolaşmış ilişkilerle dolu çocukluk deneyimlerinden sonra bir korunma formudur. Kendimizi korumak için bu şekilde kapandığımızda, başka insanlarla özgürce ve kendiliğinden bağ kurabilmeyi imkânsızlaştırırız; kendimizi ve onları kontrol altında tutar ve güvende olduğumuzu sanırız. Bunu yaparken sezgisel sesimizi bastırırız ve kendimizi sınır kavramından uzak yaşayanların yalnız ve yapay dünyasında buluruz.

Hayatınızın farklı yönlerine tanık olun ve aşağıdaki kendi kendine teşhis aracını kullanarak sınırlarınızın "katı", "gevşek", "esnek" kategorilerinden hangisine girdiğini bulun.

KATI

- Az sayıda samimi/yakın ilişkisi vardır.
- Reddedilmeye dair kronik biçimde korku duyar.
- Genel olarak yardım istemekte zorluk yaşar.
- Mahremiyetine son derece düşkündür.

GEVŞEK

- Herkesi memnun etme saplantısı vardır.
- Kendi değerini başkalarının fikirleri üzerinden tayin eder.
- "Hayır" demeyi beceremez.
- Sürekli kişisel/mahrem bilgiler paylaşır.
- Kronik bir düzeltici/yardımcı/kurtarıcıdır.

ESNEK

- Kendi inançlarının, fikirlerinin, düşüncelerinin farkındadır.
- İhtiyaçlarını başkalarına nasıl ileteceğini bilir.
- Kişisel bilgileri uygun biçimde paylaşır.
- İhtiyaç durumunda istikrarlı biçimde "hayır" diyebilir ve başkalarının da bunu yapmasını kabul eder.
- Duygularını düzenleyebilir, başkalarının kendilerini ifade etmelerine izin verir.

Her türlü sınır için şunu anlamak önemlidir: Sınır başkaları için değil, *sizin* içindir. Karşınızdakinin belli bir biçimde davranmasını sağlamak için bir ültimatom değildir. Ültimatom, bir başkasının davranışında değişim yaratmanın yolu olarak ona bir sonuç atayan bir bildiridir. Bir sınır ise ihtiyacınızın doğrudan karşılanması için ifade edilen kişisel bir limittir. Bu, diğer kişinin tepkisinden bağımsız olarak kendimiz için yaptığımız bir şeydir. Diğer kişinin de bir şekilde değişebilmesi ikincil bir kazançtır. Sınır koymanın önemli bir özelliği, başkalarının da kendi limitleri ve sınırları olmasına izin vermek ve kendi sınırlarınızı korurken onlarınkine de saygı duymak ve onurlandırmaktır.

İhtiyaçlarımız karşılanmadığı veya aktif biçimde ihlal edildiği zaman parmağımızı uzatıp da karşımızdakine "Değişmek zorundasın," diyemeyiz. Sorulması gereken daha iyi bir soru şudur: İhtiyaçlarımın daha iyi karşılandığından emin olmak için ne yapmalıyım?

SINIR TİPLERİ

Sınırlar, insanlık deneyiminin geniş bir yelpazesi –beden, zihin ve ruh– için geçerli olduklarından bu aralığı yansıtmak için farklı sınır tanımlarına ihtiyaç vardır.

İlki *fiziksel sınırlardır.* Gevşek fiziksel sınırlar imaja aşırı odaklanmaya neden olabilir – değerinizi nasıl göründüğünüzde, bedeninizin neler yapabileceğinde, başkalarının sizi cinsel olarak nasıl gördüğünde bulursunuz. Yelpazenin öbür ucunda neredeyse bedensizsinizdir; zihniniz bedeninizle bir bağlantısı olmadan sanki havada asılıdır ve fiziksel ihtiyaçlarınızdan tamamen kopuksunuzdur. Çok katı fiziksel sınırlarımız varsa bedenlerimiz nedeniyle kendimizi bunalmış hissedebiliriz; duyularımızı dizginlemek veya kapalı tutmak, ihtiyaçlarımızı ve cinsel arzularımızı bastırıp inkâr etmek isteyebiliriz.

Bedeninizin isteklerini ve ihtiyaçlarını onurlandırmak kişisel alanınızın sınırlarını belirleyerek tercih ettiğiniz fiziksel temas seviyesinin hatlarını çizmek gibi görünebilir. Tartışacağınız ve tartışmayacağınız şeylerle ilgili (örneğin bedeniniz ya da cinselliğinizle ilgili yorumlardaki rahatlığınız) sınırlar koymayı içerebilir. Ayrıca ne kadar uykuya ihtiyacınız olduğu, ne yediğiniz, bedeninizi nasıl hareket ettirdiğiniz gibi özbakımınızla ilgili farkındalığınız ve uygulamalarınız fiziksel sınırlara dahildir.

İkinci tip sınır *kaynak sınırıdır.* Kaynaklarımız konusunda fazla serbestsek Susan'ın arkadaşlarıyla yaşadıkları gibi her zaman "hazır" durumda olabiliriz. Kaynak sınırı az olanlar sürekli verirler ve neredeyse kusurlu sayılacak kadar cömerttirler. Bu durum arkadaşlarıyla, partnerleriyle ve aile üyeleriyle eşitsiz, yorucu ilişkiler yaşamalarına neden olur. Bu genellikle ne kadar özverili (diğerkâm) olursak o kadar fazla sevileceğimiz düşüncesinden kaynaklanır ve zamanımızı çarçur etmemize neden olur. Oysa gerçek farklıdır; zaman en değerli kaynaklarımızdan biridir. Bununla birlikte kaynak sınırlarıyla sorun yaşayanların çoğu, gerçekten istemedikleri şeylere zaman ve enerji ayırmaları istendiği zaman "hayır" diyemezler.

Bunun tersi şöyledir: kaynakları çevresinde çok katı sınırları olanlar. Zaman konusunda katı bir kaynak sınırı olanlar, dışsal durum ya da ruh halleri ne olursa olsun, kendilerini her gün önceden belirledikleri bir takvime uymak zorunda hissedebilirler (belli bir zamanda spor salonuna gitmek gibi). Aileyle ilgili acil bir durum olsa bile katı kaynak sınırı olanlar, çevrelerindeki durum ne kadar kötü olursa olsun kendi "takvimlerine" uygun davranmak isteyebilirler. Benim planlama konusunda böyle bir katılığım vardı. Ne kadar TV izleyeceğimi bile planlardım. Kaynaklarımızı nasıl kullanacağımız konusunda esnek değilsek bu kısıtlayıcı olabilir ve özgün benliğin değişen ihtiyaçlarına yanıt vermeyebilir.

Ve bir de *zihinsel/duygusal* sınırlar vardır, bu genellikle iç içe geçmiş, dolaşık ilişkileri olan ailelerde görülür. Zihinsel/duygusal sınırlarımız gevşekse genellikle kendimizi çevremizdekilerin zihinsel/duygusal durumlarından sorumlu tutar, herkesi mutlu etmek ya da "kurtarmak" ihtiyacı duyarız. Başka bir insanı daima mutlu etmek olanaksızdır, dolayısıyla bu sınırsızlık kendi kaynaklarımıza zarar verir ve bizi tüketir. Başkalarının her ihtiyacını karşılamak ulaşılamayacak bir amaçtır ve kendi ihtiyaçlarımızı ihmal etmemize neden olur.

İç içe geçmiş ilişkilere sahip ailelerde, grup halinde düşünme eğilimiyle sonuçlanan gevşek zihinsel/duygusal sınırlar geliştiririz. Bu, inançlarımızın ve düşüncelerimizin bir grubun kavramlarına uyması gerektiği zaman meydana gelir ve özellikle herkesin aynı uygulamaları ve inançları izleyeceğinin "anlaşıldığı" dindar ailelerde öne çıkar. Doğrudan ya da dolaylı mesaj, tüm aile üyelerinin aynı şeylere uymaları gerektiğidir ve bu yerine getirilmezse dışlanma korkusu eşlik eder.

Çok katı zihinsel/duygusal sınırları olanlarımız sıklıkla bir başkasının dünya görüşüyle hiç ilgilenmezler. İnançlarımız ve duygularımız konusunda inatçı ve katıysak çevremizdekilerden ayrı düşer ve hakiki bir bağ kuramayız. Gardımızı alırız ve zihinlerin ya da ruhların birleşmesine olanak bırakmayız. Bu kadar aşırı katılığa seyrek rastlandığını eklemeliyim, ama küçük eylemlerde daha düşük derecelerde kendini gösterir; örneğin aslında hiç istemediğimiz halde bir şeyin tam olarak yarısını almakta ısrarcı olmak gibi.

Zihinsel/duygusal sınırlar kendimizi ve duygusal dünyamızı ayırmamıza olanak tanırken başkalarının da kendi ayrı duygusal dünyaları olmasına izin verir. Sınırlar yerli yerinde olunca sezgisel sesimize daha kolay ulaşabilir ve duygusal durumumuzu daha iyi düzenleyebiliriz. Bu duygusal güvenlik içinde düşüncelerimizi, fikirlerimizi ve inançlarımızı başkalarıyla paylaşırken kendimizi daha rahat hissederiz. Sürekli başkalarıyla aynı fikirde olma ve onları memnun etme çabası içinde olmayız.

DUYGUSAL BOŞALTIM VE AŞIRIYA KAÇAN PAYLAŞIM

Duygusal aşırı paylaşma Kendini İyileştirenler (SelfHealers) topluluğunda sık sık gündeme gelen bir konudur. Çoğumuzun bir şeyleri kendimize saklamasına izni hiç olmadı; özellikle de bize aşırı paylaşım yapmakta model olan, tam açıklama talep eden veya bizimle gelişim yaşımıza uygun olmayacak şekilde aşırı miktarda bilgi paylaşımına giren iç içe geçmişlik kalıbına sahip ebeveyn figürlerimiz olduysa. Anne/kız dinamiğinde pek çok "en iyi arkadaş" hikâyesi duyarım; süreç çok küçük yaşta uygun olmayan bilgilerin paylaşılmasıyla başlar. Bir Kendini İyileştiren (SelfHealer) olan Olivia, aşırı paylaşma saplantısıyla mücadele ediyordu ve annesiyle olan bu dinamik, o sadece altı yaşındayken annesinin bir arkadaşını, babasını striptiz kulübünden almaya gönderdiğini söylemesiyle başlamıştı. Bu, çok erken yaşta gelen aşırı bir bilgiydi. Annesinin sınırsızlığı Olivia'nın başkalarıyla sınırlarını kullanımını etkilemişti; stresli ve sıkıntılı olduğu zamanlarda kendini aşırı paylaşırken bulmaktaydı. Karşısındaki insanda bir rahatsızlık hissettiği zaman sanki boşluğu doldurmak ister gibi durmadan konuştuğunu, bunun otomatik bir tepki olduğunu ve bazen de sonradan pişman olduğu şeyler söylediğini anlatmıştı.

İç dünyamızın çevresine sınırlar koymak bizim için yararlıdır. Konuşmalarda bilinç akışımızla sessizliği doldurmaya uğraşmak yerine sessizlik anlarına da izin verebiliriz. Bazı şeyleri kendimize saklamayı tercih edebiliriz. Uygun sınırlarımız olduğu zaman duygusal enerjimizi ne zaman ve kime yönelteceğimize karar verebiliriz. Burada seçim çok önemlidir; düşüncelerinizin, duygularınızın ve inançlarınızın kendinize ait olduğunu ve onları herkesle paylaşmaya ya da hiç kimseyle paylaşmamaya karar verebileceğinizi anlamanız gerekir.

Zihinsel/duygusal ve kaynak sınırsızlığının başka bir bilinen sonucu da duygusal boşaltımdır; *onların* duygusal durumuyla empati kurmaksızın duygusal sorunları bir başkasına dökmek. Eminim ki hayatınızda bunu yapan en az bir kişi aklınıza gelir (hatta belki bu kişi sizsiniz). Bazıları buna "rahatlama" derler, ama bu doğru değildir. Rahatlamanın olumlu çağrışımları vardır; tek bir konu çevresinde döner, stresten kurtulmaya yardım eder ve genellikle verimli bir sonucu vardır. Duygusal boşalımsa tam tersine, negatif, döngüsel ve takıntılı düşüncelerin yayılmasını içerir. Duygusal boşaltıma yatkın kişiler genellikle duygusal bağımlılık döngüsüne yakalanırlar; yükselen duygusal durumları, çevresindekiler tarafından desteklenmediğinde bile davranışı pekiştirir. Bu, insani bir içgüdüdür ve genellikle başkalarıyla paylaşmak, yardım ve rehberlik etmek için başkalarına başvurmak bize duygusal olarak yardımcıdır. Duygusal boşaltım bir yardım arayışı değildir; başka hiç kimsenin ihtiyaçlarına ya da rehberliğine yer bırakmayan tekrarcı ve takıntılı bir başa çıkma stratejisidir. Duygusal boşaltım her iki tarafta da sınırsızlıktan doğan bir başa çıkma becerisidir: Boşaltanın gevşek zihinsel/duygusal sınırları vardır ve alıcı tarafta olanlar (düzenli olarak kendilerini bu durumda buluyorlarsa) bunu bitirmeye yeterli sınırlara sahip değillerdir.

Bazen insanlar tek başlarına dayanabileceklerine inanmadıkları bir duygudan kaçma girişimiyle bunu yaparlar. Ama negatif duygusal enerjiyi bir başkasına yüklemek zarar verici olabilir. Duygusal boşaltımın bir cezaya benzediği zamanlar vardır: diğeri hakkında iyi bir haber öğrenirken bile sürekli kendi keder ve kasvetini boşaltanlar. Bir arkadaşınıza işyerinde terfi ettiğinizden veya yakınlarda gittiğiniz tatilden söz ederken o hemen konuyu kendi problemlerine, hatta belki sizin eşinizle olan sorunlarınıza geri getirir. Bu agresif ve hatta silah doğrultulmuş gibi hissedilse de illa ki kasıt gerektirmez. Duygularını böyle boşaltanlar genellikle kendilerini ancak depresif hissettiren konuları konuşurken rahat ya da tanıdık bir homeostazda hissederler. Tanıdık olmadıkları pozitifle karşılaştıkları zaman konuyu tüm sistemleri için tanıdık olan üzüntülü temele çekerler.

Duygusal boşaltımın tek taraflı olması gerekmez. Bir ilişki ana bağlantı formu olarak duygusal boşaltım çevresinde inşa edilmiş de olabilir. Karşılıklı duygusal boşaltımın bir örneği ilişkinin merkezi bir paylaşılan çatışma etrafında yeniden şekillenmesidir. İki kişi sorunlu ve acılı boşanma süreçleri üzerinden bağlantı kurmuş olabilir ve evlilikleri yıllar önce bitmiş olsa bile eşleri hakkındaki korkunç şeyleri en ince ayrıntısına kadar paylaşabilir. Bu durum, iki kişinin özerk aktivasyonun duygusal bağımlılık döngüsü içine hapsolmasıdır.

NASIL SINIR KONUR

Sınırları kullanmanın ilk adımı onları tanımlamaktır – hayatınızı incelemek ve nerelerde sınır eksikliği var görmek. Sınırlarınız yoksa onları nereye koyacağınızı belirlemek zor olabilir. Bu son derece normaldir. Hayatınızdaki olaylara ve insanlara bakın. Üniversiteden bir arkadaşınızla *brunch* yapacağınız zaman kendinizi nasıl hissediyorsunuz? Göğsünüz sıkışıyor mu? Buna eşlik eden bir gücenme duygusu var mı? Görüşmeniz sırasında duygularınız nasıl? Kendinizi genişlemiş, engin ve beslenmiş mi hissediyorsunuz, yoksa tükenmiş, sıkışmış, sınırlanmış mı? Sonrası nasıl? Onu kısa süre içinde yeniden görmek mi istiyorsunuz, yoksa bir sonraki aramasını nasıl atlatırsınız diye şimdiden düşünüyor musunuz?

Sınırlar bizi sezgisel sesimize bağlı kılar (göğsünüzdeki sıkışma büyük bir ipucudur). Sınırları kullanırken nasıl hissettiğinizi bilmek önemlidir. Unutmayın, nasıl hissettiğimize düşünen zihnimizle tanık olmayız; onun yerine bir şeyin ya da birinin bedenimize nasıl kaydedildiğini fark ederiz.

Bedensel duyularınızı hissetmeye başlayınca mevcut sınırlarınızın nerede eksik olduğunu değerlendirin. İlişkilerinizde kendinizi güvenli hissetmek için neyi değiştirmeye ihtiyacınız var? Bu değerlendirme *sizin* için. İlişkilerin iç içe geçtiği bir aileden geliyorsanız öteki kişinin üzerindeki etkisini tahmin etmeye meyilli olacaksınız. (*Planlarımızı iptal edersem Janet kendini nasıl hisseder?)* Amaç, kendi değerinizi geri kazanmak ve *sizi* neyin daha mutlu, daha güvenli ve daha rahat hissettireceğini sormaktır. Birkaç günü ilişkilerinizi gözden geçirmeye ayırın ve en sık ihlal edilen sınırlarınızı belirleyip bir liste çıkartın. Bu size, sınırlarınızı belirlemeye nereden başlayacağınız konusunda bir yol haritası sunacaktır.

Hangi sınırların aşıldığına ilişkin birkaç örnek:
Fiziksel: Anneniz başka kadınların kilosuyla dalga geçer.
Değişim ihtiyacı: Onun durmasını istersiniz.

Zihinsel/duygusal: Bir arkadaşınız sık sık eski sevgilisiyle ilgili duygusal boşaltımda bulunur.
Değişim ihtiyacı: Daha karşılıklı bir ilişki istersiniz.
Kaynak: Bir iş arkadaşınız her öğle arası sizin yanınızda yemekte ısrar eder.
Değişim ihtiyacı: Biraz yalnız kalmak istersiniz.

Artık sınırların yardımcı olacağı alanları ve onlarla neye ulaşmak istediğinizi belirlediğinize göre nasıl sınır koyacağınızı ve koruyacağınızın alıştırmasını yapma vakti gelmiş demektir. Elbette ki nasıl ilerleyeceğiniz neyi başarmayı umut ettiğinize bağlı olarak değişebilir ve ilk adım sınırınızı karşıya iletmektir. Açıkça anlattıktan sonra kendinizi (ve ilişkinizi) başarılı bir değişime hazırlamış olursunuz. Bir niyet belirlemek size "nedeninizi" tanımlamanız için alan ve fırsat sunar: *Bunu x veya y yüzünden yapıyorum; bu ilişkinin sürmesini istiyorum çünkü arkadaşlığımız benim için kıymetli.* Bunun diğer kişiye ifade edilmesi gerekmemekle birlikte sizin için tamamen açık olması önemlidir. Bunu diğer kişiye iletmek istiyorsanız bu "Seni gerçekten seviyorum ve iletişim biçimimizde bazı değişiklikler yapmak istiyorum" şeklinde olabilir:

Sınırınızı belirlerken olabildiğince nesnel bir dil kullanmak önemlidir. Gerçeklere odaklanın. "Ben uyurken gecenin bir yarısında telefon çalarsa yanıt verilmeyecektir." "Sen" demekten mümkün olabildiğince kaçınmak önemlidir çünkü diğer kişinin ego savunmasını harekete geçirebilir. Ne kadar zor olsa da kendinize güvenli ve saygılı olmaya çalışın. Kendinize, yanlış bir şey yapmadığınızı hatırlatın. Kendinize ve ilişkinize saygı duyuyorsunuz. Başlamanıza yardım etmek için ihtiyaçlarınıza uyarlanabilecek şekilde bir sınır koyma şablonu ekledim:

"*[yeni sınırınız için niyetinizi belirtin]* için bazı değişiklikler yapıyorum ve bunun benim için önemli olduğunu anlamanı umut ediyorum. Sanırım *[onun davranışını nasıl anladığınızı yazın]*. *[Sorunlu davranışı yazın]* olduğu zaman genellikle *[duygunuzu yazın]* hissediyorum ve bunun farkında olmadığın bir şey olabileceğini anlıyorum. İleride *[neyin olmasını istediğinizi ya da istemediğinizi yazın]*. Eğer *[orijinal sorunlu davranışı yazın]* tekrar olursa *[kendi ihtiyaçlarınızı karşılamak için farklı şekilde nasıl davranacağınızı yazın]*.

Zamanlamanın çok önemli olduğunu unutmayın. Her iki taraf da duygusal olarak mümkün olabildiğince yatışmış olduğu bir zamanda sınır belirtmek önemlidir. Aktive olduğumuz zaman zorlu bir şeyi kavrayamayız. (Önceki bölümlerden hatırlayın, vagus sinirimiz ateşlendiği zaman orta kulak kasımız bile kapanır.) Yapabildiğiniz oranda, bu yeni sınırı paylaşmak için ikinizin de duygusal olarak olabildiğince nötr olduğunuz bir zamanı seçin.

Yeni sınırlar koymayı düşünmeye başladığınız zaman öbür kişinin nasıl hissedeceği konusunda kendinizi yiyip bitirmek yerine gelecekte nasıl farklı davranacağınıza odaklanmak faydalı olacaktır. Birçok sınır daha sözünü bile etmeden silinir – sınırlarımızın başkalarını nasıl inciteceğini, onların olumsuz tepkilerini ve bunun bizi üzeceğini düşünmeye başlarız. Kendimizi döveriz. Kendimize nankör veya bencil olduğumuzu söyleriz; bunlara "kötü hisler" derim. Daha önceki bütünsel çalışmayı –düzensiz sinir sisteminizi yeniden dengelemek, içinizdeki çocuğun yaralarını kabul etmek ve travma bağlantısı kalıplarımızı anlamak– yapmazsanız bu "kötü hisler" bağlarınızı korumaya ve güçlendirmeye yardım edecek uygun eylemlerde bulunmanıza kolayca engel olabilir.

Bazen sınırlar hakkında aktif bir konuşma yapmak gerçekçi değildir ve yeni sınırınızı önceden bir konuşma yapmadan iletebilirsiniz (bu özellikle iş arkadaşıyla yemeğe çıkmak gibi daha yüzeysel ilişkiler için geçerlidir). Sadece bir cümleyle sınır koymaya bazı örnekler şunlardır:

"Yapabilmek isterdim ama şu an uygun bir zaman değil."
"Bununla rahat değilim."
"Bu benim için yapılabilir değil."
"Teklifin/davetin için teşekkürler ancak şu anda yapabileceğim bir şey değil."
"Sana bu konuda dönüş yapmam gerekecek."

Benim için sınır koymak profesyonel açıdan başladı. E-posta ile bir yabancıya "hayır" demek partnerime ya da ailemden birine demekten daha rahat hissettiriyordu. Bazı aktivitelere (sosyal medyada gezinmek) veya insanlara ne kadar duygusal enerji harcayacağım konusunda zaman sınırları koymaya başladım.

Sınır koymaya yeni başlamışsanız küçükten başlayın. Alıştırmalarınızı daha uzak çevrenizle ya da bir iş arkadaşıyla yemeğe çıkmak gibi daha az endişeli duygusal angajmanlarla yapın. Bunlar sınır koymaya başlamak için harika yerlerdir. Daha sıradan ilişkilerin çok fazla tarihi veya yükü olmadığı için sınır oluşturma kaslarınızı esnetmek ve "hayır" demeye alışmak için uygundur. Pratik yaptıkça alışırsınız. Zamanla sınır koymanın iki yoldan biriyle sonuçlanacağını öğreneceksiniz; karşınızdaki insan ya alınacaktır ya da alınmayacaktır. Olabilecek en kötü durum senaryolarını hayal edin. Gerçekten o kadar kötüler mi? Eyleme geçince, bana güvenin, genellikle öyle çıkmazlar.

Sınır koyarken duyduğumuz rahatsızlık bizi yıllar süren öfkeden ve gücenmişlikten kurtaracak. Sınır konulduktan sonraki ilişki daha öncekine hiç benzemeyebilir; daha güçlü, dürüst ve son kertede daha sürdürülebilir olacaktır. Sağlıklı bir ilişki için sınırlara gerek vardır. Bunları bir hizmet eylemi olarak düşünün.

Üçüncü adım kolay görünebilir, ama genellikle en zorudur: yeni sınırınızı korumak. Bir sınır koyduktan sonra diğer kişi(ler)den göreceğiniz tepkiden bağımsız olarak şimdide kalmak ve sakin olmak, kendinizi savunma ve aşırı açıklama dürtüsüne direnmek önemlidir. Birinin ya da daha büyük bir birimin (aile, iş...) tepkisi sonucu stres hissedebilirsiniz. Bir sınır koyunca onu korumak çok önemlidir.

İlişkilerdeki davranış biçimimizi değiştirmeye başlayınca ilişki ne kadar uzun sürmüşse o kadar fazla beklentinin ortaya çıktığını ve zamanla pekiştiğini hatırlamak yardımcıdır. Diğer kişinin sizden beklentilerinin (onların bakış açısından) bazen de aniden bozulabileceğini hatırlamak önemlidir. Bunun ötesinde, kendisine sınır konulan kişi, özellikle de terk edilme yaraları varsa savunmacı ve hatta saldırgan davranışlar sergileyebilir.

Bunu sürdürmenin yolu, bize gizlice *sınır koymaya hakkım yok. Bencil, kaba, kötü davranıyorum* diye fısıldayan iç sesinizi (o kötü hisleri) susturmaktır. Sınırlar koydukça ve onları korudukça kafa karışıklığıyla, geriye itmeyle, rahatsız edici yorumlarla (en çok bilineni "çok değiştin" olur) ve hatta öfkeyle karşılaşabilirsiniz. Aynı zamanda korku, kuşku ve tanıdık olana geri çekilme (o belalı homeostatik güdü) devreye girer. Kendinizi ve yaptığınızı onurlandırmaya, korumaya ve biraz daha güvenli hissetmeye başladığınız zaman geriye bakmayın. Değişime gerçekten ihtiyacınız varsa ve onu istiyorsanız eski kalıplara geri dönüş yoktur. Bir sınır koyar da karşınızdaki çıldırdığında onu kaldırırsanız tüm yaptığınız o kişinin davranışlarıyla sınırlarınızı çiğneme yeteneğini güçlendirmek olur. Bu klasik bir olumsuz güçlendirmedir: İlişkinizde ne zaman bir muhalefet ortaya çıksa bunu yapmaya devam edeceklerdir. *Eğer yeterince çıldırır, bağırıp çağırırsam her şey normale döner.*

BEKLENTİ VE ŞEFKAT

Sizden dedikodusunu dinlemenizi bekleyen anne, onunla her gün öğle yemeğine çıkmanızı isteyen meslektaş, duygusal yükünü size her boşaltmak istediğinde telefona sarılan ve açmanızı bekleyen arkadaş – tüm bu insanlar beklentileri (ve algılanan ihtiyaçları) karşılanmadığı zaman üzgün, hayal kırıklığına uğramış ya da kızgın olacaklardır. Olabilir, sorun yok.

Beklentileri yerine onlara verdiğiniz şey bir seçimdir. Bu şekilde davranmaya devam edebilir ve bir sınırla karşılaşırlar (genellikle varlığınızı veya desteğinizi çekmeniz) ya da sınırlarınıza saygı duyarak sizinle ilişkilerini yeni bir yoldan sürdürebilirler. Sınırları belirleme konusunda güçlendirici olan da budur: Siz onlara da bir seçenek sunuyorsunuz.

Unutmayın, beklentiler iki yönlüdür. Sınırlarla ilgili içsel çalışma kendi beklentilerimize yön vermeyi ve belli kişilerin neler yapabilip yapamayacağını kabullenmeyi gerektirir. Çoğu insanın, en azından hemen değişmeyeceğini, bazılarının da asla değişmeyebileceğini kabul etmek önemlidir. Birinin bir sınıra tepkisi çevresinde beklentilerinizi oluştururken geçmiş deneyimlerinizi kullanmak bazen yardımcı olabilir. Geçmişten beri sınır tanımadan size müdahale eden bir anneniz varsa bir miktar uzlaşmayı seçebilirsiniz. Muhtemelen anne hep yaptığı neyse onu yapmaya devam edecektir. Bu durumda mutlak sınırlarınızı belirlerken kendiniz için taviz vermeyeceğiniz alanlar şeklinde kullanmak yardımcı olabilir. Ayrıca başkalarının tamamen değişmelerine dair içsel beklentinizi değiştirmek ve limitlerini, becerilerini, bilinç seviyelerini daha esnek karşılamak faydalı olur. Bu esnekliğin bizim için imkânsız olduğu durumlarda kendimizi etkileşimden ya da ilişkiden tamamen çekmemiz gerekebilir. Bu en uç noktada sınırdır: teması kesmek.

Kendini İyileştirme (SelfHealing) araçlarını kullanmaya başladığımızda, tekrarladığımız kalıpları daha iyi anladıkça başkalarını kuşbakışı görebiliriz. Bunu yapabilince başka insanlara, hatta ilişkiyi kesmeyi seçtiklerimize bile şefkat duyarız. Başka kadınların kilosu hakkında tatsız şakalar yapan anne örneğine döneceğim. Annesi bu şekilde davranan Zoe çok uzun süre onun sözünü kesmenin kabalık olduğunu düşündü; kendisi de sık sık kilosuyla mücadele ediyordu. İyileşme yolculuğuna başladığı zaman ona, "Annen kilolu kadınlara neden bu kadar tepki gösteriyor?" diye sorduğumda bir adım geriye gitti ve gözlerinde bir ışık parladı: "Babamın annemi terk edip gittiği kadın kiloluydu." Biraz sonra, "Annemin temel yarası terk edilmekti ve babamın sadakatsizlikleri bunu aktive etti. Yaranın asıl nedeni çocukken babası aniden ölünce hissettiği terk edilmeydi," diye ekledi.

Artık annesinin şakalarının amacı kızının canını sıkmak olmaktan çıkmış, bir ebeveyn figürünün kaybıyla mücadele eden derinden yaralı çocuğun ifadesine dönüşmüştü. Zoe hâlâ annesinin yorumlarına katılmayı reddetse de (yeni bir sınır koymuştu ve annesinin kiloyla ilgili her konuşmasını sonlandırıyordu) artık ona sempati duyuyor, içinde kendini sevilmeyen ve değersiz hisseden bir yaralı çocuk olduğunu, bu nedenle acısını başkalarından çıkararak kendini iyi hissetmeye çalıştığını biliyordu. Başkalarının sınırlarını anladığımız zaman –bir zamanlar zalimlik gördüğümüz yerde acı ve korku görmeye başladığımız zaman– bu iyileşmedir.

NİHAİ SINIR

Sınır koyma çalışması benim hayatıma kendiliğinden girdi. *Bedenim ve zihnim üzerinde çalıştım, "insanlarla ilgili çalışmayı" yapmanın zamanı geldi,* diye bir karar verip başladığım bir çalışma değildi. Geçmişimi ve şimdiki anımı keşfederken kendimi korumaya olan ihtiyacım ortaya çıktı.

Arkadaşlarım ve meslektaşlarım etrafındaki içsel deneyimime tanık olarak bu sürece çevremden başladım. Şu kişi bana mesaj attığı zaman asla gerçekten heyecanlanmıyorum. Şu kişiyle öğle yemeği yedikten sonra kendimi tükenmiş *hissediyorum.* Bu ilişkilerin birçoğuyla giderek daha az zaman geçirmeye başladım. Sınırsızlığımın başkaları üzerindeki etkisini fark ettim. Bir arkadaşıma rutin olarak duygusal boşaltım yapıyor, o sırada hayatımdaki drama veya sorunla ilgili başının etini yiyordum. Bu rahatsız edici farkındalık bir şamar gibi yüzüme çarptı: Onun hakkında bildiklerim, onun benim hakkımda bildiğinden çok daha azdı. Kendimi olduğum gibi görünce pek iyi hissetmedim, ama ilişkimi kurtarmakta büyük rol oynadı; bugün hâlâ arkadaşlığımıza devam ediyor oluşumuzda ilişkimizin dinamiğini değiştirmek üzerinde aktif olarak çalışmış olmamın payı var.

Sınır yolculuğum ilerledikçe sonunda ilişkileri ağ gibi dolaşık aileme geldim. Zaman aldı ve *ailemle sağlıklı bir ilişki yapısı kurabilir miyim* sorusunu sonunda sorabildim.

Bu beslenmeyle başladı. Büyük bir İtalyan ailesinde yemekler bağlanma ve sevgi ifadesi için birincil kaynaktır. İkinci tabağı almazsanız ya da vücudunuza ne soktuğunuza dikkat ettiğiniz için belli bir yemeği reddederseniz onaylamayan bakışlarla karşılaşır ve suçluluk duyarsınız. Lolly'yle birlikte beslenmemizi kökünden değiştirmeye karar verince gıda ve ailem çevresinde yeni bir sınır koydum: Yemek istemediğim hiçbir şeyi yemeyecektim. Karşı tepki görsem de sağlam duracaktım. Kimsenin alışkanlıklarını değiştirerek benim için özel öğünler hazırlamasını istemiyordum ve yeni kişisel seçimimi onurlandıracaktım.

Sonra profesyonel yaşamımdaki tekniğin benzerini kullanarak zaman sınırı koymak üzerinde çalıştım. Tatillerde kendime bir alarm kurdum: *Noel gecesi ailemle iki saat geçireceğim ve Noel yemeğine gitmeyeceğim.* Ebeveynlerim beni davet etmek için aradıkları zaman onları geri aramadan önce kendime birkaç dakika vermeye bilinçli zaman ayırdım.

Elbette aramalar ve mesajlar yağdı: "İyi misin?", "İyi misin?"

"İyiyim, sadece biraz alana ihtiyacım var," dedim.

Birkaç gün sonra çılgın gibi aramalar ve mesajlar yeniden başladı. Gerçekten istemediğim sürece yanıt vermeme sınırı koydum. Bu kendi gerçekliğimi geçerli kılarak ailemin karmaşık ilişkilerinden ayrılmaya başlamamın başlangıcı oldu. Benim, onlarınkine uymak zorunda olmayan kendi isteklerim, ihtiyaçlarım ve arzularım vardı.

Sonra kız kardeşimle bir sınır oluşturdum ve bu daha zordu çünkü en çok ona yakındım. Sınırım annemin çevresinde dönen etkileşimimizi çevreliyordu: onun ilaç yönetimi, doktor ziyaretleri, zihinsel sağlığı. Doktor ziyaretleri için ne kadar müsait olacağıma bir sınır koydum. Sonra telefon konuşmalarına bir sınır koydum – artık saatlerce annemden konuştuğumuz uzun aramalar yoktu. Bu adımların hiçbiri kolay değildi. Bu yeni ve beklenmedik "hayır" mesajını vermek, bu karmaşık ilişkiler çevresindeki kalıpları, koşullanması benim çekirdek kimliğimle iç içe olan içimdeki çocuğu harekete geçirdi. Kafamdaki ses bana bu sınırı bırakmam için gereken her tür sebebi veriyordu: *Sen kötü bir kız çocuğusun/kardeşsin/teyzesin.* İlişkimizi korumak için çabaladığımı biliyordum ve benim müdahalem olmasaydı hiçbir şey değişmezdi.

O zamanlar ailem zaten hiçbir değişime gerek görmüyordu. Bana bencil olduğum söylendi. Kız kardeşim, "Bana bunu yapamazsın!" diye haykırdı. Annem beni suçladı, babam kınadı. Kız kardeşime kendimi anneme duygusal olarak ne kadar uzak hissettiğimi bir sır olarak açıkladığım zaman bu düşüncelerimi ailenin geri kalanıyla paylaşarak aramızdaki güveni ve bağı zedeledi. Sırlarımı ona açmaktan vazgeçtim.

Hem aileme hem de kendi iyileşmeme odaklanmak giderek zorlaşmaya başladı. Kendime *bu ilişkileri yönetmenin kendi sağlığıma bedeli nedir* diye sormaya başladım. Zamanla bu bedelin çok ağır olduğuna karar verdim. Enerjim tükeniyor, tatmin olamıyor, içerliyordum. Son sınırımı da koymaya karar verdim: tam bir ayrılık. Bu, içimdeki çocuk için verdiğim bir karardı; evet, uzaklaşıp kendime zaman ve mesafe kazandırabilir, benim için iyi seçimleri gerekirse başkaları "pahasına" yapabilirdim. Hayatımda ilk kez özgün benliğimle kendimi gösteriyor ve bunu başkaları için de yapabilmenin yollarını öğreniyordum.

Bu –son derece sancılı bir temkinle doğan– sınır hayatımı tamamen yeniden şekillendirdi. Bu, beni içinde yaşamak istediğim topluluğu, bir anlamda yeni bir aile bulmaya itecek ve çağırıldığım hakiki ruhsal yolumu bulmaya yöneltecekti.

ÇALIŞMAYI YAP: YENİ BİR SINIR YARAT

1. Adım. Sınırı tanımla. Tüm ilişkilerinde kullanabileceğin farklı tipte sınırların bulunduğu aşağıdaki listeyi incele. Bu ilişkilerdeki kendine tanık olmaya zaman ayır. Örneğin çoğumuzun düzenli olarak etkileşimde bulunduğumuz arkadaşlarımız, akrabalarımız, meslektaşlarımız ve/veya romantik partnerlerimiz var. Onlarla olan ilişki kalıplarını keşfetmek, bu ilişki tiplerinin her birinde gördüğün en tutarlı sınırlar (ya da onların eksikliği) hakkında iyi bir fikir edinmene yardım edecek.

- **Fiziksel sınırlar:**
    - Senin için en konforlu olan kişisel alan miktarı, fiziksel temas... ve fiziksel temas için tercih ettiğin zamanlama.
    - Görünümün, cinselliğin... hakkındaki sözel yorumlarda genel rahatlığın.
    - Kişisel alanını (dairen, yatak odan, ofis...) başkalarıyla (arkadaşların, partnerlerin, meslektaşların...) paylaşma (kişisel dijital şifreler vb.) konusundaki genel rahatlığın.
- **Zihinsel/duygusal sınırlar:**
    - Fikirlerini ve düşüncelerini, onları başkalarınınkilere uyması için değiştirmeden ya da başkalarını seninkilere uyması için değiştirmeye zorlamadan paylaşmaktaki genel rahatlığın.
    - Başkalarını aşırı paylaşmaları için ikna etme girişimi veya aşırı paylaşman gerektiğini düşünmeksizin, hangi kişisel düşünceni başkalarıyla paylaşacağını seçebilme yeteneği.
- **Kaynak sınırları:**
    - Başkalarını memnun etmeye çalışmadan zamanını nasıl harcayacağına ilişkin sınır koyma becerin ve başkalarının da benzer seçimler yapmasına izin vermek.
    - Başkalarının duyguları için kişisel sorumluluğu reddetme yeteneğin, "düzelten/onaran" rolü oynamaktan ve başkalarını senin duygularından sorumlu yapma eğiliminden kaçınma becerin.
    - Sorunlarını bir başkasına anlatarak geçirdiğin zamanı sınırlandırma yeteneğin.

Bu alanların her birinde, en çok çiğnenen sınırlarını tanımlamak için biraz zaman ayır. Emin değil misin? Olabilir, sorun yok; çoğumuz daha önce sınırlardan söz edildiğini pek duymadık; bu yüzden onları koyup koymadığımızı bilmek zor. Eğer bu senin için böyleyse hayatının tüm alanlarındaki kendi sınırlarını (ya da eksikliklerini) keşfetmeye zaman ayırmak isteyebilirsin. İlişkilerinin çoğunda aynı tip sınırlarının olduğunu ya da bazı sınır tiplerinden tamamen yoksun olduğunu görebilirsin. Veya belki farklı ilişkiler için farklı tipte sınırlar görebilirsin. İşteki zamanına ve arkadaşlarına sınır koyabilirken romantik partnerlerine sınır koyamıyor, bazı aile üyeleri ya da partnerin senden zaman ve yardım istediklerinde onlara "hayır" diyemiyor olabilirsin. Bu alanda görmek istediğin değişimleri tanımlamakla başlamak faydalı olacaktır. Aşağıdaki yönlendirme cümlelerini kullanmak buna yardım edebilir.

_______________ olduğu zaman fiziksel benliğim rahatsız oluyor/kendini güvensiz hissediyor.

Fiziksel benliğimin daha rahat/güvenli hissedeceği alanı yaratmak için _______________ yapmalıyım.

Örnekler:

Fiziksel benliğim, görünümüm hakkında sürekli şakalar yapan meslektaşımın (amcamın, arkadaşımın...) yanında kendini rahatsız/güvensiz hissediyor.

Fiziksel benliğimin kendini daha rahat/güvenli hissedeceği bir alan oluşturmak için artık bu tür şakalar yapan insanların çevresinde olmak istemiyorum.

Zihinsel/duygusal benliğim _______________ olduğu zaman kendini rahatsız/güvensiz hissediyor.

Zihinsel/duygusal benliğimin daha rahat/güvenli hissetmesi için _______________ yapmalıyım.

Örnekler:

Zihinsel/duygusal benliğim aile üyelerinden biri (arkadaşım, partnerim...) yeni sağlık seçimlerimi eleştirip yorumlar yaptığında kendini rahatsız/güvensiz hissediyor.

Zihinsel/duygusal benliğimin kendini daha güvenli/rahat hissetmesi için bundan böyle kişisel sağlık seçimlerim hakkında yorumlar duymayı, tartışmayı ve savunmayı artık önemsemiyorum.

Kaynaklarım ________________ olduğu zaman kendilerini rahatsız/güvensiz hissediyorlar.

Kaynaklarımın daha rahat/güvende hissetmesi için ________________ yapacağım.

Örnekler:
Kaynaklarım arkadaşlarım günün her saati arayıp ilişki sorunlarını bana boşalttıkları zaman rahatsız/güvensiz hissediyor.

Kaynaklarımın daha rahat/güvenli hissedecekleri alanı yaratmak için belli zamanlarda telefonlara yanıt vermeyeceğim ve duygusal boşaltımda rol alacağım zamanları aktif olarak seçeceğim.

2. Adım. Sınır koymak. Yeni bir sınırın iletişimini yapmak için alıştırma yapmak gerekir. Yeni sınırını açık ve net olarak iletirsen başarılı bir değişim yapma şansın artar.

Aşağıda yeni sınırlarını başkalarına iletme pratiğine başlayabilmek için gerekli bazı cümleler bulacaksın:

"[*Yeni bir sınır koyma niyetini yaz*] için bazı değişiklikler yapıyorum ve bunun benim için önemli olduğunu anlamanı umuyorum. Sanırım [*onun davranışını nasıl anladığını yaz*]. [*Sorunlu davranışı yaz*] yaptığın zaman genellikle [*hislerini yaz*] hissediyorum ve bunun senin farkında olmayabileceğin bir şey olduğunu anlıyorum. Gelecekte [*ileride olmasını ya da olmamasını istediğin şeyi yaz*]. Eğer [*baştaki sorunlu davranışı yaz*] tekrar olursa [*kendi ihtiyacını karşılamak için nasıl farklı bir yanıt vereceğini yaz*]."

Örnekler:
"Sana değer verdiğim için ilişkimizi sürdürebilmek adına bazı deği-

şiklikler yapıyorum ve bunun benim için önemli olduğunu anlamanı umuyorum. Yeni yiyecek seçimlerim senin hoşuna gitmiyor olabilir diye düşünüyorum. Sürekli ne yiyip yemediğim üzerine yorum yaptığında seninle yemek yemekten rahatsız oluyorum ve bunun farkında olmayabileceğini anlıyorum. Gelecekte beslenmem ve yiyecek seçimlerimden konuşmaktan kaçınmak istiyorum. Yine yiyecek seçimlerim hakkında yorum yaparsan sohbetimizi ya da birlikte yaptığımız aktiviteyi sonlandıracağım."

"Sana değer verdiğim için ilişkimizi sürdürebilmek adına bazı değişiklikler yapıyorum ve bunun benim için önemli olduğunu anlamanı umuyorum. İlişkinde mutsuz olduğunu ve duyulmak isteğini düşünüyorum. Duygularının havasını boşaltmak için beni sürekli aradığında kendimi duygusal olarak tükenmiş hissediyorum ve bunun farkında olmayabileceğini anlıyorum. Gelecekte, boşaltmak istediğin zaman bu kadar müsait olmayabilirim. Yaşadığın her ilişki sorunda beni aramaya devam edersen her defasında, tam o anda sana destek sunamayabilirim."

Bu yönlendirme cümlelerini kullan ve boşlukları istediğin yeni sınıra uygun olarak doldur. Bu yeni dil başta tuhaf gelebilir, çok normal. Bilinçaltı zihnimiz göz önüne alındığında, alışık olmadığımızı şeylerin çoğumuza rahatsızlık verdiğini hatırla. Alıştırma yapmak, bu yeni iletişim tarzıyla rahat hissetmeni sağlayacaktır. Başkalarının önünde konuşmadan önce kendine güven kazanmana yardımcı olması için aşağıdaki senaryoların provasını yalnız başına yapmak isteyebilirsin.

"[________________] için bazı değişikler yapıyorum ve bunun benim için önemli olduğunu anlamanı umuyorum. [________________] olduğunu / yaptığını düşünüyorum. [________________] yaptığın zaman genellikle [________________] hissediyorum ve bunun farkında olmayabileceğini anlıyorum. Gelecekte [________________]. Eğer [________________] tekrar olursa [________________] yapacağım."

İPUÇLARI

- Zamanlama önemlidir! En iyi iletişim her iki taraf da duygusal açıdan tepkisel olmadıklarında sağlanır. *Bir çatışmanın ortasında yeni sınırlarından söz etmek faydalı olmayabilir. Duygusal anlamda nötr bir zaman bul.* Beşinci Bölüm'de öğrendiğin gibi derin karın nefesleri almayı unutma; deneyimlediğin herhangi bir sinir sistemi tepkisini yatıştırır ve bedenini yeniden sakinleştirmeni sağlarlar.
- Konuşurken karşındakinin tepkisi ya da değişimi yerine *kendinin* gelecekte nasıl farklı tepki vermeye başlayacağına odaklanmaya çalış.
- Olabildiğince güvenli, olumlu ve saygılı bir tonda konuş. Bu başta zor olabilir çünkü yenidir (ve çoğumuz için korkutucudur); alıştırma yaptıkça kolaylaşacaktır.
- Önceden planlamak ve alıştırma yapmak çok önemlidir. Yeni sınırlarının iletişimine riskin daha az olduğu ilişkilerden başla. Böylece daha zorlu etkileşimler için deneyim kazanırsın.
- Mümkün olduğunca uzlaşmaya açık ol. Karşındakinin sınırlarını da onurlandırmak istediğini unutma; ilk isteğinde bazı değişiklikler yapmak isteyebilirsin. Senin için neyin pazarlığının yapılıp neyin yapılmayacağını bilmelisin. Örneğin, birini desteklemek için kaynaklarını kullanmaya açık olabilirsin, ama fiziksel sınırların konusunda uzlaşmaya açık olmayabilirsin. Bunda sorun yok.

- 3. **Adım. Sınırını Koru.** Yeni sınırını bir kez belirttikten sonra onu korumak çok önemlidir. Bunun anlamı *tekrar eski kalıplarına geri dönmemendir.* Çoğumuz açısından bu en zor bölümdür – sınır koymaya hakkımız olup olmadığından bile emin olamayız. Kendimizi bencil, kaba, alçak bulabiliriz ya da diğer kişinin herhangi bir tepkisi karşısında kötü hissedebiliriz. Terk edilme konusunda temel bağlılık yaraları olanlar (çoğumuzun vardır) için yeni sınırını açıklamak bu yaraları açabilir. Kendilerini yaralanmış hissedebilirler ve hatta tepki olarak sertleşebilirler. Duygusal tepkisellik, karmaşa, geri çekilme ve/veya saldırgan yorumlar ("Değiştin. Kendini bir şey mi sanıyorsun?") duyabilirsin. Ya da "kötü duygulara" (utanç, suçlama, bencillik) kapılabilirsin ve eski kalıplarına geri dönmek için güçlü bir güdü duyabilirsin. Unutma ki tüm bunlar değişimin gayet normal parçaları.

Sınırlar yaratmak iyileşme yolculuğunuzun en zorlu kısımlarından biridir. Aynı zamanda, sevdiklerinizin istek ve ihtiyaçlarını onurlandırıp saygı duyarken kendi özgün istek ve ihtiyaçlarınızla bağ oluşturmanın da muhtemelen en önemli adımlarından biridir. Çalışma budur: her birimizin görülebileceği, duyulabileceği ve özgün biçimde kendini ifade edebileceği bir alan yaratmak.

11

Yeniden Ebeveynlik

Popüler algının aksine, uyanışlar çoğunlukla aniden olmaz. Dramatik içgörü flaşları efsanelere (ve Hollywood'a) özgü malzemelerdir ve gerçek yaşamı yansıtmazlar. Bizi bir yıldırım gibi çarpan *aaa!* anlarımız olsa da çoğu uyanış, zaman içinde biriken içgörülerden ortaya çıkar.

Psikolog Dr. Steve Taylor "uyanışlar" adını verdiği bir olay üzerinde çalışır – bunlara içgörü parlamaları, kavrayış, farkına varmak ya da ne isterseniz öyle diyebilirsiniz. Kendi spiritüel uyanışı araştırma ilgisini tetikledikten sonra bu deneyimlerin tipik olarak üç ortak unsura sahip olduğunu buldu: Genellikle içsel bir sıkıntıdan/ıstıraptan ortaya çıkıyorlardı; genellikle doğal ortamlarda meydana geliyorlardı ve genellikle bizi (sözcüğün geniş anlamıyla) spiritüel bir pratiğe bağlıyorlardı. Uyanışlar bizi sadece etten kemikten ibaret olmadığımız, kendi bireysel benliklerimizden daha engin bir şeyle bağlantı kurmayı arzuladığımız gerçeğine açıyorlardı. Uyanışlar bize olduğumuzu *düşündüğümüz* kişinin illa da *olduğumuz* kişi olmadığını gösteriyorlardı.

Bu içgörülere genellikle acı çekerek, sonunda bilinçli olana kadar yolumuzda kafa karışıklığı ve keder yaşayarak sahip oluruz. Bir uyanış bilinçsiz, otopilotta yaşadığınız durumu parçalayıp atan benliğinizin yeniden doğumudur. Bedenimize gereken şekilde öncelik versek bile gözlerimizin yepyeni bir dünyaya açmanın şoku acılıdır. Bilinçsiz bir dünyada bilinçli olmaksa cehennem kadar rahatsızdır. Ruhsal uyanıştan önce ve sonra yapılan beyin taramaları, depresyonda aktif olanlarla aynı sinirsel yolların aydınlandığını gösteriyor ve araştırmacılar bu durumu "aynı madalyonun iki yüzü" diyerek tanımlıyor. Önemli fark şudur: İstikrarlı spiritüel pratikler, prefrontal korteksi –bilinçli zihnin bölgesi– harekete geçirebilir ve hatta boyutunu genişletebilirken depresyon ve negatif düşüncelerle mücadele edenlerde bu bölgenin aktivitesi azalır.

Benim uyanışım aşamalarla oldu. Aşırı fiziksel ve duygusal stres yaşadığım, bedenimde, zihnimde ve ruhumda dengesiz olduğum bir dönemdeydi. Bu bir benlik kriziydi. Hayat dayanılmaz olmuştu, çevrem eski ve yeni bocalamalarla sarılıydı ve ipler o kadar elimden kaçmıştı ki bunlar artık "normalim" olmuştu. O sırada dışarıdan yardım isteseydim sanırım geçmişte olduğu gibi depresyon veya anksiyete (endişe durumu) tanısı konurdu. Bunun yerine sezgisel olarak içime tanık olmaya çekildim ve ne kadar bağlantısız olduğumu gördüm. İlk kez bu işaretleri bastırılacak ya da kaçınılacak şeyler değil de bana mesaj taşıyan ulaklar olarak görmeye başladım.

Kendini İyileştirme (SelfHealing) yolculuğuma çıkmadan önce yirmili yaşlarımın sonuna doğru, bir arkadaşıma, tatilimi nerede geçireceğim konusunda karım ve ailem tarafından farklı yönlere çekildiğimi söylemiştim. Arkadaşım masumca yüzüme bakıp "*Sen ne istiyorsun?*" diye sormuştu.

Neredeyse iskemlemden düşecektim. *Ne istediğim hakkında hiçbir fikrim yoktu.*

Yıllar sonra ailemle ilişkilerimi kopardıktan, enerji bakımından bana hizmet etmeyen yerlerden ve insanlardan uzaklaştıktan ve genel anlamda başkaları için daha az ulaşılabilir olduktan sonraki kendime dayattığım yalıtılmışlık döneminin ardından, aynı kopukluk duyguları bana musallat olmaya başladı, ama bu kez benim eski kopma (dissosiyasyon) alışkanlığımdan kaynaklanmıyorlardı. Geçmişimden tanıdığım hemen herkesi terk ettiğimi ve bir şekilde şimdi bazılarının benden nefret edebileceğini düşündüğümü hissettim. Yalnızdım, son derece yalnız. *Kendi insanlarımı bulamayacak mıyım,* diye düşündüğümü hatırlıyorum.

O zamanlar bilemiyordum, ama *spiritüel bir dönüşüm* içindeydim. *Manevi-ruhsal dönüşüm!* Bu sözler kendini en azından agnostik sayan, veri takıntılı bir psikoloğun ağzından çıkıyor. Benim tanrım bilimdi. Maneviyat fikrinden, spiritüellikten uzak dururdum; sadece o zaman benim farkındalığımın bir parçası değilmiş.

Başkalarıyla tam olarak bağlantı kurmadan önce kendi duygusal, fiziksel ve ruhsal ihtiyaçlarımı anlamam gerekiyordu ve hayatımda ilk kez onları karşılamak için çalışıyordum. Bu acılı bir süreçti; deri değiştirmeye benziyordu; daha önce hiç olmadığın bir şekilde kendinin farkında olmayı gerektiriyordu. Kendini görmen, anlaman –başkalarından alamadığın sevgiyi kendine verebilmek için–, kendini sevmen gerekiyordu.

YENİDEN EBEVEYNLİĞE GİRİŞ

Çocukların sağlıklı gelişimi, yaradılıştan gelen özihtiyaçlarının karşılanmasına bağlıdır. Bir bağımlılık durumunda olduğumuzdan bizi fiziksel, duygusal ve ruhsal olarak beslemeleri için ebeveynlerimize ve bir bütün olarak aile birimimize güveniriz. Gerçekten görülmeyi, duyulmayı ve kendimizi ifade etmeyi (sadece kendimiz olmayı) arzularız. Ebeveynlerimiz destekleyici davranışlarda bulunurlarsa ihtiyaçlarımızı ifade etmenin ve başkalarından yardım istemenin güvenli olduğunu öğreniriz. Çoğu ebeveyn figürü bırakın bir başka insanı, kendi çözülmemiş travmaları ve koşullu başa çıkma mekanizmalarıyla kendi ihtiyaçlarını nasıl karşılayacaklarını bilmezler. İyi niyetli olanlar bile bize hizmet edecek olanı her zaman veremezler. Birinin çeşitli ve kendine özgü tüm ihtiyaçlarını sürekli karşılamak neredeyse imkânsızdır.

Bununla birlikte duygusal olarak olgun olmayan ebeveyn figürleriyle yaşamışsak ihtiyaçlarımız rutin olarak karşılanmamış veya boş verilmiştir. Duygusal toyluk, duygusal olarak esnek ve dayanıklı olamamanın sonucudur; duyguları işlemek, sınırları iletmek ve sinir sistemimizi dengeye kavuşturmak becerisi eksiktir. Duygusal olarak olgunlaşmamış bir ebeveyn figürü öfke nöbetleri geçirebilir, bencilce ya da savunmacı davranabilir ve genellikle tüm aile biriminin ruh halleri onunki çevresinde döner. Psikiyatrist Lindsal Gibson'ın bu konudaki en sevdiğim kitaplarından birinde (*Olgunlaşmamış Ebeveynlerin Yetişkin Çocukları: Mesafeli, Reddeden, Bencil Ebeveynlerin Negatif Etkilerinden Kurtulmanın Yolları-Adult Children of Emotionally Immature Parents: How to Heal from Distant, Rejecting, or Self-Involved Parents)* yazdığı gibi ebeveyn figürümüzün duygusal olgunluğunun (ya da toyluğunun) seviyesini anlamak, negatifliğinin sebebinin biz değil kendisi olduğunu anlamamızı sağlayarak bizi duygusal yalnızlıktan kurtarır.

Duygusal olarak olgunlaşmamış ebeveyn figürleriyle yaşamış olmanın çeşitli sonuçlarını defalarca gözlemledim: kendi ihtiyaçlarını tanımlayamamak, sevgi ve onay almak için kendine ihanet etmek, başkalarının "tam da" ne istediklerini aslında bildiklerini varsaymak ve bu nedenle sürekli gücenme ve alınma içinde yaşamak... Bu kişilerin yetişkin çocukları genellikle egonun o korunmuş ve tanıdık alanında (tüm hikâyeleriyle birlikte) yaşarlar ve çoğu zaman "haklı" olmaya yoğun bir ihtiyaç duyarak başkalarının firiklerini reddeder ve onların da bir zamanlar tıpkı kendisinin hissetmiş olduğu gibi küçük ve önemsiz hissetmelerini sağlarlar. Başkalarına gerçek yüzlerini gösterirlerse onları kaçırmaktan korktukları için her zaman bir maske takarak kendilerinin avatarlarını yaratırlar. Bazıları hemen her türlü yakınlıktan kaçar, bazıları çaresizce buna sarılır. Göstergeler tastamamdır ve bu yaraları iyileştirmenin yolu çocukken alamadığımız her şeyi kendimize vermemizdir. İlerlemenin yolu, çocukken sahip olamadığımız bilge ebeveyn olabileceğimizin farkına varmaktır. Buna yeniden ebeveynlik denir ve gündelik, kararlı, bilinçli eylemlerle içinizdeki çocuğun karşılanmamış ihtiyaçlarını nasıl karşılayacağınızı yeniden öğrenmenize olanak verir.

Yeniden ebeveynlik gibi kavramlar psikodinamik alanda onyıllardır var. Bir terapistle güvenli bir ilişkinin hayatta daha sağlıklı ilişkiler kurmak için bir zemin sağlayabileceği ana akım terapi modelinden türemişlerdir. Psikanaliz, terapötik sürecin hedefi olan aktarım kavramı veya çocukluktan gelen duygularımızın bir terapiste "transferi" çerçevesi üzerine inşa edilmiştir. Bu desteği almak inanılmaz derecede yardımcı olsa da –tabii bunu yapacak araçlara, erişime, ayrıcalığa sahipseniz– kimse ihtiyaçlarınızı sizden daha iyi anlayıp bilemez ve kimse onları sizden daha iyi karşılayamaz. Kimse yapamaz, ama siz yapabilirsiniz ve yapmanız gerekir; her gün bu sürekli değişen ihtiyaçlarla ilgilenmelisiniz. Bu çaba sizden gelmelidir. Gücünüzü kazanma sürecinde benliğinizle daha derin ve özgün bir bağlantı kuracaksınız.

İhtiyaçlarımızı karşılayacak araçları kendimize öğretmemiz bizim sorumluluğumuzdur. Yeniden ebeveynlik yaptığımız zaman bu fiziksel, duygusal ve ruhsal ihtiyaçları nasıl tanımlayacağımızı öğrenmeye başlarız ve bu ihtiyaçları karşılama niyetiyle girdiğimiz koşullanmış yolları fark ederiz. Çoğumuzun yetişkinliğimizde genellikle *eleştirel* iç ebeveyni bünyemizde barındırdığımızı, onun gerçekliğimizi reddettiğini, ihtiyaçlarımızı inkâr ettiğini ve kendi ihtiyaçlarımızı karşılayacağına çevremizdekilerin algılanan ihtiyaçlarını karşılamayı seçtiğini görürüz. Suçluluk ve utanç sezgisel sesimizin yerini alır.

Yeniden ebeveynlik işlemi herkes için farklıdır. Genellikle iç eleştirmenimizi susturmak ve kendimize saygı ve şefkat duymak isteriz. *Bilge* iç ebeveynin yardımıyla içgüdüsel olarak yargılamak ve yok saymak yerine tanık olarak nasıl gerçekliğinizi ve duygularınızı onaylayacağınızı öğrenirsiniz. Bilge iç ebeveyniniz içinizdeki çocuğun ihtiyaçlarını onurlandırırken kabul duygusunu yerleştirir – görülmek, duyulmak, kendinizin özgün parçaları için takdir görmek. Öncelik *siz* olursunuz.

Bilge iç ebeveyninizi geliştirmek için (belki de hayatınızda ilk kez) kendinize nasıl güveneceğinizi öğreneceksiniz. Bu kayıp güveni gündelik bakımınız için kendinize küçük sözler vererek ve bu niyetlerinize sadık kalarak geliştirmeye başlayabilirsiniz. Acı içinde bir çocukla konuşurken nazik bir dil kullanma alışkanlığını geliştirerek başlamak yardımcıdır. Her gün kendinize şu anda kendim için ne yapabilirim sorusunu sorarak başlayın. Bunu ne kadar sık yaparsanız sizi sezgilerinize yeniden o kadar fazla bağlayacak ve çevrenizdeki dünyaya otomatik bir yanıt haline gelecektir.

YENİDEN EBEVEYNLİĞİN DÖRT DİREĞİ

Aşağıda çalışmayı temellendirmek için gereken direkleri tanımladım; ancak bu işlemin herkes için farklı olduğunu ve kesin doğrusal adımlar olmadığını bilmelisiniz. Sürekli değişen, geçici varlıklarız. İhtiyaçlarımız her gün değişir ve evrilir. Bu ihtiyaçları karşılayışımız da aynı şekilde evrilmelidir.

Yeniden ebeveynliğin *ilk direği* duygusal düzenlemedir veya duygu durumlarımız arasında başarıyla dolaşabilmek. Duygusal düzenleme stresle esnek, toleranslı ve uyumlu bir şekilde başa çıkma becerimizdir. Tüm kitapta bu adım üzerinde çalıştık, özellikle de sinir sisteminin rolünü irdelerken. Duygularınızı nasıl düzenleyeceğinizi artık iyi öğrenmiş olmalısınız: Stres tepkisini düzenlemek için derin karın nefesleri; beden duyularındaki değişimlere yargılamadan tanık olmak; bu duygusal aktivasyonlara bağlı ego temelli anlatılarımızdaki kalıpları fark etmek. Önceki tüm temel çalışma sizi bir sonraki işleme hazırlamak içindi. Yeniden ebeveynliğe gelen çoğunuz, daha önceki düzenleyici beden çalışmalarını daha istikrarlı veya daha derinden yaparsanız fayda sağlayacağınızın farkına varmış olabilirsiniz. Eğer bu paragrafta kendinizi gördüyseniz kitabı bırakıp bir adım geri atabilir ve devam etmeden önce ihtiyacınız olan konulara geri dönebilirsiniz.

İkinci direk şefkatli disiplindir. Bu direk, kendimizle zaman içinde korunan sınırlar yaratmayı kapsar. Bunu kendimize küçük sözler verip tutarak, gündelik rutinler ve alışkanlıklar yaratarak yapabiliriz. Disiplin iyileşme sürecinin önemli bir parçasıdır ve devam etmemizi sağlar. Çoğumuz disiplinin "kötü" için cezayı içeren ve kendimizi yargılanmış ya da reddedilmiş hissettirebilen utanç temelli algısıyla yetiştik. Yapacağımız şey kendine ihanetin tam tersidir. Yeni bir alışkanlık geliştirmeyi seçiyor ve kendimize görünmeye değer olduğumuzu kanıtlayarak bir iç güvenilirlik ve dayanıklılık duygusu oluşturuyoruz. Bu, bize hayatımızın diğer yönlerine de dokunacak derin bir güven duygusu aşılar. Şefkatli disiplin eylemi, merhamet ve esneklikle rutini geliştirir.

Kendini İyileştiren (SelfHealer) Ally'nin her sabah bir bardak su içmesi gibi küçük veya size yolculuğunuzda hizmet etmeyen şeylere "hayır" demek gibi büyük başlayabilirsiniz. Kendini İyileştirenler (SelfHealer) topluluğunda bir sürü faydalı örnek gördüm: her gece iple dişinizi temizlemek, her gece yüzünüzü yıkamak, her gün bir çapraz bulmaca çözmek. Önemli olan istikrarlı biçimde *her gün* yapmaktır ve bu kendiniz için var olduğunuza güven teşkil etmenizi sağlar.

Konuştuğum çoğu ebeveyn saatlerini çocukların kalkmasından bir saat önceye kurarak güne başlıyorlar. Telefonlarını uçak moduna getirip dikkatlerini başka herkesin ihtiyacına çevirmeden önce kendileri için bir şey yapıyorlar. Bu kahvaltı hazırlamak, yürüyüşe çıkmak, kitap okumak, egzersiz yapmak ya da sadece gevşemek olabilir. Bir Kendini İyileştiren'in (SelfHealer'ın) yazdığı gibi: "Bu bir saati kimse sizden alamaz."

Bu gündelik disiplin eyleminin sevgi ve şefkat dolu olması gerektiğini vurgulamak istiyorum. Çoğu insan kendisine verdiği izinler konusunda çok katı sınırlara sahiptir. Esnekliğe ve kaçınılmaz hatalara yer bırakmayan askeri tarzda bir disiplin, özgün benliğimizin gerçek ihtiyaçlarını ve isteklerini ifade etmeyen yıkıcı kalıplarla sonuçlanabilir. Bütün günü yatakta geçirmek, şarap içmek, bir tatlı yemek ya da yüzümüzü yıkamamak istediğimiz günler olacaktır. Bunda sorun yoktur. Zamanla güven geliştirmişsek bir mola alabileceğimizi ve seçtiğimiz zaman geri dönmek için ritüelin her zaman orada olduğunu biliriz. Bir gün dinlenirsek dağılmayız.

Üçüncü direk şefkatli disiplinle el eledir: özbakım. İfadenin kendisi, kendini şımartma ile karıştırılarak metalaştığı için kötü bir üne sahiptir. Gerçek kendine bakma –ihtiyaçlarınızı destekleme ve değerinizi ortaya çıkarma– holistik sağlığın temelidir; kendine müsamaha, kendini şımartma değildir. Özbakım, özellikle de çocukluğunuzda reddedilen fiziksel ve duygusal ihtiyaçlarınızı ve isteklerinizi tanımlamayı ve bunlara özen göstermeyi öğrenmektir.

Bir günümüze özbakımımız için birçok eylem katabiliriz: beş dakika (ya da daha fazla) meditasyon yapmak, bedenlerimizi hareket ettirmek, günlük tutmak, doğada zaman geçirmek, yalnız kalmak, güneşin tenimizi öpmesine izin vermek, sevdiğimiz biriyle samimi bir bağ kurmak. Kendine bakmanın en önemli özelliklerinden biri iyi bir uyku hijyeni geliştirmektir; kaliteli uyku uyumak bizi daha mutlu, bilişsel açıdan daha güçlü kılar ve hatta ömrümüzü uzatır. Yatmadan iki saat önce telefonları kapatmak. Öğlen birden sonra kafein tüketmemek... Bunların birini ya da hepsini deneyin ve kendinizi zihninizde ve bedeninizde ne kadar daha iyi hissettiğinizi görün.

Dördüncü direk, çalışmanın nihai amaçlarından biri, çocukluktaki merak/şaşkınlık/hayranlık duygularımızı geri kazanmaktır. Bu yaratıcılık, hayal gücü, neşe, kendiliğindenlik (spontanlık) ve elbette oyunculuk gerektirir.

Oyun: Nasıl Beyni Şekillendirir, Hayal Gücünü Açar ve Ruhu Dinçleştirir (Play: How It Shapes the Brain, Opens the Imagination and Invigorates the Soul) adlı kitabında, Psikiyatr Stuart Brown, suç işleyen genç erkeklerin çocukluklarında oyunun eksikliği üzerine çalıştıktan sonra oyun için "kamu ihtiyacı" tanımını kullanmıştır. O zamandan beri binlerce insanın hayatında oyunun önemi üzerine çalıştı ve oyunsuz bir hayatın depresyona, kronik, stres bağlantılı hastalıklara ve hatta suç davranışlarına katkı sağladığını gördü. "Oyun eksikliğini yetersiz beslenme gibi ele almak gerek: beden ve zihin açısından sağlık riski," diye yazdı.

Çoğumuz, çocuksu merakın değer görmediği ve hatta tolere edilmediği, bunun neticesinde yaratıcılığın beslenmediği evlerde büyüdük. Kaçımıza boya fırçalarımızı bir kenara bırakmamız çünkü "sanatçıların para kazanamadığı" söylendi? Kaçımızın ebeveyni daha pratik şeyler peşinde kendi yaratıcı girişimlerini bastırdı ya da yok saydı? Kaçımız "çalışmamız" gereken zamanda serbest oyun oynadığı için ceza aldı? Çocukken annemin benimle oynadığı tek anım yok. Bir tane bile. Bu onun için de, benim için de üzücü.

Yetişkinler olarak ikincil bir kazanç (para, başarı, hayranlık) nedeniyle değil de bize neşe getiren şeylere öncelik vermek çok önemlidir. Özgürce en sevdiğimiz müziği dinleyerek, dans ederek, şarkı söyleyerek duyularımızı yeniden çocuksu neşeyle tanıştırabiliriz. Alışılmadık, güdüsel bir şey yapabilir, tutkularımızı izleyebiliriz. Sadece istediğimiz için, mükemmel olmasına ihtiyaç duymadan, her zaman yapmak istediğimiz yeni bir şey deneyebiliriz: Dikiş dikmeyi, yeni bir dili veya sörf yapmayı öğrenmeyi deneyin. Bahçede bitkilerinizle ellerinizi kirletebilirsiniz; bir yabancının kıyafetini övebilirsiniz; eski arkadaşlarınızı arayabilirsiniz. Tüm bu örneklerin bir ana bileşeni vardır: dış bir ödüle ulaşmak için değil, sadece size neşe verdiği ve öyle istediğiniz için bir şey yapmak.

YALNIZLIKLA, HAYAL KIRIKLIĞIYLA VE ÖFKEYLE BAŞ ETMEK

Yeniden ebeveynlik zorlu ve tutarlı bir çalışmadır. İhtiyaçlarımız her gün, aslında her an değiştiği için zaman alır, ince ayar ister ve değişimin en derin ajanlarından biridir. Yeniden ebeveynlik bir pratiktir, son derece bireysel bir çalışmadır ve sürekli evrilen ihtiyaçlarımızı ve başa çıkma stratejilerimizi tanımlamamızı gerektirir. Sizi uyarıyorum: Sert tepkiler, patlamalar olacaktır. Birçok Kendini İyileştiren (SelfHealer) yazdıkları e-postalarda, kendilerine yeniden ebeveynlik süreçlerinde, ebevenleriyle, akrabalarıyla ve hatta arkadaşlarıyla mücadelelerini anlatırlar. En çarpıcı e-postalardan biri birinin annesinden gelendi; yeniden ebeveynlik sürecine başlamış bir üyemizin "beynini yıkadığımı" söylüyordu. Öfkesini aile biriminin dışında birine yönlendirdiği için ona nasıl kızabilirim? Tüm hayatını kızının şimdi değiştirmekte olduğu koşullu kalıplar içinde yaşamıştı. Bu sadece normal olmakla kalmıyordu; nesiller arası aktarılan kalıpların kızının kararında nasıl bir rol oynadığına bakmak yerine suçu bir yabancıya atmak muhtemelen daha güvenliydi.

Sadece dışımızdakilerin değil, içimizden gelen yargıyla da karşılaşacağız. Yalnızlık tüm iyileşme yolculuğumuz boyunca karşımıza çıkan bir konudur, ama bu süreçte özellikle karşılaşırız. Yeniden ebeveynlik sürecinde özgün benliğimizle yakın temas kurarız ve sağlam bir bağımız yoksa bu sinir bozucu olabilir. Kendinizi güvensiz, başladığınızdan daha yalnız hissedebilirsiniz. Kendinizle bu kadar açık bir şekilde ilişki kurmak sinir bozucu veya verimsiz, işe yaramaz görünebilir. Kendinizin tam olarak bilincinde olmadan yeniden ebeveynlikle derinlemesine etkileşim kuramazsınız.

Kendine yeniden ebeveynlik yapan birçok Kendini İyileştiren (SelfHealer) ifade edilmemiş bir öfke içinde yaşadıklarını keşfeder. Nasıl yarı yolda bırakıldığımıza, reddedildiğimize, geçmişimizde geçirdiğimiz travmalara gözlerimizi açmamız, içimizde yatan uyku modundaki öfkeyi ve hatta bazen hiddeti uyandırır. Bazılarımız çektiğimiz acılar için ebeveyn figürlerimize parmağımızı sallamak ya da onları suçlamak isteyebiliriz. Bazılarımız onların çocukluğumuzda yapmış olmalarını umduğumuz gibi bize "öpeyim de geçsin" demelerini isteriz. Çoğumuz en azından ıstırabımızın kabul görmesini ister. Sorun çözücü olanlarımız genellikle somut bir sonuç dilerler. Çoğu Kendini İyileştiren (SelfHealer) ebeveynlerine geri dönerek duyulmayı veya en azından kendilerinden bir özür dilenmesini ister.

Bazıları bu tür bir diyaloğa açıktır. Acılı ve dürüst bir konuşmanın ardından birçoğunun ebeveynleriyle ilişkilerini iyileştirip derinleştirdiklerine tanık oldum. Bu yeniden ebeveynlik yolculuğunuzda yardımcı olacaksa –hakikatinizi söylemek– gidin ve bunu yapın. Bu iletişimin ilk amacı karşınızdaki kişinin deneyimini değiştirmek değildir; sizin kendi gerçekliğinizi ifade etmenizdir. Nasıl hissettiğimizi ve geçmişi nasıl gördüğümüzü ifade edişimizde derin bir içe yönelik değer vardır. Bu değeri bulabilirseniz ve ne tepki gelirse gelsin tolere edebilir ve mesafenizi koruyabilirseniz bir diyalogda rol almaya hazırsınız demektir. Ebeveyn figürünüzün özür dilemesi beklentisiyle gidiyorsanız duygularınızı ya da deneyiminizi onaylayın. Bu durumda sonucun belirsizliği konusunda daha toleranslı olana kadar bu konuşmayı ertelemenizi tavsiye ederim. İçsel iyileşmeniz önceliğinizdir. Ebeveynlerimiz umduğumuz kadar bu konuşmaya açık değillerdir. Bu da gayet anlamlı çünkü tüm yaşamlarını koşullu yaşadılar. Onyılların öğretisi, sırf siz işaret edip gösterdiğiniz için ortadan kalkmaz. Karışıklık yaşanacağına şüphe yok ve bazen bu konuşmaların faydadan çok zarar getirmesi de muhtemel. Size doğrudan yöneltilmiş öfke de söz konusu olabilir.

Tüm bunları, öfkeyi gün yüzüne çıkarmanın doğal olduğunu ve bu öfkenin sizi yiyip bitirmesinin de kolay olduğunu anlatmak için söyledim. Öfkeye izin vermek, onun içinde olmak ve evet, eğer bunu seçiyorsanız –bunu ötekilerin gerçekliğinizi ya da deneyiminizi onaylamasını beklemeden– ifade etmek önemlidir. Bunu kendiniz için sadece *siz* yapabilirsiniz. Gerçekliğiniz, dışsal kaynaklı biri ya da bir şey size öyle söylediği için değil, siz onu deneyimlediğiniz için geçerlidir.

Çocuklu okurlara derin bir nefes almalarını hatırlatmanın zamanı geldi. Ebeveyn figürleri, yeniden ebeveynlik sürecine genellikle büyük dozda korku ve suçlulukla girerler. Kendi çocuklarında başarısız olabilecekleri (ya da zaten oldukları) yolları düşünmeden edemezler.

"Bunu çocuklarımıza yapmayacağımızdan nasıl emin olabiliriz?" sorusuyla her gün karşılaşırım.

Bunu bir kez açıklayalım: Emin olamazsınız.

Ebeveynlik zordur ve duygusal olarak aşırı derecede aktive edicidir. İnsanın başkasıyla onun ihtiyaçlarını tanımlayıp karşılamaya yetecek kadar uyumlu olması için kendi ihtiyaç ve isteklerini tanımlayıp karşılayabilir olması zorlu bir görev. Gerçek şudur: Hatalar yapacaksınız. Yetersiz kalacaksınız. Bir şekilde başarısız olacaksınız. Bu olabilir, hem sorun yoktur hem de uzun vadede yararlıdır. Biraz strese girmek çocuklara duygusal olgunluğun ana bileşeni olan esnek ve dayanıklı olabilme yeteneği kazandırır. Bunu daha detaylı ele alacağız.

BATI'NIN ÇAĞRISINA KULAK VERMEK

Uyanışımın kökenleri çok rahatsız edici olsa da bana tüm varlığımı değiştirme fırsatı sundu. Sonunda ailemden uzaklaştığım zaman kendime ailemle *ilişkili* olmadan var olma fırsatı verdim. Bastırdığım ya da inkâr ettiğim çeşitli ihtiyaçlarımı fark etmeye başladım. Eş bağımlı biri olduğum için ihtiyaçlarımı her zaman başkalarıyla tanımlardım (ve çoğunlukla pek de ihtiyacım olmadığına inanırdım). Onlardan ayrılmış varlığıma kavuşmak ve kendimi ailemden bağımsız görmek için kendime alan yaratmalıydım. Korku ve yorgunluk içinde kendimle karşılaştım. İlk kez neye ihtiyacım olduğunu gördüm.

Hayatımda sadece üç kez, kararım başkalarını incitecek olsa da kendi ihtiyaçlarımı onurlandırdım. İlki, üniversitede artık beni mutlu etmediği için softbol oynamaktan vazgeçtim. Takımımı yüzüstü bıraktığım için ebeveynlerimin, özellikle de annemin bozulacağını bilerek bunu yaptım. *Kendim* için yaptım.

İkincisi yıllar süren kopukluğun ardından boşandım. Bir parçam sonsuza kadar devam edebilirdi, ama başka bir parçam *bunu yürütemiyorum, değişime ihtiyacım var,* dedi.

Üçüncüsü Lolly ile birlikte California'ya taşınma kararımızdı. Batı'ya taşınmayı istiyordum, ama ailemi üzeceği için her ihtimali bertaraf ediyordum. Onlarla bağlarımı koparınca beni Doğu Yakası'na bağlayan görülmez zincirler de kırıldı; artık buranın bana hizmet etmediğini biliyordum. On yıl kadar önce, bana Philadelphia ve New York'tan bu kadar uzakta yaşayacağımı söyleseniz gülerdim. Şehrin duygusal aktivasyonuna bağımlıydım; kaos, gürültü, parlak ışıklar, boş bakışlı kalabalıklar iç dünyamın doğrudan yansımasıydı. Önceki arkadaşlarım bu geçişi erken gelen orta yaş krizinin kanıtı olarak gördüler: Tüm hayatımı bırakıyordum; muayenehanem, ailem, arkadaşlarım, geçmişim ve ülkenin öbür ucuna yeni bir hayat kurmaya gidiyordum. En yakın arkadaşlarımdan bazılarına yeni ortaya çıkan gerçekliğimden söz ettiğim zaman kalkan kaşlarla, müdahaleci sorularla ve hatta düşmanlıkla karşılaştım.

Lolly ile California'yı ziyaret ettiğimiz zaman bizim yerimiz olduğunu anladık. İçsel olarak daha dengeliydim, doğal olarak bedenime süzülenlere çekildim: doğanın kendisi, güneşin sıcaklığı, özgürce nefes alabileceğim ve bedenimi hareket ettirebileceğim bir yer. Sonunda harekete geçmeye karar verdiğimde bu yeniden ebeveynlik sürecinin sembolik bir uzantısı olmuştu. İhtiyaçlarımı kabul ettim. Arzularımı dinledim. Kendime onları yerine getirme izni verdim. İç rehberlik sistemimin sezgisel sesini duyunca bu kez onu dinledim.

Taşınmak kolay değildi. Geçişler zordur. Durum mükemmel olsa bile homeostazınızı kaybedersiniz ve kendinizi en azından rahatsız hissedersiniz. Alışkanlıkları olan varlıklarız ve alışıldık kalıplarımız olmadığı zaman kendimizi dışlanmış, savunmasız ve hatta değişime karşı düşmanca bir tavır içinde bulabiliriz. Hayatımızda ne zaman bizi stres altında bırakan bir olay yaşasak –iş değişimi, taşınmak ölüm, doğum...– bizi güvenlik bölgemizden dışarı, büyük bir bilinmeyene, doğal olarak huzuru bozan bir alana zorlar.

California'nın kaderim olduğuna karar verince kurmaya çok uğraştığım muayenemi kapatmak, bağlılık duyduğum danışanlarıma veda etmek zorunda kaldım. Önem verdiğim ilişkilerimin bazılarını sürdürmek için sanal yollar bulmalıydım. Ayrıca bu kararımla ailemle tam kopuşum *gerçek* olmuştu. Kendimi travma bağlarından fiziksel olarak uzaklaştırıyordum, bu oldukça özgürleştirici ve aynı zamanda ürkütücüydü. Artık konforsuzluk ve belirsizlikle mücadele edecek becerilerim ve pratiğim vardı. Sonunda kendi içsel sezgilerime güvenebiliyordum ve bu harikaydı. Hâlâ yalnızlıkla ve gelecekle ilgili bir sürü kuşkuyla mücadele etsem de kendimi her zamankinden daha hizalı hissediyordum. Uyku kalitem iyileşti; daha hızlı sindirebiliyordum ve bağırsaklarım daha iyi çalışıyordu; ciğerlerim temiz havayı almak için genişliyor gibiydi; daha neşeliydim ve ruhum da daha hafifti. Ruhum, bedenim aracılığıyla konuştukça neşeye ne kadar aç olduğumu fark ettim. Ve buna değer olduğumu fark ettim.

Bir gün bu kitap üzerinde çalışırken aklımı boşaltmak için yürüyüşe çıktım. Yeni muhitimde sahilde dolaşıp kendimi çevremdeki dünyanın duyularına kaptırırken destek ve sevgiyle ilgili nazik mesajlara geçtim: Şu anda kendim için ne yapabilirim? Soru aklıma gelir gelmez kulaklığımda Mumford&Sons'un şarkısı "Zamanı Gelecektir" (There Will Be Time) çalmaya başladı. Sesi açtım, perküsyonun ritmine, klavyelerin yükselişine ve ses uyumlarının karışımına kendimi bıraktım.

Öyleyse aç gözlerimi yeni bir ışığa...
Ve elbet gelecektir zamanı.

Kehanet gibi sözler. Orada durmuş nihayet bilincin açık gözleriyle görebiliyordum. En derin ihtiyaçlarımla ve isteklerimle bağlantı kurabiliyordum ve ilk kez bize verilmiş zamanın her ânında elimizde olan seçimlerin sonsuz olasılığına gerçekten güveniyordum.

Sesi daha çok açtım. Başımı ve kalçalarımı sallamaya başladım. Bu, karakterimin tamamen dışındaydı. Dans etmeyi sevmezdim. Bunun nedeninin çocukluğumdaki bale sınıfında, aynada kendime bir göz atıp da göbeğimin diğer kızlardan ne kadar büyük olduğunu fark etmem olduğunu anladım. O andan sonra kendimi giderek daha fazla bedenimde rahatsız ve kısıtlanmış hissetmeye başlamıştım. Kısa süre sonra insanların arasında dans etmez olmuştum; son derece özgür olabilen başkalarını, biraz da küçümseyerek izlemeye başlamıştım. Ama orada, otuz yıl sonra, tuhaf, yeni bir dünyada, açık havada müzikle sallanıyordum. Ellerimi havaya kaldırıp zıplamaya başladım. Dans ediyordum. Dopdolu. Herkesin ama herkesin görebilmesi için.

Başkaları ne düşünür korkusundan, yargının koşullu durumundan ve içimizdeki yaralı çocuğun acısından kurtulmak yeniden ebeveynlik sürecinin parçasıdır. Sahilde dans etmek benim radikal kendimi kabul eylemimdi; iyileşme yolculuğumda ileri doğru atılmış bir adımdı.

ÇALIŞMAYI YAP: KENDİNE YENİDEN EBEVEYNLİK MENÜSÜ GELİŞTİRMEK

Yeniden ebeveynliğin dört direğinden önce hangisi üzerinde çalışabileceğini keşfetmeye biraz zaman ayır. Başlamak için kendine "Şu anda en çok neye ihtiyacım var?" diye sormak uygun bir adımdır.

- **Duygusal düzenlenme.** Çocukken çoğumuza duygusal olarak farkında olmanın değeri öğretilmedi ve alıştırması yaptırılmadı. Yetişkinler olarak iyileşme yolunda bu pratiği geliştirmemiz çok önemlidir. Duygusal düzenlemeyi şöyle sağlayabilirsin:
    - Derin karın nefesleri alıştırması.
    - Farklı duyguların bedeninde aktive ettiği duyulara tanık olmak.
    - Seni duygusal olarak aktive edenin ne olduğunu fark etmek.
    - Duygusal karşılıklarına *yargılamadan* izin vermek; sadece tanık olurken duyguların her birinin ve hepsinin içinden geçmesine izin vermek.

(Gerekirse) verilen örnekleri kullanarak duygusal düzenlemenin bu alanında kendine hemen ne verebileceğini (ya da yaratabileceğini) listele veya defterine yaz. (Zamanla bu yeni gündelik alışkanlığı geliştirecek yeni yollar keşfedebilirsin.) ____________________

- **Şefkatli disiplin.** Çocukken çoğumuza basit, yararlı, destekleyici alışkanlıklar ve ritüeller öğretilmemiştir. Yetişkin olunca bu sevgi ve şefkat dolu disiplini şu şekilde oluşturabilirsin:
    - Kendine günlük küçük sözler verip bunları her gün tutmak.
    - Gündelik ritüeller ve rutinler geliştirmek.
    - Sana hizmet etmeyen şeylere "hayır" demek.
    - Yaparken rahatsızlık duysan bile sınırlarını korumak.
    - Bağlantıyı kesip kendin üzerinde düşünerek zaman harcamak.
    - İhtiyaçlarını nesnel (yargılayıcı olmayan) bir dille açıkça iletmek.

(Gerekirse) verilen örnekleri kullanarak şefkatli disiplinin bu alanında kendine hemen ne verebileceğini (ya da yaratabileceğini) listele veya defterine yaz. (Zamanla bu yeni gündelik alışkanlığı geliştirecek yeni yollar keşfedebilirsin.) ____________________

- **Özbakım.** Çocukken çoğumuza kaliteli uyku, hareket, beslenme ve doğayla bağlantı kurma gibi şeylerin değeri öğretilmedi. Yetişkinler olarak kendimize şu şekillerde bakabiliriz:
    - Gece yatağa daha erken gitmek.
    - Evde yemek pişirmek ve yemek.
    - Beş dakika (ya da daha fazla) meditasyon yapmak.
    - Beş dakika (ya da daha fazla) bedenini hareket ettirmek.
    - Günlük tutmak.
    - Doğayla bağlantı kurmak ve doğada zaman geçirmek.
    - Güneşin tenine değmesine izin vermek.
    - Sevdiğin biriyle bağlantı kurmak.

(Gerekirse) verilen örnekleri kullanarak kendine bakmanın bu alanında kendine hemen ne verebileceğini (ya da yaratabileceğini) listele veya defterine yaz. (Zamanla bu yeni gündelik alışkanlığı geliştirecek yeni yollar keşfedebilirsin.) ____________________

- **Çocuksu merak/şaşkınlık/hayranlık**: Yaratıcılık artı hayal gücü; neşe ve spontanlık artı oyunculuk. Çocukluğumuzda çoğumuza spontanlıktan, yaratıcılıktan, oyundan ve saf mevcudiyetten neşe duymak öğretilmedi. Yetişkinler olarak oynamayı hatırlamak, bağlantı kurmak ve bize zevk veren hobiler geliştirmek önemlidir. Bunu şu şekilde yapabilirsin:
    - Özgürce dans etmek, şarkı söylemek.
    - Plansız bir şey yapmak.
    - Yeni bir hobi ya da ilgi alanı bulmak.
    - En sevdiğin müziği dinlemek.
    - Bir yabancıya kompliman yapmak.
    - Çocukken yapmayı sevdiğin bir şey yapmak.
    - Arkadaşlarınla ve sevdiklerinle bağlantı kurmak.

(Gerekirse) Verili örnekleri kullanarak çocukluk merakının/şaşkınlığının/hayranlığının bu alanında kendine hemen ne verebileceğini (ya da yaratabileceğini) listele veya defterine yaz. (Zamanla bu yeni gündelik alışkanlığı geliştirecek yeni yollar keşfedebilirsin.) ____________________

12

Duygusal Olgunluk

Duygusal olgunluğun sayısal yaşla bir ilgisi yoktur. Bazılarımız ergenliğe girmeden ebeveynlerimizden daha olgun olabiliriz ve bazıları da daha rahimden çıktıkları anda onlardan daha olgun olabilirler (pek de şaka yapmıyorum).

Duygusal toyluk oldukça yaygındır ve *tolerans gösterememe* çevresinde döner. Duygusal olarak yeterince olgunlaşmamış olanlar kendi duygularına tolerans gösteremezler; öfkeleriyle bir kapıyı çarparak ya da sessizce bozuk atarak baş ederler. Duyguları onları o kadar rahatsız eder ki genellikle sert ve ani çıkışlarda bulunur, savunmacı olur veya deneyimledikleri her neyse ona karşı tamamen kapanırlar.

Bu, çocuğunun duyguları kendisininkilere ters düşünce "Dramatik olmayı kes!" diye bağıran baba, bir anlaşmazlığın ardından tamamen kapanan ve sessizce bozuk atan arkadaş olabilir. Bunun nedeni sıklıkla başka birinin rahatsızlığına tanık olamamanın, farklı duyguların varlığına bile tahammül edememenin sonucudur. Başkalarının bakış açıları tehditkâr gelir ve onlara duyulan korku toleranssızlığı besler.

Psikoterapist Lindsay Gibson duygusal toyluğu (ebeveynliğe odaklanarak), "çocukların duygusal ihtiyaçlarını karşılamak için gerekli duygusal yanıtların verilemeyişi" olarak tanımlar. Duygusal olarak olgunlaşmamış ebeveynlerin çocukları için sonuç yalnızlıktır; "Bulanık ve kişisel bir deneyim... bir boşluk veya koca dünyada bir başına olduğuna dair bir his."

Bu boşluk duygusunu hatırlıyorum: bırakın deneyimlerimden zevk almayı, onları hiçbir zaman tam olarak takdir edemeyecek gibi hissetmek. Hayatım boyunca hayatın saf neşesini kucaklayarak yürekten gülmenin özlemiyle yaşadım. *Gerçekten* neye ihtiyacım olduğunu bilmiyorsam beni neyin mutlu edeceğini nasıl bilebilirim?

Bu boşluk hissi, sanırım, özgün varlığımızla sürekli kopukluktan kaynaklanıyor. Yıllarca koşullu, fiziksel, duygusal ve ruhsal ihtiyaçlarımızı gerçekten karşılayamadan yaşamak genellikle yanlış anlaşılma korkusuyla birleşir. Özgürce kendini ifade edebilmenin desteklenmediği evlerde yetişenlerimiz kendimizi başkalarının bizim hakkımızda düşündüklerine ya da hissettiklerine fazla odaklı buluruz. Bu, çoğumuz için sıradan bir deneyimdir ve günümüzde sosyal kaygının bir epidemi olmasının da nedenidir. Sosyal kaygı ve görünüme fazla odaklanmak sosyal medyanın yeni sanal arenasında kendini gösteriyor; çoğumuz gündelik anlamda "görüntülenme" ve "beğenme" sayılarına takıntılıyız ve bu da geniş ölçüde karşılanmamış görülme ve duyulma ihtiyacımızdan kaynaklanıyor. Çoğumuz inanılmaz miktarda zihinsel enerjiyi "anlaşılmaya" harcıyoruz. Yanlış anlaşılma korkumuz bedenimizin fiziksel tepkilerini yönetiyor; bizi döngüsel düşünce kalıplarının ve egosal hikâyelerin davranışımızı yönettiği stres tepkilerine yöneltiyor. Evrimi topluma ve kabule temellenen sosyal varlıklar olduğumuz için sürümüzün bizi reddetmesinin sonuçları acı ve hatta öldürücü olabilir. Toplumdan dışlanma korkumuz, risk daha düşük olsa da bugün de yine var. Bir korku durumunda olmamıza sebep olan toplumsal kabule doğru evrimsel çekim, çevremizdekilerle bağlanmamızı olanaksızlaştırıyor. Tepkili ve mantıksız oluyoruz. Halka açık bir ortamda en sevdiğimiz şarkıda dans etmek gibi *salakça* bir şey yapmaktan korkuyoruz.

Birçok Kendini İyileştiren (SelfHealer) sadece kendi acılarını değil, başkalarınınkini de daha iyi anlayabilir oldu. Koşullu yaşama biçimimizin farkına vardıkça genellikle çevremizdekilerin döngüsel kalıplarının da daha fazla farkına varırız. Bu da çoğumuz için evi "ziyaret etmeyi" zorlaştırır. Ailelerimizi ziyaret etmek hem kendi kalıplarımızı ve alışkanlıklarımızı hem de derindeki yaralarımızı görmemizi sağlarken bu yaraların birçoğunu da aktive eder. Hatta bazılarımız popüler literatürde "hayatta kalan suçluluğu" olarak tanımlanan şeye benzer duygusal tepkiler veririz; "kurtulmuş olan" olma hissi. Bu his bazılarımızın, gelişimimiz hakkındaki detayları ve başarıları "geride kalanlarla" paylaşmamakta tereddüt etmelerine sebep olabilir. Veya kendimizi eski rollerimizin dışına çıktığımız için korkunç hissedebilir ve ilişkilerimizin değişmeden kalması için sevdiklerimizin de bu dönüşüm yolunu izlemelerini isteyebiliriz. Çoğumuz sevdiklerimizin gerçekten iyiliğini ister; "bu değişimin gerekli olduğunu" görmelerini ve iyileşmelerini umarız. Bu harikadır, ama gerçekte herkes aynı yolda olamaz. İyileşmek gündelik taahhütleri kapsar ve *seçilmiş* olmalıdır. Sevdiklerimiz bizimle aynı yolu seçmezlerse enerjimizi tüketen bu gerçeklikle savaşmayı bırakıp bu gerçeklik hakkındaki duygularımızı kabul etmenin alıştırmasını yapmamız faydalı olur.

Duygusal olgunluğun en önemli başarılarından biri, bu yanlış anlamalarla ya da yanlış anlaşılmayla nasıl huzur içinde olunacağını öğrenmektir. Bu, sonuç ne olursa olsun yaşantınızı en özgün benliğiniz olarak –düşünceleriniz, inançlarınız ve gerçeklikleriniz bir başkasıyla ilişkili olarak değil, sadece siz onlara sahip olduğunuz için geçerlidir– yaşamaya devam etmenizi sağlar. Kim olduğumuzun tüm parçalarından hoşlanmayabiliriz ama onlar vardırlar ve kabul edilmeleri gerekir. Çekirdek benlik algımız çok değişken ve bağlı olduğunda, dış etkilere bu kadar açık olduğu zaman başkalarının bizim hakkımızda inandıklarını düşündüğümüz şeyler bile kendimizi nasıl gördüğümüzü biçimlendirebilir. Sınırların ve sınırlara saygının olmadığı yerde olgunluk yoktur.

Çoğumuz duygusal dünyamızda nasıl yol alınır hiç öğrenmedi ve duygusal olarak yılmazlığımız çok düşük; bazı şeyler kaçınılmaz olarak istediğimiz gibi gitmediği zaman geri dönemiyoruz. Özgün kendiniz olduğunuzda yargı ve eleştiriyle de karşılaşacaksınız. Siz de başkalarını hayal kırıklığına uğratacaksınız. Bunlar hayatın gerçekleri, dinamik, bireysel bir insan olmanın parçasıdır. Doğuştan yanlış ya da doğru olduğunuz anlamına gelmez. Duygusal anlamda olgunlaştıkça sizin gibi görünmeyen, konuşmayan, davranmayan ya da düşünmeyen insanlar için giderek daha fazla alan yaratacaksınız. Farklılıklara ve hatta zıtlıklara tolerans göstermeyi öğrenmek duygusal olgunluğun mihenk taşıdır.

DOKSAN SANİYE KURALI

Duygusal olgunluk *tüm duygularımızı kabul etmeyi* sağlar; buna itiraf etmekten pek hoşlanmadığımız daha çirkin duygularımız da dahildir. Duygusal olgunluğun temel özelliği, başkalarının kendilerini ifade edebilmeleri için kendi duygularımızın farkında olmak ve onları düzenlemektir. Daha basit ifadeyle, yapmakta olduğumuz tüm çalışmanın merkezinde olan duygularımızın tümüne kontrolümüzü kaybetmeden tolerans gösterebilme becerisidir.

İnanın ya da inanmayın, duyguların "doksan saniye kuralı" var ve fizyolojik olay olarak sadece bir buçuk dakika sürüyorlar. Sonra biter. Bedenimiz *homeostaza* dönmek ister. Stres altına girince bedenimizin kortizolü tavan yapar ve içsel kaygı devrelerimiz aktive olur; stresle başa çıkıldığı algılandığı zaman karşıt bir sistem bedenimizi yeniden dengeye kavuşturur. Bu, elbette ancak zihnimiz araya girmezse olur.

Çok azımız, duygularımızın sadece fizyolojik oluşuna izin verebilme yeteneğine sahip. Çoğumuz onları zihinsel dünyamıza getirir ve kafamızda hikâyeler döndürmeye başlarız; hep aynı şeyleri düşünür ve döngüsel düşüncelere kapılırız; bu da bizi duygusal bağımlılığın kısırdöngüsüne hapseder. Doksan saniyelik bir rahatsızlık aniden günler süren bir sinire, öfkeye ve hatta yıllarca sürecek kine, içerlemeye neden olabilir. Duyular, kopma (dissosiyasyon) yaşayarak kendine hissettiklerini hissetme izni vermeyenlerimizin içinden gerektiği gibi akamaz ve biz kendimizi güvenli bir mesafede tutarken bir yerlerde takılır kalırlar.

Can sıkıcı düşünceleri aklınızdan yeniden geçirdiğiniz zaman sanki sıkıntılı olayı tekrar tekrar yaşıyormuşsunuz gibi sinir sistemi tepkilerinizi aktive edersiniz. Bedeniniz geçmişte olanla şimdi olmakta olan arasındaki farkı söyleyemez. Hepsi tehditkârdır. Üzücü duygular genellikle pozitif duygulardan daha uzun sürer ve daha yoğun gibi hissettirir. Araştırmalara göre duygusal yoğunluk sırasında zaman kavramımız çarpılır; bazen daha hızlı akar, bazen de sümüklüböcek gibi yavaştır.

Bu olayın iyi tarafı şu: Bilinçli zihnimizle başka, daha pozitif bir "gerçeklik" yaratabiliriz. Bedenimle daha fazla bağlantı kurdukça, duygular arasındaki farkları öğrendikçe stres ve heyecan arasındaki farkı anlamaya başladım. Ne zaman aktive olsam strese kapıldığımı düşünerek kapanıyor ya da kontrolümü kaybediyordum. Kendime tanık olunca genellikle heyecanı stres sandığımı fark ettim. Şimdi *anksiyete* (endişe) olarak hissettiğimi etiketleme sezgisel çekimini duyduğum zaman bir an duruyorum, ona farklı bir açıdan bakıyorum ve uygun olabiliyorsa onu *heyecan* gibi daha yararlı bir çerçeveye oturtuyorum. Tutku duyduğum bir konu hakkında bir Instagram iletisi göndermeden önce karnımdaki kelebekler ille de stres olmak zorunda değil, heyecanımın ve hevesimin bir göstergesi de olabilir. İçgüdüsel tepkisellikten bir adım geri atmak bize, zihin-beden aktivasyon devresini ikiye ayırabilme ve sadece beden duyularımızda var olabilme yeteneği verir. Bu duyguların nereden geldiğine ilişkin bir hikâye yaratma alışkanlığına karşı koyabilirsek bedenimizin genellikle uzayan fizyolojik tepkisini kısaltırız. Bunu yaparken tüm duyguların geçeceği gerçeğini deneyimleyebiliriz.

Duygularımızın değişen beden duyularına tanık olmak onları ayırt etmeyi öğretir ve bedenimizin bize yolladığı mesajların farklarını ayırt edebilmemizi sağlar. Bilinçli olup da bedenimizin sürekli değişen duyularına –kas gerilimi, hormonal inişler, sinir sistemi aktivasyonu– nesnel tanık olabilirsek bedenimizin bilgeliğine erişim iznini elde edebiliriz. Bu bilgileri daha sonra daha bütüncül hale gelen içsel durumumuzun başkalarıyla olan iletişiminde kullanabiliriz.

DUYGUSAL OLGUNLUK İLE BAŞA ÇIKMAK

Sadece duygularımızı etiketlemek istemekle kalmıyor, olabildiğince çabuk homeostatik dengeye kavuşmayı amaçlıyoruz. Stres yaşamın kaçınılmaz bir parçasıdır. Duygusal olgunluk bize dış dünyaya nasıl tepki vereceğimizi seçme imkânı verir. Böylece polivagal merdivende sosyal etkileşimin güvenli temel çizgisine dönebilir, kendimizi kendimizle ve başkalarıyla olan ilişkilerimizde güvenli hissederiz. Çoğumuz, çocukluğumuzda öğrendiğimiz ve özgün benliğimize hizmet etmeyen eski koşullu başa çıkma alışkanlıkları döngüsünü sürdürüyor. Eğer böyleyse ihtiyaçlarımızı duygusal olarak olgun yollardan nasıl keşfedebilir ve karşılayabiliriz?

Rahatsızlıkla başa çıkmanın tercih edilen yolu yatıştırmadır. Çocukken geliştirdiğimiz yatıştırma yöntemleri çevremize uyumlu tepkilerdir. Basitçe söylemek gerekirse geçmiş çevrelerimiz ve deneyimlerimizle koşullarımızın izin verdiği en iyi şekilde başa çıktık. Yetişkinler olarak şimdiki hayatlarımızdaki yeni edindiğimiz bilgilerle duygusal ihtiyaçlarımızı karşılama yollarımızı güncellememizde büyük fayda vardır. Proaktif yatıştırma yöntemleri, içgüdüsel olarak çocukluğumuzdaki başa çıkma stratejilerine geri dönmek yerine bilinçli bir seçim yapmayı içerir. Yatıştırma, bir sorunu sorumlulukla eyleme geçerek ve proaktif olarak dosdoğru karşıladığımız zaman ortaya çıkar ve bu his çok tatminkârdır. Duygularınızı adlandırdıktan ve yargılamadan etiketledikten sonra tepkilerinizi etkisiz hale getirmenin bir yolunu bulmak isteyeceksiniz.

Yatıştırma her zaman sezgisel olmak zorunda değildir, özellikle de tersliklerle mücadele konusunda uygun başa çıkma yolları geliştirmemişsek. Duygusal olgunluk geliştirme yolculuğumun başında, kendimi öfkeli ya da huzursuz hissettiğimde nasıl daha iyi hissetmemi sağlayacağım konusunda tamamen kayıptım. Tek yapabildiğim soğuk davranmak ve bağırmaktı. Yetişkin benliğimin bu istenmeyen alışkanlıklarını görünce bir sürü yeni şey denedim. Bazıları işe yaradı, bazıları kendimi daha kötü hissettirdi. Kızgın ya da huzursuz olduğum zaman –tarihsel olarak anksiyeteyle (endişeyle) karıştırdığım bir başka his– bana fayda sağlayan bedenimi hareket ettirmek olur. Denediklerim arasındaki durağan şeyler benim için verimli değildi. Bir şeyin beni zorladığını hissettiğim zaman yürüyüşe çıkarım, bulaşıkları yıkarım; bedenimi duygularımla bağlantılı olan fizyolojik enerjiyi boşaltacak şekilde hareket ettiririm. Gevşeyerek hislerimi yatıştırmaya çalışmak –(en sevdiğim hobim olan) kitap okumak ya da banyo yapmak– bana kendimi daha huzursuz hissettiriyor. Sizin için bunun tersi geçerli olabilir; bunu enerjik olarak aktive olduğunuz zaman deneyerek keşfedebilirsiniz.

Verdiği tatmin duygusu göze çarpmayan, ama aynı derecede önemli bir strateji de sıkıntılara tahammül etme yeteneğimizi geliştirmektir. Bizi yatıştırması için bir şeye (emziğin yetişkin versiyonu gibi) bağımlı olduğumuzu hissetmek istemeyiz. Tersliklere tepki verirken alçalıp yükselecek, zikzak yapacak esnekliğe mümkün olabildiğince sahip olmak isteriz. Duygusal olarak aktive olduğumuz her zaman yürüyüşe çıkamayız ya da banyo yapamayız. Bazı koşullarda çoğumuz sıkıntıya katlanmak zorunda kalırız. İlk yıllarımızda farklı rahatsızlıklara tolerans gösterebilmemiz ve yatışmamıza yardımcı olmaları için başkalarına güvenirdik. Yaşlandıkça duygusal deneyimlerimizdeki doğal yelpazeye ve çeşitliliğe nasıl tolerans göstereceğimizi öğrenmemiz faydamıza olur.

Çoğumuz için zorlu olan, bedenimizde ortaya çıkan duyguları onurlandırmaktır. Zihnimizden geçen hikâyelere tanık olmak genellikle işe yarar: Bunların gerçekleşmekte olduğuna dikkat edin, orada olun ve yargılamamaya gayret edin. Dayanmak, yatıştırıcı yöntemlerin gerekmediği bir içsel güven gerektirir; bunu atlayacağımıza dair kendimize güvenmemiz gerekir. Böylece "kötü hislerimizi" ortadan kaldırmak için kendimiz dışında hiçbir şeye ihtiyaç duymadan zorlukları karşılayabilmemizi sağlayan bir güven duygusu mümkün olur.

Duygusal toleransınız geliştikçe iç kaynaklarınızın sınırsız olmadığını anlayın. Tamamen tükenmişseniz ve sınırlı kaynaklarınıza rağmen kendinizi zorluyorsanız muhtemelen daha tanıdık başa çıkma stratejilerine (patlamak, içine kapanmak, sosyal medyada gezinmek...) geri düşersiniz. Kaynak seviyenizi bilip kabul ederek kendinizi başarıya hazırlayın. Bunalmış hissediyorsanız duygusal aktivasyon hissetmeden önce kendinizi o durumdan kurtarın. Stresli ve yorgunsanız başa çıkmak için duygusal kaynaklarınızı sınamaktansa evde kalın. Gerektiği zaman "hayır" diyebilin. Duygusal olgunluk, duygusal sınırlarınızı anlamanız ve korku veya utanç duymadan bunu başkalarına iletmektir.

Başa çıkmak (yatışmak, ama özellikle dayanmak) bize rahatsızlığa tolerans gösterebileceğimizi öğretir. Daha öncesinde çevremizde kafamızı dağıtacak şeyler bulundururduk çünkü stresli durumlarla başa çıkamadığımıza inanırdık. Tolerans pencerenizi geliştirdikçe kendinize, *evet, bunu aşabilirim*'i öğretirsiniz. Kendimizi duygusal derinliklere atarak ya batmayı ya da çıkmayı sıkça duyarız, ama bunlar sinir sistemi açısından sorunlu kavramlardır. Bunun yerine ardına dek açılana kadar o pencereyi azar azar açmanızı öneririm; bir kez açıldığında, iç ve dış dünyanızın tamamına yetecek kadar derin bir tolerans deposu bulacaksınız.

EBEVEYNLER İÇİN BİR NOT

Kendi duygusal olgunluğunuzu geliştirdiğiniz gibi bunu çocuklarda geliştirmeye yardımcı olabileceğiniz yollar da vardır. Bir ebeveyn figürü olarak çocuğunuz için yapacağınız en iyi şey *kendinize kesinlikle iyi bakılacağından* emin olduğunuz zamanı ve enerjiyi ayırmaktır. Kendi bedeninizi onurlandırıp sinir sistemi tepkilerinize egemen olunca özgün benliğinize ulaşır, duygusal düzenlenme ve esneklik konusunda örnek teşkil edersiniz ve çocuğunuz tüm bunları koregülasyon (birlikte düzenlenme) aracılığıyla içselleştirir. Dengeli olmanız ve kendinizi ifade etmeniz, çocukların sizi güvenliğe dönecek emniyetli bir liman gibi kullanarak kendi düzensiz anlarıyla başa çıkmalarını sağlar.

Kendi duygusal olgunluğunuzu geliştirdikçe iç kaynaklarınızın bazılarını kendi duygularıyla başa çıkabilmesi için çocuğunuza aktarmaya başlayabilirsiniz. Kendine bakmasını, hayatında sevgi dolu disiplini yerleştirerek bedenini hareket ettirmesini, yeterince uyumasını, yalnız zamanlar geçirmesini... sağlayabilirsiniz. Aynı zamanda, strese girdiği zaman sizi örnek alarak –bedenindeki duyuları tanımlayarak– stresi atlatmasına yardım edebilirsiniz. Onlara bedenlerinin ne yaptığını sorun. *Samantha benimle alay ettiği zaman yüzüm ısınıyor. Oyuncaklarımı Timmy ile paylaştığım zaman kalp atışlarım hızlanıyor.* Bu beden duyularına karşılık gelen duyguların (utanç, öfke, kıskançlık) adını koymasını isteyin ve bu duyuları aktif olarak yatıştırmak için farklı yollar denemelerini sağlayın. Bunun size faydalı gelen şeyle aynı olmak zorunda olmadığını hatırlayın; bunu benzersiz bir insan olan çocuğunuz hakkında daha fazla şey öğrenmek için bir fırsat olarak değerlendirebilirsiniz.

Gerçekçi olursak bir çocuk evin dışında bir nedenle strese girebilir ve ona yardım etmek için o anda yanında olamayabilirsiniz. Nasıl dayanılacağını öğrenmek, ebeveyn figürlerinin çocuklarına model olabilmesi açısından çok önemli bir derstir. Çocuğunuzun geleceğinde ne olacağını bilmiyorsunuz. Hiçbirimiz sevdiğimiz birinin başına üzücü şeyler gelmesini hayal bile etmek istemememize rağmen hayat içinde bunların olmasına engel de olamayız. Stres toleransını veya zor duyguların geçişine izin verebilmeyi öğretebildiğimiz zaman çocuğun içsel rezervi gelişecek ve onu hem çocukluk dünyasında, hem de yetişkinliğinde destekleyecektir.

Şu âna kadar fark edemediyseniz: Ebeveynliğin anahtarı kusurlu olmayla barışık olmaktır; özellikle de çocukluk yaralarının insanları memnun etmeye veya aşırı başarıya alıştırdığı bizler için kusurluluğa izin vermek kolay değildir. Lolly ya da sevdiğim biri beni hayal kırıklığına uğrattığı zaman dayanamıyorum. Görüntümde en parlak halimden daha azı olarak görülme hissinden hoşlanmıyorum veya herhangi bir nedenle herhangi bir anda bana ihtiyaç duyulduğu zaman onları destekleyemiyor olmaktan nefret ediyorum. Hayal kırıklığı insan olmanın bir parçası olduğu için ebeveyn figürleri, eğer çocuk tarafından içselleştirilen özgün bir sevgi alanı yaratılmışsa çocuklukta deneyimlenen bir travmanın çok zayıflatıcı olmayacağından emin olabilirler. Ebeveynler çocuklarının farklı gerçekliklerini duyma ve kabullenme becerilerini geliştirirlerse onlara, özgün benliklerinin deneyimlerini ve görüşlerini dünyaya geri kalanına sorgulama ve ifade etme izni vermiş olurlar. Güven duyan çocuklar bu güveni ve dürüstlüğü hemen geri yansıtırlar – ebeveyn ve çocuk tarafından birlikte yaratılan ve birlikte deneyimlenen bir özgün benlik ifadesi ilişkisi. Bu karşılıklı özgün ifade, daha önce sözünü ettiğimiz güvenli bağlanma stilinin özüdür. Güven ve emniyet hissinin olduğu bir yerden geldiğiniz zaman çevrenizdeki dünyanın içinde hareket etmekte özgür, hatalar yapabilir ve düştüğünüz zaman daha kolay ayağa kalkabilir olursunuz. Bu, içsel kaynaklarımızı oluşturup geliştirmemize ve hayatın kaçınılmaz olarak getirdiği zorluklar karşısında esnek ve dayanıklı olabilmemize yardım eder.

Kusurlarınıza karşı giderek daha fazla zarafet geliştirip kabulle yaklaştıkça kendinizi, benzer bir şefkati kendi ebeveyn figürlerinize (bazılarımız için çok zorlayıcı olabilir) ve sevdiklerinize yayarken bulabilirsiniz. Evet, hata yapabilen varlıklar olduklarını kabul etmek sinir bozucu ve hatta öfkelendiricidir. Zamanla, onların şartlanmalarını ve yaşam koşullarını daha iyi anlamak için araştırma yaptıkça sorunları açıklamaya çalışmadan empati kurabiliriz. Yaralarıyla bağlantı kurup acılarını hissedebilirken aynı zamanda *kendi* zihinsel, fiziksel ve duygusal sağlığınız için sınırlarınızı koruyabilirsiniz. Duygusal olgunluk, gerekli olduğu zaman sertlikle yumuşaklığı birleştirmeyi gerektirir – sadece çevrenizdekiler (ebeveynler, çocuklar, arkadaşlar) için değil kendiniz için de.

MEDİTASYON VE OLGUNLUK

Karşılaştığım duygusal açıdan en toy Kendini İyileştiren (Self-Healer) John'u tanımlamak için en iyi ifade (bu onu küçük görmek için değil; bu değerlendirmeye kendisi de tamamen katılıyor) "kabına dar geliyor" olurdu. Bir odadaki tüm oksijeni emen, bir konferans görüşmesinde konuşmayı yönlendirmesi gereken, birinin, özellikle de bir kadının otoritesini sorguladığını düşünürse patlayan bir "alfa erkeği" idi. Onu rahatça, duygusal olarak güdük kalmış biri olarak tanımlayabilirdim. Her şey onun hakkındaydı; küçük bir çocuğunkine benzer benmerkezci hayat görüşü vardı. İşler istediği gibi gitmediği zaman bağırıp çağırır, gerçekten öfkelendiği zaman kapkara bir suskunluğa bürünürdü. Nefret ettiği bir işte, satışta çalışıyordu, ama tüm kimliğini aylık öngörülen satışı gerçekleştirmekle ve hatta aşmakla tanımlıyordu. Ofiste başarılı olmasına karşın özel ilişkilerinde sorunluydu. Gardını indirip biriyle, özellikle de bir romantik partnerle *gerçekten* birlikte olma konusunda rahat değildi.

İyileşme yolculuğuna başlamadan önce böyle biriydi. Tepkiselliğinin katmanlarını soymaya başlayınca çocukluk travmasının yumuşak, yaralı merkezini buldu. Narsisizmi derin yarasını örtmek içindi. Babasıyla olan hikâyelerini paylaşmaya başladı. Özellikle içtiği zaman "patlayan", her an tepesinin tası atabilen bir babaydı. Bazen John'u bir kemerle döverdi. Bu sahneleri deneyimleyen annesi odadan çıkar ve daha sonra babasının davranışına bir bahane bulurdu. John babasının istismarından daha fazla kendisini korumayan annesine güceniyordu.

İnsanlar sıklıkla kendisine yakın duygusal toyluk seviyesinde insanları ararlar ve John için de bu geçerliydi. Kendine bulduğu kadınlar (hâlâ da onları çekici buluyor) pasif ve uyumlu görünüyorlardı. John'un esip köpürmesine izin veriyorlar, onu pek sorgulamıyorlardı, ta ki ilişkinin dağılacağı ve bir kez daha John'un kendini yeniden yalnız ve görünmez hissedeceği bir patlama ânına kadar. Bir düzine kadar tabağı yerlere fırlatmasıyla biten son ayrılığından sonra iyileşme yolculuğuna başladı.

John, ilk kez duygusal toyluk kavramıyla tanıştığı zaman utanmıştı. Bu kelimelerin kendisine ne kadar derinden uyduğunu görmekten nefret ediyordu. O kadar rahatsız ediciydi ki bir süre materyallerle ilgilenmeyi bıraktı. Bilinçlenmek bazen ani ve rahatsız edicidir. Zamanla meditatif uygulamalara başladıkça gündelik meditasyon ritüelini beş dakikadan on ve zamanla yirmi dakikaya çıkarttı. Hayatının hiç fark etmediği bir alanı olan ve şimdiye dek hiç iyi belirlenmemiş sınırları, onun için bir tutku haline geldi. Hayatındaki insanların listesini çıkardı ve onlarla ilişkilerindeki ihtiyaçlarını belirledi; ilişkilerinde beklentilerini düşürmek üzerinde çalışmaya başladı. Zor duyguları ortaya çıktığı zaman onları başkalarına boşaltmak yerine acının ve rahatsızlığın içinde kalmaya başladı.

Bugün John kendini "olgun" olarak nitelemeye cesaret edemiyor (bence bu gelişen olgunluğunun bir işareti) ve akıl almaz bir gelişim gösterdi. Tepkiselliğiyle, özellikle de kendini yargılanmış ve yanlış anlaşılmış hissettiren çocukluk travmasını aktive eden durumlardaki tepkiselliğiyle mücadele etmeye devam ediyor ve şimdi onu yönetmesine yardım edecek araçları var. Öfke gibi zor bir duyguya kapılınca bunu *kim olduğuna* dair herhangi bir yansıması olmayan fizyolojik bir tepki olarak görüyor ve eyleme geçmeden duyunun bedeninden akıp gitmesine izin verebilmeyi başarıyor. Satışta çalışmaya devam ediyor, ama sertifikalı bir meditasyon uygulayıcısı oldu. Meditasyonun onun tutkusu (yeniden ebeveynliğin dördüncü direği) olduğunu söylüyor. Her gün tepkiselliği konusunda çalıştığını ekliyor; bu, gündelik yaşamının bir parçası.

İÇSEL DUYGUSAL OLGUNLUK DIŞARIYI AYDINLATIR

Stresli durumlarda kaldığımız zaman kaynaklarımız tükenir ve duygusal olgunluğumuz sınanır. John, bazen en iyi çabalarımıza karşın kendini gösteren duygusal toyluğa dair ipuçlarını başa çıkma ve yeniden ebeveynlik katmanları arasında aradığını ve yanıtlarını tutarlı bir şekilde değerlendirdiğini söyler. Stres veya sabrımızı taşıran her neyse, iç kaynaklarımızın sınırlarına yaklaştığımızı fark etmek ve kendi sözümüze ne kadar güvenebilir olduğumuzu kontrol etmek açısından yardımcı olabilir. Hayat stresli olduğu zaman ya da stres nedeniyle bir tepki gösterdiğimizde, deneyimimizi etkileyen olayları anlamak önemlidir. Tepkiselliğimiz bizi ele geçirmeden önce ona engel olabilmek için şu sorulardan faydalanabiliriz:

Bu olanlardan kendim hakkında ne öğrenebilirim?
Beni hangi kalıplar buraya getirdi?
Rahatsızlığı nasıl kucaklayabilir ve sayesinde gelişebilirim?
Mutlak hakikat haline getirmeden eleştiri kabul etmeyi nasıl öğrenebilirim?
Kendimi ve başkalarını nasıl bağışlayabilirim?

Kendine hesap verebilir olmak hakkında daha fazla şey öğrendikçe benliğimize olan inancımız artar. Bu, başarısızlığa izin verir. Kaçınılmaz olarak yoldan çıkınca esneklik ve bağışlayıcılık sağlar. Kendimize güvenirsek yolun bizi orada beklediğini biliriz. Bu, güçlenmemizi sağlayan kendine karşı hesap verebilir olmanın özüdür.

Siz de yoldan çıkacaksınız. Bir şey yapamayacak kadar yorgun olduğunuz haftalar olacak. Sınandığınız ve sizi utandıracak şekilde davrandığınız zamanlar olacak. Ne zaman hayatınıza bir şekilde yeni bir stres girerse –hasta bir akraba, yeni doğmuş bir bebek, bir ayrılık... – araçlarınız doğrudan kapı dışarı edilebilir. Bu insancadır. Hepimizin duygusal olgunluktan uzak anları var. Duygusal olgunluğa erişimimiz yorgun oluşumuza, hormonal durumumuza, hatta aç ya da tok oluşumuza göre çevremizin farklı noktalarına verdiğimiz tepkilere bağlı olarak değişir. Amacımız çevremizdeki dünya değişirken duygusal durumumuz için en iyi kararı verme becerisiyle güçlenmemizdir.

Duygusal olgunluk listeden çıkarılacak bir amaç değildir, bir video oyununda seviye atlamaya benzemez (şimdi kendinizi tam olarak gerçekleştirdiniz ve kazandınız!). Sihirli bir durum değildir. Altta yatan mesaj aydınlanmış bir varoluş durumu değildir – bizi son kertede daha engin bir birlikteliğe taşıyacak çalışma ve kendini bağışlamadır.

ÇALIŞMAYI YAP: DUYGUSAL OLGUNLUK VE SAĞLAMLIK GELİŞTİRMEK

1. Adım. Duygularınla yeniden bağlantı kur ve onları yeniden keşfet. Duygular, bedeninde meydana gelen ve bedeninin hormonlarında, nörotransmiterlerinde, duyularında ve enerjilerindeki değişimlere eşlik eden olaylardır. Her birinizin bedeni farklı duygulara kendine özgü yollardan tepki verir. Duygularınızı tanımlama (ve nihai olarak yatıştırma) yetinizi geliştirmek için öncelikle bedeninizin duygusal olaylara nasıl tepki verdiğiyle daha bağlantılı olmanız gerekir.

Bunu yapmak için eşsiz bedeninizle bağlantı kuracağınız gündelik bir alışkanlık geliştirmenizi öneririm. Size bu süreçte yardım etmesi için aşağıdaki meditasyon metnini kullanın. (Sesli versiyonunu dinlemek isteyenler yourholisticpsychologist.com ziyaret edebilirler.)

BEDEN BAĞLANTISI MEDİTASYONU

Bu meditasyonu gün içinde yapmak bedeninin sürekli değişen duygusal durumuyla bağlantıda kalmanı sağlayacak. Başlamak için birkaç dakika oturabileceğin veya uzanabileceğin sakin bir yer ve rahat bir pozisyon bul. Bu süreçte aşağıdaki rehberli senaryoları kullanabilirsin.

Şimdiki zamanda dikkatini kendine ve içsel deneyimine vermeye başla. Rahatsan gözlerini yum ya da rahatça bakabileceğin bir nokta seç. Derin bir nefes al ve havayı akciğerlerine çek... karnının şiştiğini hisset... birkaç saniye güzelce, yavaş ve uzun bir nefes ver... ve tekrarla... akciğerlerinin dolduğunu, havayla genişlediğini hisset... yavaşça nefes ver. [Bedeninin meditasyon deneyiminde biraz daha derine daldığını hissederek bu nefes tekniğini istediğin kadar uygulayabilirsin.]

Hazır olunca dikkatini fiziksel bedenine ve mevcut tüm duyularına ver. Başının tepesinden başlayarak bedenini tara; gerilim, gerginlik, sıcaklık, karıncalanma ya da hafiflik hissettiğin bir yer olup olmadığına bak. Başında, boynunda ve omuzlarında biraz dur ve aşağı doğru ilerlerken kollarında ve ellerindeki tüm duyuları hisset. Biraz daha aşağı inerek göğsünü ve karnını fark et. Baldırlarına, bacaklarının altına, ayaklarına ve ayak parmaklarına in. (Bir kez daha, bu beden taramasına kendini rahat hissettiğin kadar zaman ayır.)

Seni çağıran bir bölge olduğunda, yeniden bağlantı kurmak için gerekli zamanı geçir ve hazır olduğunda dikkatini nefesine ver; kademeli olarak çevrene genişlet ve o anda mevcut olan görüntülere, seslere, kokulara yönelt.

GBG: DUYGUSAL BEDEN KONTROLÜ

Bu süreçte sana yardım etmesi için şu örneği kullanabilirsin (ya da bir benzerini kendin için yaratabilirsin):

Bugün bedenimin değişen duygusal durumunun bilincinde olma **alıştırmaları yapıyorum.**

Duygusal olarak daha olgunlaşmamı sağlayan bir çalışma yapma **fırsatı için minnettarım.**

Bugün duygularımı anlamama yardım etmesi için bedenimle **bağlantı kurabiliyorum.**

Bu alandaki değişim kendimi duygusal dünyama daha bağlı hissetmeme fırsat veriyor.

Bugün, gün boyunca, beden duyularımı kontrol etmeye vakit ayırabildiğim **zaman alıştırma yapıyorum.**

2. Adım. Bedeninin dengeye kavuşmasına yardım et. Artık duygularının bir sonucu olarak bedenindeki değişimlerin daha fazla farkına vardığına göre bedeninin temel duruma dönmesine yardım edecek uygulamalar geliştirmeye başlayabilirsin. Unutma ki herkes kendine özgüdür ve aşağıdaki aktivitelere farklı şekilde karşılık verir. Duygularını yatıştırabileceğin farklı yolları keşfetmeye biraz zaman ayır; hangilerinin sende en iyi işe yaradığını görmek için bu aktivitelerle biraz deney yapman gerebilir.
Yerleştirmek istediğimiz iki ana başa çıkma aracı seti vardır.

- **Yatıştırıcı aktiviteler:**
  - *Banyo yapmak.* Ilık su bedeni sakinleştirmeye yardım edebilir. (Epsom tuzun varsa kaslarını biraz daha gevşetmek için suya ekle.)
  - *Kendine masaj yapmak.* Bu, bacaklarının altını ve ayaklarını ovalamak kadar basit olabilir. Stresi hafifletmeye yarayan farklı bası noktalarına ilişkin YouTube videoları var.
  - *Okumak.* Okumak istediğin o kitabı ya da makaleyi oku.
  - *Müzik dinlemek, çalmak, okumak.* Sana kalmış!
  - *Sarılmak.* Bu evcil hayvanların, çocukların, partnerin, arkadaşların, rahat bir yastık... olabilir.
  - *(Mümkünse) Hareket etmek.* Her türü işe yarayacaktır!
  - Duygularını ifade etmek. Bir yastığa, duşta, dışarıda boş bir arazide bağırmayı dene (böylece komşunun sinir sistemini bozmamış olursun).
  - *Yazmak.* Neler hissettiğin hakkında bir mektup, şiir yaz, günlük tut. (Bu zamanı seni harekete geçiren olay hakkında yazmamayı deneyerek kullan, yoksa bedeninin fizyolojik tepkilerini harekete geçirmeye devam edersin.)

- **Kalıcı aktiviteler:**
  - *Dinlenmek.* Planlarını iptal etmek anlamına gelse bile.
  - *Kendini topraklamak.* Beş duyunu kullanarak dikkatini gördüğüne, kokladığına, dokunduğuna, tattığına ve duyduğuna odakla. Bu, şimdiki ânın güvenliğinde daha bütüncül mevcudiyetini sağlayacaktır.
  - *Nefes çalışması yapmak.* Elini karnının üzerine koyarak iki-üç derin nefes alırken akciğerlerinin genişleyip daraldığını hissetmek ve beden enerjindeki değişimlerin farkına varmak kadar kolaydır. YouTube veya Spotify'da bir sürü egzersiz bulunur.
  - *Dışarıda, doğada zaman geçirmek.* Dikkatini tümüyle dış çevrenin tüm deneyimine ver ve topraklayan, sakinleştiren farklı enerjilerin varlığını hisset.
  - *Meditasyon yapmak ya da dua etmek.* Bu, spiritüellik temelli uyumlanma pratiklerinden herhangi bir aktiviteyi içerebilir.
  - *Olumlamalar veya mantralar tekrarlamak.* Sakin bir şekilde, farkında olarak olumlamalar veya mantralar söyle. Örneğin: "Güvendesin", "Kontrol sende", "Huzurlusun."
  - *Aklını başka yere çel.* Dikkatini duygularından başka herhangi bir şeye yönelt. Evet, doğru okudun – sürekli duygularından kaçmadığın sürece onlara ne kadar dikkat edeceğini seçebilirsin!

- *Destek al.* Kendini güvende hissettiğin birini ara. Düşüncelerini ve hislerini aktif olarak dinleyecek birinin varlığı gerçekten yardımcıdır. Birinin aktif olarak dinlemesini istediğini fark ettiğin zaman (birçok arkadaşının iyi niyetle yapacağı gibi tavsiye sunmanın tersine), bunu paylaşmaya başlamadan önce ifade etmen önemlidir. Bunun, harekete geçiren olayı yeniden yaşadığın ve genellikle döngüsüne sıkışıp kaldığın duygusal boşaltımdan ve rahatlamadan farklı olduğunu unutma.

13

Karşılıklı Bağlılık

Duygusal olgunluğunuzun gelişimi hiç bitmez. Evrim geçiren, gündelik bir farkındalık ve kabul sürecidir. Geliştiğiniz zamanlar ve sizi geri bırakarak gösterdiğiniz gelişmeyi sınayan zamanlar olacaktır. Aslında bu bölümü yazarken ben sınanıyordum.

Zor bir hafta geçirdim. Yorgundum, fazla mesai yapmıştım ve bir yabancının internette beni saldırganca eleştirdiğini gördüğümde kendimi bitmiş hissediyordum. O kadar moralim bozuktu ki hüngür hüngür ağlamaktan sadece bir yorum uzaktaydım. Eşyalarımı toplamak ve inşa ettiğim hayattan kaçmak istiyordum çünkü böyle kabaca yanlış anlaşılmaktan nefret ediyordum.

Yerine arpacı kumrusu gibi düşünmeye başladım. Kanepeye oturdum, beni sinirlendirip içimden parçalayacak başka saldırganlıklar aramak için Instagram'da gezinmeye başladım.

"Kalk hadi," dedi Lolly. "Gel sahile gidelim."

Bu sadece benim evden çıkıp da kendime acımaktan vazgeçmem için bir teklif değildi; Venice Beach'de özel bir gün kutlanıyordu ve su yosunu patlaması nedeniyle yakamozların dalgaları aydınlatmasını seyretmek için eşsiz bir fırsattı. Bunu bile reddettim.

O sahile gitti ve beni düşünüp kurmaya bıraktı. Kendime acımam arttıkça giderek daha fazla öfkeleniyordum. Öfkeli egom bir hikâye yarattı: *Nasıl olur da ben sıkıntı içindeyken beni bırakır? Bu bir hakarettir!* Ona gitmesini söylediğim halde zihnim bir hikâye yaratmıştı ve o ihanet eden, ben de edilendim. Bunun uzun süredir mücadele ettiğim içimdeki yaralı çocuğun bir yansıtması olan ego hikâyesi, benim çekirdek inancım *kimse bana aldırmıyor* olduğunu görebilecek kadar kendime tanıklık etmiştim. Bu daha karanlık bir yere gider: *O kadar zavallıyım ki Lolly bile bana katlanamıyor.* Zihnim bir tek düşüncenin yörüngesinde dönmeye başlar: *Yalnızım, yalnızım, yalnızım.*

Tüm bu iç diyaloğu görebiliyordum, ama o döngüsel düşünceden çıkacak enerjiyi bulamıyordum. Bunun yerine içimdeki çocuk biraz daha somurttu. Sonra başımı kaldırdım ve sizinle paylaştığım araçları kullanmaya başladım. Nefesimle başladım, ciğerlerime giren ve çıkan havanın farkına vardım. Tanıklık ettim. Bedenimin fizyolojik tepkilerine isimler verdim: huzursuzluk sıçramaları, hayal kırıklığının mideme vurması, sosyal medya negatifliğinden kaynaklanan öfkenin elektriği. Duyularla bağlantılı hislerimi adlandırmaya başladım: öfke, korku, üzüntü. Onları adlandırdıkça bilincimi kalabalıklaştıran anlatılar zihnime dolmaya başladı. Egom ne kadar değersiz olduğuma ilişkin kanıtlar sunarken ben bilinçli zihnimin içinde kaldım, yargılamadan tanık oldum ve hislerin gelip gitmesine izin verdim.

Bilinçli zihnim kontroldeyken kendime şunları sordum: *Bu anda kendim için ne yapabilirim? Bu "kötü duygularla" nasıl başa çıkabilirim?* Lavaboya gidip bulaşıkları yıkamaya başladım ve kendime zıt bir hikâye anlattım: *Ben değerliyim. Seviliyorum. Şu anda kendimi fiziksel olarak yalnız hissetsem bile yalnız değilim.* Ellerimi ılık, sabunlu suya daldırıp dikkatimi yapmakta olduğum fiziksel eylem üzerine odaklayınca duygusal enerjim dışa boşaldı ve gerçek duygusal duruma tanıklık edecek alanı yarattım: *Yorgunum, çok fazla çalışıyorum ve bir başkası işimi eleştirdiği için tüm bedenimle dağıldım. Burada somurtmak istemiyorum. Partnerimle güzel bir şey seyretmek istiyorum.*

Ya orada öyle tıkanmış kalabilirdim, duygularımdan uzaklaşmaya çalışırdım ya da kendimi içgüdüsel olarak tanıdık olana çekimden kurtarır ve o gün yapacağıma kendime söz verdiğim şeyi yapardım: o muhteşem mavi dalgaları görmek. Kendini lanetleme kozamdan çıkmaya karar verdim.

Sahile vardığım zaman Lolly'nin sonsuz güzel denize baktığını gördüm. Bir sürü başka insanla birlikte Doğa Ana'nın bize verdiği muhteşem armağana dalmıştı. Yanına gittim ve birlikte parlak, neredeyse doğaüstü denizi tek sözcük etmeden izledik.

Hâlâ yaralı bir çocuktum, canım yanıyordu ve kendimi yanlış anlaşılmış hissediyordum, ama yalnız değildim, kendi düşüncelerimin ve hislerimin tutsağı değildim. Hikayenin beni yutmasına izin verseydim bu güzelliğin bana ulaşmasına imkân yoktu.

Sahildeki o an benim için duygusal olgunluğumdan çok daha fazlasıydı; benim başkalarıyla –özellikle de en sevdiklerimle– bağlantılı ruhsal durumumla ilgiliydi. Bu, çalışmanın en üst düzeydeki amacıdır – sınırlar koymaktan içimizdeki çocukla tanışmaya ve kendimize yeniden ebeveynlik yapmaya kadar tüm bu çalışma bizi dürüst bir birlikteliğe kavuşturur.

Beynimizi ve zihnimizi değiştirip özgün benliğimize ulaştıkça içinde yaşadığımız toplumla neşe, yaratıcılık, empati, kabul, işbirliği ve zamanla birlik yaratırız. İki bölüm öncesinden Dr. Steve Taylor, üzerinde çalıştığı tüm uyanışlarda benzer şekilde sevginin, şefkatin, derinden bilmenin, iç huzurun arttığını bulmuştur. Bu öğeler *karşılıklı bağlılık* denilen şeyin özüdür; holistik iyileşmenin nihai ahdi olan özgünlük ve bağlılık durumu. *Çalışma* bizi bu âna yönlendirir; bir olmayı benimseme becerisi; bizi geriye, geriye, geriye, her şeyle saf farkındalık ve bağlılık durumuna götürür. Zihnimizi ve bedenimizi dönüştürür, ruhumuzun saf ifadesine geri döneriz. Çevremizdeki dünyaya uzanan ilahi olanı kendimizde buluruz.

SELFHEALER TOPLULUĞUNU BULMAK

İyileşme yolculuğumdaki bulmacanın ana parçasını henüz paylaşmadım: kendi topluluğumu bulmak. Bu, karşılıklı bağlı benliğin amacıdır. Topluluk çok değişken bir kavram; kimi onu online sosyal ağlarda bulur, kimi yakın çevresinde, bazıları ilgi alanlarında, kiliselerde, okul sisteminde, hobilerinde... Benimkini kendimi keşfederek geçirdiğim yalnız dönem sırasında buldum; yeni farkındalığımla ilişkilendirebileceğim çok az kişi vardı. Kendimi o kadar yalnız hissediyordum ki sanki Lolly ile ben uyuyan bir dünyadaki tek uyanık insanlardık. Kendime nasıl yeniden ebeveynlik yapılacağını öğrenirken artık bana hizmet etmeyen ilişkilerimi bitirdim. Bu, bir zamanlar ana topluluğum olarak kabul ettiğim insanlarla bağları koparmak demekti. Sosyal-toplumsal genel geçer şeylerin tersine görünen, daha sağlıklı kararlar vermeye başladım – artık "happy hour" içkileri, planlar yaparak kendimi fazla yormak, uykumu ve sabah rutinimi bozacak geç saatlere uzayan geceler yoktu.

Buraya kadar gelmiştim ve çok gururluydum. Sezgisel sesim başkalarıyla ve çevremdeki daha geniş dünyayla bağlantı kurmamı istiyordu. Kendi insanlarımı bulmalı, içgörülerimi paylaşmalı ve onlardan öğrenmeliydim. İşte o sıralarda, Lolly deneyimimi internette paylaşmaya başlamamı önerdi. O sırada hâlâ Philadelphia'daydım, ana akım modelden gelen bir terapist olarak çalışıyordum ve geçimimi sağlayan işimi korumam gerekiyordu. İnançlarım korkarım beni sadece meslektaşlarımın çoğuna yabancılaştırmakla kalmıyor, daha geleneksel danışanlarımdan da uzaklaştırıyordu, ama para kazanmam gerekiyordu. Kendimi ifadem özgün değildi. Yolculuğumu Instagram'da yayınlamaya başlamamda en büyük itici güç bağlantı kurma arzumdu. Self-Healing (Kendini İyileştirme) dilini anlayan ve bütünsel sağlığın yeni dünyasıyla bağlantı kurabilecek başkalarını arıyordum. 2018 yılında Holistik Psikolog'u başlattım ve hemen yanıt aldım. Bir sürü başka insan da bağlantı için açtı, çok benzer deneyimlerle ve bilgilerle yaşıyorlardı. İnsan orduları hazır ve bu derin çalışmaya girmeye istekliydiler. Söz yayıldı ve başka bir niyet ortaya çıktı: iyileşmek için mümkün olan en büyük alanı sağlayacak güvenli bir topluluk inşa etmek. Sayılar artıyordu. Kendini İyileştiren (Self-Healer) sıralarına katılan her bir kişi, benim mesaja olan inancımı pekiştiriyor, bana kendimi tamamıyla Holistik Psikoloji'nin kavramlarını doğrulamaya adayacak güveni veriyordu.

Öğreten rolünü benimsedikçe, bilgiyi kendi hayatıma dahil ederken bir yandan da paylaştıkça topluluk genişledi ve vermeye devam etti. Hakiki özlerine geri dönüş yolculuğundaki dost ruhların bilinçli ve ortak bir şekilde yarattığı yeni bir topluluktu. Dünyanın her yanından insanlar araçlarını ve uygulamalarını paylaştılar. Ben paylaştıkça daha fazla insan katıldı ve kendi iyileşme deneyimlerini sundu. Ben uyum sağlayıp evrildikçe topluluk bu gelişmeyi yansıttı; daha büyük bir ölçekte birlikte düzenlenme (koregülasyon) gibiydi. Bu kişiler arası sosyal medya değiş-tokuşu hayatımdaki beni en derinden ödüllendiren etkileşimim oldu. Kendi insanlarımı, sesimin gücünü, misyonumu, daha yüce amacımı, karşılıklı bağlı benliğimi buldum.

TOPLULUĞUN GÜCÜ

Araştırmalara göre her beş Amerikalıdan üçü kendini yalnız hissetmektedir. Bu rakamın suni olarak düşük olduğunu düşünüyorum çünkü insanlar yalnız olduklarını söylemekten utanırlar. Kendimizi yalnız hissettiğimizi söylemek bizi savunmasız kılar ve ana eksikliklerimizden birini ortaya koyar: *Sevilmiyorum çünkü sevilesi değilim.* Bu benim kemiklerimin derinliklerinde yankılanır ve eminim ki çoğu insan için de öyledir.

Hepimiz kabile yaşamından geliyoruz. Atalarımız nereden olurlarsa olsunlar, güvenlik, iş bölümü, stresi azaltmak ve hayatın her alanında birbirlerine destek olmak için gruplar halinde yaşadılar. Kendimizi ister bireyci ister kolektivist olarak tanımlayalım, herkesin bir başkasına ihtiyacı vardır. Bedenlerimiz ve beyinlerimiz bağlantı için yapılmışlardır.

Bağlantı insan olma şartlarının doğasında var; o olmadan hayatta kalamayız. Bu nedenle araştırmacılar günümüzdeki yalnızlık salgınının acil bir halk sağlığı sorunu olduğunu keşfettiler. Yalnızlık da tıpkı travma gibi kronik hastalıkların ve bağışıklık sistemi hastalıklarının oranını artırır. Başkan Obama ve Biden zamanında ABD genel cerrahı olan Dr. Vivek Murthy, *Birlikte: Bazen Yalnız Bir Dünyada İnsan Bağlantısının* Şifalandırıcı Gücü (*Together: The Healing Power of Human Connection in a Sometimes Lonely World)* adlı kitabında yalnızlığın "artan kalp hastalıkları, bunama, depresyon, kaygı, uyku bozuklukları ve hatta erken ölümle" ilişkili olduğunu yazar. Demek ki bağlantı eksikliği bizi sadece psikolojik olarak rahatsız etmekle kalmıyor.

Duyguların çeliştiği, karışık hislerin taşındığı (bağımızın tam olarak yardımcı olmadığı) ilişkiler de tıpkı yalnızlık gibi zihinsel ve fiziksel sağlığımız üzerinde kötü etkiye sahiptirler. Evli çiftlerin yarıdan fazlası eşine karşı çelişkili duygular besler. (Bkz: Gazeteci Lydia Denworth: *Dostluk: Hayatın Temel Bağının Evrimi, Biyolojisi ve Olağanüstü Gücü [Friendship: The Evolution, Biology, and Extraordinary Power of Life's Fundamental Bond].)* Bana kalırsa bu çelişkili ilişkiler genellikle travma bağıdır ve özgünlüğe dayanmazlar. Nasıl olabilirler ki? İsteklerinizi ve ihtiyaçlarınızı bilir, onlara bağlanırsanız hayatınızın geri kalanını gerçekten sevmediğiniz biriyle geçirmeyi nasıl seçebilirsiniz? İlişkilerimizin çoğu ve hatta en yakınlarımızla olanlar bile sezgilerimizle bağımızı kaybetmiş olduğumuz için özgün benliklerimize hizmet etmiyor.

Neyse ki destekleyen partnerleri, dostlukları ve topluluğu olanlarımız, genel iyiliğimiz üzerindeki ters etkileri görürüz: Daha mutluyuz, sağlıklıyız ve daha uzun yaşıyoruz. Bunun şansa bırakılacak bir yanı yok. Hemen kapınızın dışında kolayca bulunacak bir şey olmasa bile topluluğunuzu bulmak için çaba harcamalısınız. Araştırmalar internet üzerinden kurulan bağlantıların gerçek yaşam bağlantıları kadar anlamlı olabileceğini göstermiştir. Gidin ve kendi insanlarınızı bulun. Güvenin bana, oradalar.

ÖZGÜN ARKADAŞLIK

Karşılıklı bağlılık, özgün bağlantının iki yollu olması, birlikte ayrı olma eylemidir. Ben başkalarıyla, sadece birleşik bir bütün olduğumda, *her ikimizin de ruhsal, duygusal ve fiziksel ihtiyaçlarına* hizmet edecek şekilde özgün bağlantı kurabilirim. Elbette tüm ilişkilerimiz bize aynı şekilde hizmet etmez ve her ilişki eşit derecede karşılıklı değildir. İhtiyaçlarımızı ifade ettikten ve açıkça sınırlarımızı belirledikten sonra kendimizi güvende hissettiğimiz bir arenaya girebiliriz. İç dünyamıza güvendiğimizde, hayatın karşımıza çıkartacağı çeşitli sınavlarla karşılaşmak için gerekli araçlara sahip olduğumuzu bildiğimizde, bu güveni ve emniyet hissini içinde yaşadığımız topluluğa yansıtabiliriz. Kendimize karşı nasıl olduğumuz, başkalarına karşı nasıl olduğumuzu bilgilendirir ve bunun tam tersi de geçerlidir. Hepsi karşılıklı olarak birbirine bağlıdır.

Özgün ilişkiler yaşamak için kendi özgünlüğünüzle bir olmak üzerinde çalışmanız gerek. Ancak o zaman sezginizin size verdiği ipuçlarını hissedebilir ve karşılık verebilirsiniz: *Bu, bağlantı kurmanız gereken biri.* Eminim bunu hissettiniz, bazen bir göz atmak yeter ve bilirsiniz: *Bu kişinin hayatımda olması gerek.* O insanla yollarınızın kesişmesi gerektiğini söyleyen ruhunuzdaki bir kıpırdanmadır.

Bunu kendimle bağlantı kurmak konusunda yıllarca çalıştıktan sonra yaşadım – birkaç yıldır çalışmayı yapıyordum. Kendimi çok daha dengeli hissediyordum ve iyileşme mesajımı yaymaya başlayınca iç kaynaklarıma, mesajımın herkeste karşılık bulmayacağını, ama ulaşması gereken kişilere ulaşacağını bilecek kadar güveniyordum.

Kendini İyileştirenler (SelfHealer) topluluğuna katılan Jenna ile o sırada karşılaştım. İnternette yazdığı yorumlarında bile hep bağlantımızın yankılarını hissederdim. Sezgimin ipucu dijital arayüz aracılığıyla beni çağırıyordu.

Venice Beach'deki ilk parasız ve herkese açık içimizdeki çocuk meditasyonunun –Holistik Psikolog'un ilk organizasyonu– ardından çevremde bir kuyruk oluştu. Herkese selam verdim, topluluktan taşan şükran duygusunu içimde hissediyordum. Birkaç saat sonra kuyruğun sonu göründüğünde, en sonuna kadar bekleyen ve ellerini kalbinin üzerinde kenetleyerek bana gülümseyen bir kadın gördüm. O gün insan yüzlerinden oluşan denizde, içimde yine o kıpırtı oluştu. O bir kelime etmeden bir samimiyet duydum, sanki onu uzun süredir tanıyordum, sanki ruhlarımız derin bir birlik içindeydi.

"Ben Jenna," dedi.

İnanamadım. Sezgim binlerce kişilik bir kalabalık arasında onu seçmişti. İkimiz de şahsen karşılaşmanın heyecanıyla sohbet ettik. Kendiliğinden bana çok güzel illüstrasyonlardan oluşan bir kehanet kartları destesi uzattı. Armağanının cömertliği –gerçekten bana kendisinin özel bir parçasını vermesi– benim için çok anlamlıydı. Bir sene sonra Philadelphia'dan California'ya taşınırken yanıma aldığım az şeyden biriydi.

Meditasyondan birkaç ay sonra Lolly ile SelfHealers topluluğunu kurduk: kendine rehberlik ederek iyileşmeye çalışanlar için bir çerçeveye ve günlük araçlara ulaşım sağlayacak sanal bir topluluk. İlk gün çılgındı. Bir saat içinde altı bin kişi yazıldı ve sistemimiz çöktü. İki gün sonra sinir krizi geçirecektim; talep düşündüğümün çok ötesindeydi. İhtiyaç çok fazlaydı ve bunu kendi başımıza yönetecek donanıma sahip değildik.

Tam başımı kuma gömüp vazgeçmek üzereyken Jenna mesaj yazdı, dışarıya ulaşmak için içinde güçlü bir çekim olduğunu söyleyerek "Bu harekete kendimi adadım. Yeni bir dünyanın mümkün olduğunu biliyoruz ve onu birlikte yaratıyoruz. Bu ruhuma hitap ediyor. Seni ve bu hareketin geleceğini desteklemek için buradayım. Konuşalım," dedi. Sanki evren üçümüze göz kırpıyor, başıyla onaylayarak *evet, sen açık olduğun bir yerdeysen ben de karşına doğru insanları çıkartacağım,* diyordu.

Jenna ertesi gün ekibimize katılan ilk kişi oldu. O zamandan beri bu holistik iyileşme hareketinin çalışan her bir parçasının ayrılmazıdır. Hiç şüphesiz söyleyebilirim ki bu beklenmedik ve hoş bağlantının kurulması için ikimizin de sezgisel seslerimizi dinlemeye ihtiyacımız vardı. Aynı hizada durduğunuzda, benzer şekilde uyum sağlamış insanları kendinize çekeceksiniz.

KOLEKTİF "BİZ"

Artık bildiğimiz gibi dünyaya saf bir emicilikle geliriz. Bilinmeyende hayatta kalmayı ve yol bulmayı öğrenirken varlığın başkalarından egoyla bağlantılı ayrılığını içimizde biriktirir ve kendimizi başkalarıyla ilişkili olarak nasıl tanımlayacağımızı öğreniriz. *Şuyuz, bu değiliz. Şunları severiz, bunları sevmeyiz.* Bu ayrılık "bizi" "onlara" karşı, "dışı" "içe" karşı tanımlayan bin anlatı olarak ortaya çıkar. Benimki gibi herkesin birbirine bağımlı olduğu ailelerde yetişenler için bu kıyas anlatısı –*biz* güvenle içeride ve *onlar* dışarıda–, ana benliğimize özellikle işlemiş bir parçadır.

İyileştikçe çocukluğumuzda özelliğimiz olan özgün benlik bağlantısına geri döneriz. Çoğumuz bu savunmasızlık durumuna geri dönmeyi düşünemez bile çünkü egomuz son derece kırılgan ve bizi güvende tutmaya odaklıdır; kim olduğumuzun hikâyesi "ötekinin" muhalefetine bağlıdır. Bu durumda genellikle kolektif "bize" veya tüm insanlığın birbiriyle bağlılığına erişecek kadar kendimizi güvende hissetmeyiz. Ruhumuzun katmanlarını geri soyma süreci, koşullanma hakkında bilgilenmek, inançlarımızdan kopmak ve beden durumumuza tanıklık etmek, sadece sevdiklerimizle değil, içinde yaşadığımız toplulukla ve genel anlamda dünyayla olan benzerliklerimizi takdir etmemizi sağlar.

Hepimiz, bu kolektif zihniyeti dinleyince insansever ve karşılıklı bir topluma doğru evrilmeye başlarız. İnsanseverlik "en güçlü olanın hayatta kalmasının" tersi gibi görünse de gerçekte insan türünün sürmesi için çok gereklidir.

Kabile günlerinde, her bireyin kendine özgü ifadesine izin vermek daha büyük topluluğun ihtiyaçlarının karşılanmasını sağladı. Her bilmece parçasının bir işlevi vardı. Kolektif Biz'in bir parçası olduğumuz zaman birinin ihtiyacı herkesin ihtiyacıdır.

Kolektif birliğin ifadesine ancak sinir sistemimiz bağlantıya açık ve alıcı olduğu zaman katılabiliriz. Bunun anlamı başkalarıyla bağlantı kuracak ve onlara özen gösterecek kadar sakin ve dengeli olmamızdır. Stabil, rahat bir çevrede, sosyal ilişki modunun mutlu alanında olduğumuz zaman algıladığımız stres seviyemiz düşer; vagus sinirimiz bizi arzuladığımız dinlenmeye kavuşturur; neşeyle, kendiliğinden, iyileşerek ve bağlantı kurarak kendimizi ifade ederiz. Hakiki bir birlik duygusuna ulaşmak için bedenlerimiz kendini tam olarak güvende hissetmelidir.

Daha önceki bölümlerde öğrendiğimiz gibi fizyolojimiz birlikte düzenleme sayesinde bu güvenlik seviyesini başkalarına iletir. İç durumumuz çevremizdekiler tarafından aynalanır; bu, iç dünyamızı bulaşıcı kılar; kendimizi güvende hissedersek başkaları da kendilerini güvende hisseder. Sorun bunun tersinin de doğru olmasıdır. Çoğumuzun bağlantı kuramamasının ana nedeni budur. Çoğumuz düzensiz sinir sistemiyle yaşadığımız için kendimizi gerçekten başkalarıyla bağlantı kuracak kadar güvende hissetmeyiz. Bu yalnız, hasta hissetmemize ve hayatın stresleriyle uygun şekilde başa çıkamamamıza neden olur. Zamanla bu kısırdöngü devam eder, bizi her türden bağlantısızlığa ve hastalığa mahkûm eder. Bu, dünyanın en kötü çıkmazıdır. Psikolojik olarak özgün bağlar kurmamızı engelleyen savaş, kaç, don tepkisine sıkışırız. Bunu çevremizdekilere yansıtırız, içselleştiririz, dünyadaki yalnızlık ve bağlantısızlık salgınına katkı sağlarız. Başkalarıyla bu şekilde bağlantı kuramamak sadece aile birimimizi ve arkadaşlarımızı değil, daha geniş kolektifi de etkiler. Hiçbirimiz çabamızda yalnız değiliz. Bir çarkın dişlilerinin birinden ibaret değiliz. Ruh halleriniz çevrenizdekileri şekillendirir; bu iyi yönde de olabilir kötü yönde de.

Kendimizi güvende hissettiğimiz zaman düzensiz ve negatif olsa bile iç durumumuzu ifade edecek kadar rahat oluruz; topluluğun yardımıyla ana hattımıza dönebileceğimizi biliriz. Hiçbir zaman kavga etmeyen ve karşı fikir beyan etmeyenler aslında streslerini suni olarak engelleyen düzensiz bir sisteme hapsolmuşlardır. Samimiyete ulaşmak, yanlış anlaşılma, kınanma veya intikamla karşılaşma korkusu olmaksızın özgün benliğinizi ifade etmenizi gerektirir. Karşılıklı saygının güvenli alanında farklılıklarımızı korkmadan ifade edebilir ve yine de homeostaza geri dönebiliriz. Ulaşabileceğimiz bir yerde merkezi bir dinlenme alanı oluşunu bilmek, bize rahatsızlığa tolerans gösterecek esnekliği kazandırır. Düzensizlik anlarının birlikte düzenlenme anlarına dönüştüğü bu deneyim döngüleri hepimizin bu iç kaynaklara temel bir inanç ve güven geliştirmesine yardımcı olur.

Hasta ve düzensiz sistemlerin böyle bir güvenliğe dönebilmeyi "beyaz ırk" dışında kalan birçok birey için neredeyse imkânsızlaştırdığını, çünkü bu sistemlerde güvenlik ve dengenin aslında hiçbir zaman var olmadığını bilmek önemli. Bu bireyler en başından beri dengesiz olan ve artık hepimiz için güvenli topluluklar yaratacak mutlak değişimi yapmanın zamanının geçmekte olduğu bir sistemin içinde mahsur kalmaya devam ediyorlar.

Hepimiz, hayatın değişen streslerini metabolize edecek esnekliği geliştirme ve güvenli bir eve dönme fırsatına sahip olmayı hak ediyoruz. İç dünyamızla bilinçli olarak temas kurarken destekleyici bağlarımızı geliştirmemiz herkese fayda sağlar. Bu, karşılıklılığın özüdür. Bu öz, tüm insanlığı bağlar. Ne "biz" vardır ne de "onlar".

Bireyler olarak aramızdaki bu engelleri yıkarsak insani anlayışımızı aşan şeylerle bağlantı kurmaya açık hale gelebiliriz. Bu seçtiğiniz Tanrı'yla ya da atalarınızla bağlantı kurmak, çocuğunuzun doğumu, doğada zaman geçirmek, özellikle duygularınızı etkileyen bir sanat formunda kaybolmak biçimini alabilir. Bu, büyük ölçekte bir birlik deneyimidir; en küçük anlarda bile tadı çıkartılabilir ve takdir edilebilir; tanımlara sığmayan ve hassas bir hayranlık duygusuna ilham verir. Araştırmalara göre bu duyu belirsizliğe gösterdiğimiz evrimsel tepkiden kaynaklanır. Atalarımıza, hayatın bir sürü gizemlerini adlandırmaya çalışırlarken başkalarıyla bağlantı kurma cesaretini vermiştir. Bir Güneş/Ay Tutulması gördüğümüzde örneğin, toplumsal hayranlığımız hayatın güzelliklerini ve dehşetlerini yaşarken bizi birbirimize bağlar ve nihai olarak kendimizi güvende hissetmemizi sağlar.

Kendimizi bu hayret ve hayranlığa açabilmenin tek yolu, zihin gözümüzü insanlara ve çevremizdeki engin dünyaya açmaktır. Varlığımızın hakikati, her birimizin özünde bulunan eşsiz ruhtur. Oglala Sioux topluluğunun şefi Kara Elk (Kanada Geyiği) şöyle der: "İnsanlar, evrenle ve onun güçleriyle ilişkilerini, Birliklerini, evrenin merkezinde Büyük Ruh'un olduğunu ve bu merkezin aslında her yerde, hepimizin içinde bulunduğunu fark ettikleri zaman en önemli şey olan huzur, insanların ruhlarında kendine yer bulur ve gelişir."

Bu kitabın başında insan bilincinin sınırını aşan deneyimlerin nadiren ilahi olanın basmakalıp bağlamında –bir dağ tepesinde ya da köpüren bir kaynağın yanında– yaşandığını söyledim. Spiritüel evrim zor bir iştir. Bedeninizi, ruhunuzu ve zihninizi şifaya kavuşturma çalışmasını yaptıktan ve daha engin evrenle bağlantı kurma yetisini yeniden kazandıktan sonra sizin için aşkınlık birçok formda erişilebilir hale gelir. Egonuzun vitrin kılığını soyup en saf ve özgün parçanızla bağlantı kurduğunuzda, açıklık ve alıcılıkla içinde yaşadığınız topluluğa ulaştığınızda "uyanışlar" gerçekleşecektir. Sadece bu anlarda hakiki aydınlanma ve iyileşme mümkündür.

Kendinizi iyileştirdikçe çevrenizdeki dünyayı da iyileştirirsiniz.

ÇALIŞMAYI YAP: KARŞILIKLI BAĞLI İLİŞKİLERİNİ DEĞERLENDİR

Çoğunuz, özellikle de benim gibi eş bağımlılık koşullanmasından gelenler için karşılıklı bağlı ilişkiler kurmak zaman alır. Aşağıdaki adımlarla başlayabilirsin:

1. Adım. Mevcut karşılıklı bağlılığını (ya da bunun eksikliğini) değerlendir. Farkındalık kazanmak için aşağıdaki alanlarda kendini değerlendirerek şimdiki karşılıklı bağlılığına tanık olmaya zaman ayır.

Tüm ilişkilerinde açık sınırlar koymakta ve onları korumakta rahat mısın? Yoksa bazı yeni sınırlar belirlemek ve koymak için biraz zaman ayırmaya mı ihtiyacın var? ________________

Kendinle ve başkalarıyla açık iletişim ve duygusal süreçler için alan tutabilir misin? Yoksa kendi duygularını tanımlamak ve iletişim kurmadan önce ne zaman bir molaya ihtiyaç duyduğunun farkında olmak için biraz zaman harcamaya mı ihtiyacın var? ________________

Başkalarınınkiyle örtüşmese bile hakikatinden ve gerçekliğinden söz etmekte kendini özgür hissediyor musun? Yoksa insanların nasıl tepki verecekleri konusunda korku, utanç, suçluluk mu duyuyorsun? ________________

Bir eyleme geçtiğinde niyetinin ne olduğu konusunda açık mısın? Seçimlerini neyin yönlendirdiğini biliyor musun? Deneyimlerinde ve ilişkilerinde ne aradığını belirleyebiliyor musun? Yoksa daha fazla kendine tanıklık etme alıştırması yapmaya mı ihtiyacın var? ________________

Egona (ve gölgene) her düşüncende eyleme geçmeden önce tanık olabiliyor musun? Yoksa gündelik deneyiminin bu yönlerini keşfetmek için daha fazla pratiğe mi ihtiyacın var? ________________

2. Adım. Karşılıklı bağlı ilişkiler geliştirmek. Birinci adımdaki listeyi kullanarak güçlenmek istediğin alanları belirle, karşılıklı bağlılığa ulaşma amacını destekleyecek yeni seçimler yapmaya başla. Bir alanla başlayarak değişim yaratmak için gündelik niyetini belirleme alıştırması yap. Aşağıdaki örnekleri kullanabilirsin.

GBG: KARŞILIKLI BAĞLILIK YARATMAK

Bugün ilişkilerimde karşılıklı bağlılık yaratma **pratiği** yapıyorum.

Daha tatminkâr ilişkiler kurma **fırsatına sahip olduğum için minnettarım.**

Bugün kendimi özgün biçimde ifade **edebiliyor** ve hâlâ başkalarıyla bağlantımı koruyabildiğimi hissediyorum.

Bu alanda değişmek tüm ilişkilerimde kendimi özgün benliğime ve ihtiyaçlarıma bağlı hissetmemi sağlıyor.

Bugün partnerime son tartışmamız hakkında kendimi nasıl hissettiğim konusundaki hakikati söylediğim zaman alıştırma yapıyorum.

Benimle birlikte bu yolculuğa çıkmak için gereken cesaret, açık fikirlilik ve inanca sahip olduğunuz için teşekkür ederim. Unutmayın ki bu yolculuk devam ediyor; siz ilerledikçe gelişecek ve değişecek. Niyetim, iyileşmenin mümkün olduğu gerçeğini somutlaştırabilmeniz. Çalışmayı yapmaya başladıkça hayatınız bu olasılığın güçlü ve canlı bir kanıtı olacak. Sizi "Çalışmanın Yapıldığı Bir Hayatta Bir Gün" ile baş başa bırakıyorum; bu, gevşek bir rehber olarak kullanılabileceğini düşündüğüm benim kendi pratiğim. *Çalışma* pratiğinizin tamamen sizin, kendinize özgü bir biçimde olmasını istiyorum. Sizde yankı bulanları kendinize alın, bulmayanları bırakın. Kendinizi en iyi iyileştirecek olan kişi sizsiniz.

ÇALIŞMANIN YAPILDIĞI BİR HAYATTA BİR GÜN

BEDENİNİ DENGELE:

- Şu sorulara yanıt vererek bedeninin fiziksel ihtiyaçlarını tespit et:
  - Hangi gıdalar bedeninin kendini iyi hissetmesine yardımcıdır ve hangileri bedenine kendini iyi hissettirmez?

- Ne kadar (ve ne zaman) uyku bedeninin daha fazla yenilenmesine yardımcıdır?
- Ne kadar (ve ne zaman) hareket etmek bedeninin birikmiş duyguları boşaltmasına yardımcı olur?

- (Nefes çalışması, meditasyon, yoga gibi) Gündelik polivagal çalışmayla sinir sistemini dengele.

ZİHNİNİ DENGELE:

- Her gün bilinçli bir şekilde ve kendine tanık olarak daha fazla zaman geçir.
- Ego hikâyelerini ve gölge benliğini tanımla; kendine anlattığın hikâyelerinin birçok duygusal tepkini ve başa çıkma davranışlarını nasıl yönettiğini fark et.
- İçindeki çocukla gündelik bir ilişki kur ve içindeki bilge ebeveynin sana özgü fiziksel, duygusal ve ruhsal ihtiyaçlarını tanımlamasına ve karşılamasına yardım ederek kendine yeniden ebeveynlik yapma alışkanlığını geliştir.

RUHUNLA YENİDEN BAĞLANTI KUR:

- En derin isteklerinle ve tutkularınla bağlantı kur ve onları keşfet. Hayatının tüm alanlarında özgün benliğini ifade etme alıştırması yap.

Sonsöz

Pizza Kutusu

Bu kitabı yazmayı düşünmeye başlayıp sizinle paylaşmak istediğim profesyonel ve kişisel tüm anlamlı anları bir araya toplarken hatırlayamadığım çok şey oldu. Beynim hâlâ erken çocukluk travmasının atıklarıyla uğraşıyordu ve bedenim hâlâ beni bağlantımdan koparan ve geçmişe erişemeyen sinir sistemi tepkilerinin pençesindeydi. Hafıza bankamda birçok boş nokta vardı ve beni en çok sinirlendiren de New York'taki Rubin Müzesi'nin önünden geçerken karşılaştığım alıntıyı tam olarak hatırlayamamamdı. Bu sözler zihnimi bilinç kavramına açmış ve beni yepyeni bir varoluşa göndermişti. Ne kadar denersem deneyeyim, ne kadar cümle ararsam arayayım, ne kadar sergi kataloğuna bu sözcükleri arayarak bakarsam bakayım işe yaramıyordu.

Bu arada California'da yeni bir yaşama geçişim devam ediyordu. Bir rutin oluşturmaya başladıkça kendimi elementimin dışında hissetmeye tepki olarak eski kalıplara döndüğümü fark ettim. Eski hayatımın yasını tutmaya başlıyordum. O hayatın, kendimin en iyi hali olmama yardım etmediğini bilmeme rağmen eski Nicole onu hâlâ güvenli ve tanıdık buluyordu.

Bu kişisel çalkantı sürerken aynı zamanda Holistik Psikoloji mesajı bir orman yangını gibi dünyaya yayılıyordu. İki milyondan fazla insan sosyal medyada iletilerimi takip ediyor, aklımın alamadığı seviyelerde çalışmaya dahil oluyorlardı. Kendimi bahtiyar –haklılığım kanıtlanmış– ve aynı zamanda da fazla yüklenmiş hissediyordum. Çaresizce görülmek ve sevilmek isteyen içimdeki çocuğum bu kadar gözün baskısı altında sarsılmaya başlamıştı. Yanlış anlaşılmaktan korkuyor ve kaçınılmaz olarak yanlış anlaşılınca da kendimi başarısız hissediyordum.

Sonra küresel pandemi vurdu. O kadar çok ıstırap, acı ve travma vardı ki! Hepimiz birlikteydik, içeri kilitlenmiş, hiçbir anlam ifade etmeyen yeni bir dünyada fiziksel ve enerjik biçimde mücadele ediyorduk. Bir sürü insan gibi aşırı strese girdim. Yıllardır ilk kez yolculuğuma pek bağlı hissetmiyor, yapmak istemiyordum. Canımın hiçbir şey istememesi kendini küçük yollardan gösterdi: Örneğin kendime yemek pişirmeyi bıraktım; bu, önem verdiğim gündelik bir özbakım eylemiydi. Kendimi ve sevdiklerimi beslemeyi genellikle severim. Karantina sırasında bir şeyler pişirecek enerjiyi bulamıyordum. Bir akşam Lolly ve Jenna'yla birlikte pizza sipariş etmeye karar verdik. Pizza hamurunu glütensiz yapan bir dükkân bulduk; ne adını duymuştum ne de oradan bir şey sipariş etmiştim; kararımız tamamen pizzacı hakkındaki internet yorumlarına dayanıyordu.

Pizza kutusu ön kapımıza bırakıldı ve kutuyu göz hizasına kaldırınca yan tarafında sevimli bir yazı fark ettim. Sözcükleri okuyunca neredeyse kutuyu düşürüyordum. İşte oradaydı, kapıma bırakılmıştı: "Günleri hatırlamayız, anları hatırlarız." Cesare Pavese.

Aradığım alıntı buydu, beni kendimi keşfetmenin tavşan deliğine gönderen alıntı buydu. Dünyadaki milyonlarca, bekli milyarlarca alıntının arasından bir yankı gibi bana geri dönmüştü; ne kadar geliştiğimi hatırlatan bir şeydi. Geçmişten flaşlar zihin gözüme gelmeye başladı: yulafımın içine ağlarken; apartmandaki ilk kez bayıldığım havuz; çocukluk evimde, mutfak masasının altında scooter'ımı sürmem. Hepsi benimle birlikteydi, şimdi olduğum, o zamanlar olmuş olduğum ve bir gün olacağım kişinin parçasıydı. Nefes alırken sözcükleri sindirdim. Varlığımın her hücresini şükran doldurdu.

Kendime güvenimi ve farkındalığımı onaylamama yardımcı olmasına rağmen pizza kutusunun beni doğrudan kişisel ve ruhsal gelişmemin bir sonraki adımına götürdüğünü söyleyemem. Bir zamanlar iyi değildim, yaralı ve bilinçsizdim. Şimdi, mevcut hıçkırıklara rağmen bu alıntıyı yaşıyordum. Pizza kutusunun bana, başka bir bilinçli seçim yapacağıma dair cesaret verdiğini söyleyebilirim sanırım: Ailemle yeniden iletişim kurma zamanının geldiğine karar verdim.

Onlarla iletişimi kesmek için bu sert sınırı koyduğum zaman onların baskıcı varlığı olmadan gerçekten kim olduğumu bulmaya ihtiyacım vardı. İlk kez kendimi görebiliyordum: Güçlü yönlerimi gördüm, güvenlik açıklarımı tanıdım; içimdeki çocukla buluşmuştum ve yaralarımı kabul ediyordum. Sıfır iletişim istemiştim çünkü kendime güvenmiyordum. Eş bağımlılığa geri gideceğim kaygan bir yokuş olduğunu biliyordum. O sert sınırlar özgün benliğimle temas kurmamı sağladı, bu da nihayetinde başkalarıyla ve sonunda hepinizle daha dürüst bağlantı kurmama yaradı. Yeniden bağlanma girişimi için mükemmel bir durumdu. Ya şimdi ya hiç ânı gibi görünüyordu.

Bir mektupla başladım. Kısa ve basitti, özünde, *sizinle yeniden temas kurmaya hazırım; tabii siz de yeni bir ilişki yaratmak için birlikte çalışmaya istekli ve hazırsanız,* diyordu. İletişime kapı açmaya hazır olduğumun bir kabulüydü. Ailem yanıt verdi. Çekingendiler, ama temas kurmak istiyorlardı; bana kendilerinin de o boşluğu, kendi iyileşmelerine başlamak için bir fırsat olarak kullandıklarını söylediler.

Bu yeni ilişkinin neye benzeyeceğini bilmiyorum. Kendime seçim esnekliği tanıyorum. Kendi içsel özgüvenimden ve özsevgimden ortaya çıkan bir ilişkinin olasılıklarını keşfetmek için kendime açıklık ve merak armağanları veriyorum ve bunun neler getirip getirmeyeceğini görmek için heyecanlıyım.

Her an bir seçim yaparız: Geçmişte yaşayabiliriz ya da ileriye bakar ve farklı bir gelecek tasavvur ederiz. Bir sisteme döndüğümüz zaman kendi üzerimizde ne kadar çalışmış olursak olalım, eğilimimiz eski kalıplara geri dönmektir. Tanıdık, bilinçsiz koşullanmayı kucaklamak cazibelidir. Tanıdık olmadığımız, belirsiz bir kapıyı açmayı da seçebiliriz. Şimdi biliyorum ki bu yol bana iyi hizmet etmezse bunu bileceğim ve geri döneceğim; o kapıyı kapatacağım ve açmak için yeni birini seçeceğim.

Bunları yazarken hepimiz kendimize göre değişmiştik. Kız kardeşim kendince Kendini İyileştirme (SelfHealing) yolculuğuna başlamıştı ve ben aile terapisine katılmak yerine ilişkimizi gündelik hayatta yeniden kurmaya geçmiştim. Geçen gün, babam uzaktayken hissettiğini bildiğim yalnızlığını hafifletmek için annemi aradım. Onun kendini daha iyi hissetmesine yardım etmek için bir zorunluluk hissetmedim; bunu istediğim için yaptım. Ve iyi hissettirdi.

Hâlâ aileme destek olmayı istemenin sallantılı köprüsünde denge çalışması halindeyim; bunu benim için işe yarayan bir yoldan yapmak istiyorum. Şimdilik anbean ilerliyorum, her etkileşimde rehberlik için sezgime danışıyorum. Nihayet sonunda kendim için doğru seçimi yapacağıma inancım var.

Bu çalışma özetle şudur: seçim yapabilme yeteneğimizi güçlendirmek. Bedenimize nasıl davranacağımızı, ilişkilerimizde nasıl biri olacağımızı, gerçekliğimizi nasıl yaratacağımızı ve geleceğimizi nasıl zihnimizde canlandıracağımızı seçebiliriz. Hangi yolu seçerseniz seçin, onu bilinçli olarak seçtiğiniz ve süreçte kendinize güvendiğiniz sürece, sonuç ne olursa olsun hazır olacaksınız. Yol haritaları, yönler, gurular, bilgeler yok. Sizi düzeltecek kontrol listeleri veya iyileştirecek sihirli haplar yok.

Ben kendi dünyamın güçlü bir yaratıcısıyım; enerjim ve düşüncelerim çevremdeki dünyamı şekillendiriyor. Evet, benim kontrolümün dışında olan şeyler var, ama dünyayı deneyimleme şeklimiz üzerinde gücümüz var. Kendimize nasıl baktığımızı değiştirebiliriz. Çevremizi yorumlama ve sevdiklerimizle ilişki kurma şeklimizi değiştirebiliriz. Benliğimizle bağlantı biçimimizi değiştirebiliriz ve bunu yaparak evrenle bağlantı şeklimizi de değiştirmiş oluruz. Gelişme, evrilme ve ilham için her zaman fırsat vardır ve bu kolektif bizden damla damla yayılmaktadır. Bu kitabın amacı bizi otantik özümüze, saf farkındalığımıza, şartlanmalardan önce kim olduğumuza geri götürmektir. Kolektif "Biz" ile yeniden bağlantı kurmak istiyoruz ve bunu yaparak hepimizin içindeki kendini güçlendirmenin derin kaynağına ulaşmak istiyoruz.

Hiçbirimiz geleceği göremeyiz. Sezgilerimiz var, kendimize güvenimiz var; mümkün olan en iyi seçimi yapmada bize yardım edecek duygularımız –bilgilerimiz– var. İyileşmek budur: ne olursa olsun sürekliliği olmayan geçici hayatımızı gerçekten yaşamak için seçimler geliştirmek ve kullandığımız araçlara güvenmek.

Teşekkürler

Bu çalışmayı paylaşmak ve SelfHealer topluluğumuzun büyük bir harekete dönüşmesini izlemek büyük bir onurdu. Her biriniz birer kanıtsınız ve bu kitabın doğumu dünyanın her yerinden gelen sayısız iyileşme mesajlarınız sayesinde mümkün oldu. Bu öğretilere verdiğiniz destek ve inancınız için daima minnettar olacağım. Kendime inanmamı ve devam etmemi sağladınız. Kendini İyileştiren her kişi aynısını yapması için bir başkasına ilham verir. Hep birlikte kolektif geleceğimizi değiştiriyorsunuz.

Benimle birlikte hakikatin içinde kalma yolunda yürüyen Ally'ye teşekkür ederim. Hikâyen hepimizin içinde yaşayan sonsuz olasılıkları yansıtıyor. Bu yolculuğu seninle paylaşmak ve güçlenmek gerçek bir onur.

Seçtiğime inandığım ebeveynlerime teşekkür ederim. Hikâyeniz, sevginiz ve çözülmemiş travmalarınız kendiminkini çözmem için bir katalizör görevi gördü. Bu çalışmayı sizin için ve sizden önce gelip de bu bilgiye erişimi olmadığı için utanç içinde yaşayan nesiller için öğretiyorum. Bana nasıl sorumluluk alınacağını ve aslında olduğum kişiye döneceğimi öğrettiniz. Bana hatırlama izni verdiğiniz için teşekkür ederim.

Çoğu uzaklarda olan akıl hocalarıma teşekkür ederim; paradigmanın dışına çıktığınız ve yolu aydınlattığınız için sizlere sözcüklerin ötesinde minnettarım. Bunun zorlu, zaman zaman yalnız bir yolculuk olduğunu öğrendim ve bilgeliğiniz bana geleneksel öğretiyle hiçbir zaman öğrenemeyeceğim kapıları açtı. Cesaretiniz cesaret verdi. Sizlerden ilham aldığım gibi başkalarının da benden ilham alabilmesi için hakikatlerimi dile getiriyorum.

Temsilcim Dado Derviskadic'e teşekkür ederim, bu kitabı yazma sürecimde sevgi dolu ve bilge bir rehber oldu. Kitabın adını ilk söylediğimde heyecandan tüylerim ürpermişti. Dünyayı daha iyi bir yer haline getirmek için işini yaptın ve seninle birlikte çalışmak benim için bir onurdu.

Harper Wave'deki ekibin desteği olmasaydı ilk kitabımı yazamazdım. Vizyonumu gördünüz ve dünyanın da onu görmesi gerektiğine inandınız. Bu kitabın doğmasında yardım eden Karen, Julie, Yelena, Brian ve Harper ekibinin geri kalanına teşekkür ederim. Uluslararası yayıncılarımızın her birine teşekkür ederim; bu çalışmanın anadillerine çevrilmesinin evrensel kendini iyileştirme mesajını yaymaya yardım edeceğine inanan Pippa Wright ve Orian Publishing Group'taki ekibine özellikle teşekkür ederim.

Bilinçli ve güzel insanlardan oluşan bir ekibim olduğu için kendimi inanılmaz mutlu hissediyorum. Her biriniz bu çalışmayı kucakladınız ve bunun kolektifte var olabilmesi için birlikte alan yaratmaya yardımcı oldunuz.

Daha büyük kolektifin hizmetinde, ruhu birçok hayatlar boyunca benimkine katılmak için ilerleyen Jenna Weakland'e teşekkür ederim. Kendi çağrını dinlediğin ve bu hareketteki bütüncül rolüne sahip çıkmak için korkusuzca ortaya çıktığın için teşekkürler. Yüreğin, sürekli genişlememde gündelik bir esin kaynağı ve saf sevgidir. Kelimeler sonsuz şükranımı ifade etmeye yetmez.

Hayatta ve iş dünyasında partnerim olan Lolly, beni gördüğün için teşekkürler. Evrimimde beni zorladığın için teşekkürler. Ben kendime nasıl inanacağımı bilmezken bana inandığın için teşekkürler. Bana sevginin yeni bir versiyonunu öğrettin: sonunda benim olan her şeye sahip çıkabileceğim gerçek ve dürüst bir alan sunan sevgi. Tüm yüreğinle vizyonumuza inandın ve her gün hakikatin içinde benim yanımda duruyorsun. Bu vizyonun ışığını parlatacağıma söz veriyorum. Daima.

Her biriniz, hazır olduğunuz için elinizde bu kitabı tutuyorsunuz. Aslında olduğunuz kişiye, eve dönüyorsunuz. Sonsuz potansiyelinize samimiyetle inanıyorum ve bu yolculukta yanınızda olacağım. Bu kitap özgür olmak isteyen herkese adanmıştır. Bir ruhun çıkabileceği en cesur yolculuk, kolektif iyileşmenin hizmetinde koruyucu katmanlarımızı soymaktır. Her birinizi görüyor ve onurlandırıyorum.

Holistik Psikoloji Terimleri Sözlüğü

ALAN TANIMAK/ALAN TUTMAK: Biriyle merakla ve tam anlamıyla mevcut olmak, duygularını ve deneyimlerini ifade ederken yargılamaya ya da değiştirmeye yeltenmemek.

ALLOSTAZ/ALLOSTASİS: Bir stres tepkisinden (savaş ya da kaç) homeostaza geri dönme fizyolojik işlemi.

ANALİTİK ZİHİN: Beynin prefrontal korteksinde yer alan düşünen bölümü; sorun çözme ve karar verme işlemleri burada gerçekleşir.

BAĞLANMA: Erken çocukluk döneminde ebeveyn figürlerinden etkilenmiş insanlar arasındaki ilişki ya da bağ.

(ADAPTİF VE MALADAPTİF) BAŞA ÇIKMA STRATEJİLERİ: Bizi güvenliğe döndürmesi amacıyla giriştiğimiz eylemler.

BENMERKEZCİ DURUM: Çocukluk döneminde, çocuğun kendi dünyasının dışındaki bir perspektifi ya da fikri anlayamadığı gelişimsel dönem. Benmerkezci durumda *bize bir şeyler olur, bizim yüzümüzden olur.* Bu da bir insan olarak kim olduğumuz hakkında bir başkasının davranışının bir anlamı olduğu yanlış inancına neden olur.

BİLGE İÇ EBEVEYN: Yargılamadan kendimize tanıklık eden bir iç anlatı yaratımında, kendimize yeniden ebeveynlik ettiğimiz besleyici bir uygulama.

Bilge iç ebeveyn, tüm duygusal durumları, davranışları ve tepkileri sevgi dolu farkındalıkla görebilir, duyabilir, doğrulayabilir ve onurlandırabilir.

BİLİNCİN GÜÇLENDİRİLMESİ: Egoyu anlayıp kabul ederek bir farkındalık alanı yaratmak. Bu alan kişinin düşünmeden ego tepkiselliği göstermek yerine seçimler yapmasına olanak tanır.

BİLİNÇ: Seçimlerin mümkün olduğu bir farkındalığın şimdiki zamandaki durumu.

BİLİNÇALTI: Tüm hatıralarımızı, bastırılmış hislerimizi, çocukluk yaralarımızı ve çekirdek inançlarımızı kapsayan, psişenin en derinlere işlemiş parçası.

BİRLİKTE DÜZENLEME/KOREGÜLASYON: İnsanlar arası zorlu ve stresli duyguları işlemek için emniyete ve güvenliğe olanak sağlayan etkileşim ya da değiş-tokuş. Örneğin bir bebek ya da küçük çocuk stresli olduğu zaman annesi yatıştırıcı bir sesle konuşur ve/veya onu kollarına alırken eşzamanlı olarak da çocuğun rahatsızlığını kabul eder.

ÇEKİRDEK İNANÇLAR: Yaşanmış deneyimlerimize temellenen ve yedi yaşından önce bilinçaltımıza yerleşen, kim olduğumuza ilişkin en derin algılarımız.

DAVRANIŞ MODELİ: Kişinin eylemleri, seçimleri ve insanlar arası etkileşimleri yoluyla davranışlarını başkalarına göstermesi eylemi.

DİSSOSİYASYON/KOPMA: Sinir sistemine ağır gelen bir şey dolayısıyla kişinin fiziksel olarak mevcutken zihinsel olarak kopuk, uyuşuk ya da kapanmış halde olduğu, adapte edilmiş stres tepkisi.

DUYGUSAL BAĞIMLILIK: Bilinçaltı zihnin, sinir sisteminin ve nörotransmiterlerin stres hormonu tepkilerini aktive ettikleri, tanıdık, bilindik durumlara doğru bilinçaltı yönelimi.

DUYGUSAL BOŞALTIM: Duygusal sorunların yükünü, karşıdaki kişinin duygusal durumunu ele almadan veya empati kurmadan, düşüncesizce boşaltmak.

DUYGUSAL DÜZENLEME: Sinir sistemimizin strese, kendi ana hattına dönebileceği şekilde, esnek, toleranslı ve uyumlu (adaptif) yanıt verebilme yeteneği.

DUYGUSAL OLGUNLUK: Kişinin duygularını düzenleyerek esnek düşünebilmeye, açık iletişime olanak sağlayabilmesi ve stresli deneyimlerde dayanıklı olabilmesi.

DUYGUSAL TOYLUK: Başkalarının düşüncelerine, fikirlerine, hislerine ya da bakış açılarına, kişisel içsel rahatsızlıklar nedeniyle yer ayıramamak.

DUYGUSAL SAĞLAMLIK YILMAZLIK: Çeşitli duygusal durumları işlerken esnek olabilme ve kendini çabucak (duygusal anlamda) toplayıp iyileşebilme yeteneği.
DÜZENSİZLİK: Sinir sisteminde fizyolojik dengesizlik durumu.
EGO BİLİNCİ: Genellikle utançla, savunmacılıkla ve tepkisellikle sonuçlanan, egoyla tam olarak özdeşleşme durumu.
ELEŞTİREL İÇ EBEVEYN: Çocukken gerçekliğimizi reddetmiş ya da ihtiyaçlarımızı, duygularımızı ve düşüncelerimizi geçersiz kılmış (onaylamamış) bir ebeveyn figürünün içselleştirilmiş sesi.
ENTERİK SİNİR SİSTEMİ: Otonom sinir sisteminin tüm bağırsak aktivitelerini yöneten parçası.
GELECEKTEKİ BEN DEFTERİ: Sürdürülebilir davranış değişikliklerini destekleyecek yeni nöral yolların ve duygusal durumların bilinçli yaratımını desteklemek amacıyla günlük defter tutma aracı.
GÖLGE BENLİK: Koşullanma ve utanç sonucunda inkâr ettiğimiz ya da bastırdığımız "istenmeyen" parçalarımız.
HAYATTA KALMA BEYNİ: Algılanan tehditlere aşırı odaklanmanın siyah-beyaz düşünme, panik ve duygusal dar görüşlülükle neticelendiği sinir sistemi durumu.
HOLİSTİK PSİKOLOJİ: Kişinin tüm parçalarına (zihin, beden ve ruh) hitap eden pratik bir şifa bulma felsefesi; evrendeki birbirine bağlantılılığı kabul eder; semptomların nedenlerini bastırmaktansa keşfetmeye cesaretlendirir.
HOMEOSTATİK GÜDÜ: Alışkanlık benliği diye bilinen, alışıldık ve tanıdık olana doğru psikolojik ve biyolojik çekim.
HOMEOSTAZ: Dış çevrede olup bitenden bağımsız olarak iç sinir sistemini göreceli olarak dengeli bir şekilde koruyabilme yeteneği.
İÇ İÇE GEÇMİŞ, DOLAŞIK İLİŞKİLER: Sınırların olmayışının ve duygusal durumların paylaşılmasının kişisel bağımsızlığa ve otonomluğa izin vermediği bir ilişki dinamiği.
İÇ/İÇSEL/İÇİMİZDEKİ ÇOCUK : Zihnin karşılanmamış ihtiyaçlarımızı, bastırılmış çocukluk duygularımızı, yaratıcılığımızı, sezgimizi ve oyun yeteneğimizi taşıyan bilinçdışı bölümü.
İÇSEL ÇOCUK YARALARI: Çocukluktaki fiziksel, duygusal ve ruhsal ihtiyaçların *(görülmek, duyulmak ve özgün biçimde kendini ifade edebilmek)* karşılanmamış olmaları nedeniyle yetişkinliğe taşınan ıstıraplı deneyim.

İNANÇ: Yaşanmış deneyime dayanan bir düşünce pratiği. Bir inanç, nöral yollar yaratan düşünce kalıplarının yıllar içinde oluşmasıdır ve hayatta kalmak için hem içeriden hem de dışarıdan onaya ihtiyaç duyar.

KARŞILIKLI BAĞLILIK: Sınırlara, otonomluğa ve kendini tam olarak ifade etmeye izin veren bir ilişkideki karşılıklı destekleyici bağlılık.

KENDİNE İHANET: Çocuklukta geliştirilen bir başa çıkma mekanizmasıdır. Görülebilmek, duyulabilmek ve başkaları tarafından kabul görmek için kendimizin bir parçasını inkâr ederiz.

KORTİZOL: Bedeni algıladığı bir tehditten uzaklaşmaya ya da onunla mücadele etmeye aktive eden savaş ya da kaç tepkisiyle ilgili bir hormon.

KOŞULLANMA: Ebeveyn figürlerimizden, otorite figürlerinden ve genel anlamıyla kültürden erken dönem çocukluktan başlayarak miras aldığımız başa çıkma mekanizmaları, alışkanlıklar ve çekirdek inançlar.

MAYMUN ZİHNİ: İnsan beyninden sürekli akıp duran zihinsel gevezelik.

NORMATİF STRES: Herkesin hayatında olan doğum, ölüm, evlilik gibi öngörülebilir ve beklenen stresli olaylar.

NOSEBO ETKİSİ: Tıbbi tedavi ya da teşhis hakkında negatif beklentinin negatif sonuçlara yol açması. Bilimsel olarak belgelenmiş bir olgudur.

NÖROPLASTİSİTE: Beynin yeni bağlantılar ve yollar kurma, deneyimlerimizi temel alan devrelerinin bağlanma biçimini değiştirme ve adapte etme yeteneği.

OLUMSUZLUK YANLILIĞI: Beynin evrimsel olarak negatif (olumsuz) bilgiyi pozitif (olumlu) bilgiden öncelikli görmesi (ve geçerli kılması).

OTONOM SİNİR SİSTEMİ: Vücudun merkezi sinir sisteminin kalp atışı, nefes alma ve sindirim gibi istemdışı işlevlerinin düzenlenmesini sağlayan kısmı.

OTOPİLOT: Koşullanmış davranış kalıpları ve alışkanlıklarla bilinçsiz ve farkında olmadan yaşama durumu.

ÖZGÜN/OTANTİK SEVGİ: İnsanlar arasındaki karşılıklı evrimin, her kişinin görüldüğü, duyulduğu ve özgün biçimde kendini ifade ettiği güvenli alanı.

PARASEMPATİK SİNİR SİSTEMİ: Otonom sinir sisteminin bir bölümü (bazen "dinlen ve hazmet sistemi" olarak adlandırılır); enerjinin korunmasından, kalp ritmini düşürmekten ve gastrointestinal (mide-bağırsak) yoldaki kasların gevşetilmesinden sorumludur.

PLASEBO ETKİSİ: Etkisiz bir maddenin (şekerden hap gibi) hastalığın semptomlarını iyileştirmesi. Bilimsel olarak belgelenmiştir.

POLİVAGAL TEORİ: Psikiyatr Stephen Porges'in bu teorisi vagus sinirinin, sosyal bağlantıyı, korku tepkilerini ve genel anlamla zihinsel ve duygusal iyilik halini etkileyen merkezi sinir sisteminde önemli bir rolü olduğunu iddia eder.

PREFRONTAL KORTEKS: Beynin sorun çözme, karar verme, geleceği planlama ve üstbiliş *(kendi düşüncelerimize tanıklık etme ve onlar hakkında düşünme yeteneği)* gibi kompleks işlevleri yöneten bölümü.

PSİKONÖROİMMUNOLOJİ: Zihin, sinir sistemi ve bağışıklık sistemi arasındaki kompleks iç etkileşimi araştıran bilim dalı.

RAHATSIZLIĞA TOLERANS (DAYANIKLILIK): Zorlu duyguları hissedebilme ve onlarla olabilme, ardından düzenli bir duruma dönebilme yeteneği.

RETİKÜLER AKTİVASYON SİSTEMİ (RAS): Beyin sapında bulunan bir grup sinir; sürekli çevremizde bulunan uyaranları süzer; davranış, uyarılma, bilinç ve motivasyon üzerinde önemli rolü vardır.

SAVAŞ YA DA KAÇ: Algılanan bir tehdit karşısında bizi güvende tutmayı ya da güvenliğe kavuşturmayı amaçlayan sinir sistemi tepkisi.

SEMPATİK SİNİR SİSTEMİ: Algılanan tehditlere verilen savaş-kaç tepkisini yöneten otonom sinir sistemi bölümü.

SEZGİ: Dinlediğimiz zaman bize özgün yolumuza doğru rehberlik eden içsel biliş ve öngörü.

SEZGİSEL BENLİK: Koşullu kalıpların ve tepkilerin ötesinde var olan en özgün, spiritüel olarak bağlantılı benlik.

SINIR: İnsanın kendisiyle başkaları arasında, nerede birinin bittiğini, öbürünün başladığını belirlemek amacıyla oluşturduğu koruyucu limit. Açık ve net sınırlar, bireylerin kendi ihtiyaçlarını karşılamasına ve gerçek ilişkileri desteklemelerine imkân verir.

SOSYAL ETKİLEŞİM / İLİŞKİ MODU: Başkalarıyla bağlantıya açık ve alıcı olmak için güvenliğe ve emniyete ulaşabileceğimiz düzenli sinir sistemi durumu.

SPİRİTÜEL/RUHSAL TRAVMA: Özgün benlikten kopuşla sonuçlanan, kendini özgün şekilde ifade edememe, görülmüyor, duyulmuyor hissetme sürekli deneyimi; ızdıraba, yalnızlığa ve utancın içselleştirilmesine neden olur.

TRAVMA: Bireyin, bedenin sinir sisteminde düzensizliğe neden olan olayı duygusal olarak düzenleyerek ya da işleyerek ondan kurtulma yeteneğinin olmadığı bir deneyim. Travma, kendi şartlanmaları ve modellenmiş başa çıkma mekanizmaları nedeniyle her bir kişiyi farklı şekilde etkiler, nitelendirilemez veya ölçülemez.

TRAVMA BAĞI: Ebeveyn figürlerimizle en erken dönem bağlarımızı yansıtarak veya yeniden canlandırarak başkalarıyla bağlantı kurduğumuz koşullanmış bir kalıp. Tipik olarak travma bağları, duygusal terk, sınırların olmaması, birbirine düşme veya kaçınma dinamiklerini içerir ve hem romantik hem de platonik ilişkilerde gerçekleşebilir.

VAGAL TON: Sinir sistemimizin gündelik strese yanıt olarak sempatik ve parasempatik aktivasyonlar arasında geçiş yapabilme yeteneği. Zayıf vagal ton, yanlış yönlendirilmiş yanıtlara ve çevrede algılanan tehditlere karşı yüksek hassasiyetle sonuçlanır. Bu da bedenin karşılıklarını aşırı aktif hale getirir, genel olarak duygusal ve dikkatle ilgili düzenlemelerde azalmaya yol açar.

YATIŞTIRMA: Duygusal durumlarımızı nötralize etme eylemi; homeostaza dönüşü mümkün kılar.

YENİDEN EBEVEYNLİK: Gündelik ve istikrarlı eylemlerle, içimizdeki çocuğumuzun fiziksel, duygusal ve ruhsal ihtiyaçlarını nasıl karşılayacağımızı öğrenme pratiği.

Önerilen Ek Okumalar

BİLİNÇLİ BENLİK

Hawk, Red. *Self Observation: The Awakening of Consciences: An Owner's Manual.*
Hohm Press, 2009.

Singer, Michael A. *The Untethered Soul: The Journey Beyond Yourself.* New Harbinger Publications, 2007.

Tolle, Eckhart. *A New Earth: Awakening to Your Life's Purpose.* Penguin, 2008.

YENİ BİR TRAVMA TEORİSİ VE TRAVMA BEDENİ

DeGruy, Joy. *Post Traumatic Slave Syndrome: America's Legacy of Enduring Injury and Healing.* Joy DeGruy Publications, 2005.

Levine, Peter A. Kaplanı Uyandırmak: Travmayı İyileştirmek. Butik Yayıncılık

Maté, Gabor. *When the Body Says No: The Cost of Hidden Stress.* Knopf Canada, 2003.

Menakem, Resmaa. *My Grandmother's Hands: Racialized Trauma and the Pathway to Mending Our Hearts and Bodies.* Central Recovery Press, 2017.

Stanley, Elizabeth A. *Widen the Window: Training Your Brain and Body to Thrive During Stress and Recover from Trauma.* Avery, 2019.

van der Kolk, Bessel. *The Body Keeps the Score: Brain, Mind, and Body in the Healing of Trauma.* Penguin Books, 2015.

Wolynn, Mark. *It Didn't Start with You: How Inherited Family Trauma Shapes Who We Are and How to End the Cycle.* Penguin Life, 2017.

ZİHİN-BEDEN İYİLEŞTİRME UYGULAMALARI

Balaster, Cavin. *How to Feed a Brain: Nutrition for Optimal Brain Function and Repair.* Feed a Brain LLC, 2018.

Campbell-McBride,
Natasha. *Gut and Psychology Syndrome: Natural Treatment for Autism, Dyspraxia, A.D.D., Dyslexia, A.D.H.D., Depression, Schizophrenia.* Medinform Publishing, 2010.

Kharrazian, Datis. *Why Isn't My Brain Working?: A Revolutionary Understanding of Brain Decline and Effective Strategies to Recover Your Brain's Health.* Elephant Press, 2013.

Mayer, Emeran. *The Mind-Gut Connection: How the Hidden Conversation Within Our Bodies Impacts Our Mood, Our Choices, and Our Overall Health.* Harper Wave, 2016.

McKeown, Patrick. *The Oxygen Advantage: Simple, Scientifically Proven Breathing Techniques to Help You Become Healthier, Slimmer, Faster, and Fitter.* William Morrow Paperbacks, 2016.

Walker, Matthew. *Why We Sleep: Unlocking the Power of Sleep and Dreams.* Scribner, 2017.

İNANCIN GÜCÜ

Braden, Gregg. *The Divine Matrix: Bridging Time, Space, Miracles, and Belief.* Hay House, 2008.

Chopra, Deepak, and Rudolph E. Tanzi. *Super Genes: Unlock the Astonishing Power of Your DNA for Optimum Health and Well-Being.* Harmony, 2017.

Dispenza, Joe. *Becoming Supernatural: How Common People Are Doing the Uncommon.*
Hay House, 2017.

Dyer, Wayne W. *Change Your Thoughts—Change Your Life: Living the Wisdom of the Tao.* Hay House, 2007.

Lipton, Bruce H. *The Biology of Belief: Unleashing the Power of Consciousness, Matter & Miracles.* Hay House, 2008.

Yazar Hakkında

Dr. Nicole LePera Cornell Üniversitesi'nde, The New School for Social Research'te klinik psikoloji eğitimi aldı, Philadelphia Psikoanaliz Okulu'nda okudu. *New York Times* bestseller listesinde 1 numara olan *Kendini İyileştirme İşi Nasıl Yapılır*'ın yazarı ve Self-Healers Soundboard podcast'inin sunucusudur.

Bir klinik psikolog olarak kendi danışmanlık verme sürecinde geleneksel psikoterapinin sınırlarının yetersizliği içinde sıkışmış hisseden LePera, hastaları ve kendisi için daha fazlasını isteyerek, zihinsel, fiziksel ve ruhsal sağlık için insanların kendi kendilerini iyileştirmelerine katkıda bulunacak araçları sağlayacak bütünsel bir felsefe geliştirme yolculuğuna çıktı.

Dr. Nicole LePera dünyanın her tarafından insanların iyileşme işini kendi ellerine almak için bir araya geldiği #SelfHealers hareketinin kurucusudur. 2019'da ilk sanal global iyileşme topluluğu SelfHealers'ı kurmuştur. Kolektif olarak iyileşme sağlayan SelfHealers Topluluğu'nun 60'ın üzerinde ülkede üyesi bulunmaktadır.